跨境电商 B2C 数据运营 1+X 证书制度系列教材

U0774175

跨境电商 B2C 数据运营实训
（中级）

浙江中渤教育科技有限公司　组　编
肖　旭　廖润东　柳国华　主　编
叶杨翔　徐　丹　张若洲　副主编

電子工業出版社
Publishing House of Electronics Industry
北京 · BEIJING

内 容 简 介

本书是教育部第四批跨境电商B2C数据运营1+X证书系列配套教材之一，依据《跨境电商B2C数据运营职业技能等级标准》（中级）编制内容，同时配套开发了《跨境电商B2C数据运营实训》（中级）教材。

本书主要包含了店铺数据分析（速卖通、亚马逊）、店铺视觉优化（速卖通、亚马逊）、店铺产品企划、设置站内营销平台活动（速卖通、亚马逊）和海外社交媒体营销等工作领域对应的工作任务。本书强调以工作过程为主线，采用工学结合、任务驱动、项目教学模式编写，该模式注重以学生为主体、以培养学生数字素养和数字技能为核心，以真实项目为载体，融“岗课赛证”为一体，以创新思维构建跨境电商B2C数据运营的核心知识和核心技能体系。

本书配套有课件、习题答案、教学设计和微课等数字资源。与本书配套的在线开放课程“跨境电商B2C数据运营”可登录www.51kjds.com平台进行在线学习。

本书可以作为中职院校、高职和应用型本科跨境电子商务、国际经济与贸易、国际商务、商务英语、电子商务等相关专业学生为获取跨境电商B2C数据运营职业技能等级证书的培训教材，又可以作为相关专业实施“课证融合”的配套教材，还可提供给跨境电商相关从业者和社会人士阅读使用。

未经许可，不得以任何方式复制或抄袭本书之部分或全部内容。
版权所有，侵权必究。

图书在版编目（CIP）数据

跨境电商B2C数据运营实训：中级/浙江中渤教育科技有限公司组编；肖旭，廖润东，柳国华主编. —北京：电子工业出版社，2021.8

ISBN 978-7-121-41943-0

Ⅰ. ①跨… Ⅱ. ①浙… ②肖… ③廖… ④柳… Ⅲ. ①电子商务—运营管理—高等学校—教材 Ⅳ. ①F713.365.1

中国版本图书馆CIP数据核字（2021）第182497号

责任编辑：贺志洪
印　　刷：天津画中画印刷有限公司
装　　订：天津画中画印刷有限公司
出版发行：电子工业出版社
　　　　　北京市海淀区万寿路173信箱　邮编：100036
开　　本：787×1092　1/16　印张：15.25　字数：390.4千字
版　　次：2021年8月第1版
印　　次：2024年12月第5次印刷
定　　价：54.00元

凡所购买电子工业出版社图书有缺损问题，请向购买书店调换。若书店售缺，请与本社发行部联系，联系及邮购电话：（010）88254888，88258888。

质量投诉请发邮件至zlts@phei.com.cn，盗版侵权举报请发邮件至dbqq@phei.com.cn。

本书咨询联系方式：（010）88254609或hzh@phei.com.cn。

跨境电商 B2C 数据运营 1+X 证书制度系列教材
编委会名单（中级）

主任委员

廖润东

副主任委员

章安平　姚大伟　张枝军　肖　旭　茹　宝　包发根　辛玉麟　张瑞夫
屠雄刚　王瑞华　操海国　何　伟　陈博丽　姚　杰　陈育林　陆金英

主　　编

肖　旭　廖润东　柳国华

副 主 编

叶杨翔　徐　丹　张若洲

编委会成员

洪华贝　叶杨翔　郑辉英　陈竹韵　李　姿　仇利克　胡　豪　徐　丹
徐　娜　张若洲　孟雯雯　王军海　刘　莎　王晴岚　朱杨琼　王瑞华
孙德营　丁明华　葛振林　陈博丽　姚　杰　陆金英　赵莺燕　宗胜春
亓春霞　张辛雨　董雨卉　房朔杨　王春丽　杨建辉　郑　航　李　融
徐　婷　柳国华　李中梅　赵　阔　李　卫　王春艳　杨楚婷　郭　炬
贾铁刚　蔡　健　肖离离　叶万红　郑军锐　水俊明　毕　波　吕世伟
林正渔　武　昊　杨　晨　牟艳红　熊梨杉　杨金坤　陈　黎　张　浩
张　琪　邓志超　杨翠香　陈海燕　陈德慧　张　慧　董萌萌　于　敏
陈　苾　刘　勇　陈志远　严美姬　朱　惠　范飞飞　李　琼　肖祥飞
龙国旗　张贵英　吴　波　张　璐　王立研　程　玛　陈　珏　庞霓红
胡玉婷　乐飞红　刘计育　侯海鹏　庄明星　刘　硕　赵海荣　王娅婷
包金龙　吴　雷　徐　辉　余苗苗　邱　洁　胡　娟　陈　念　刘建红
王　莉　尹顺丽　张占义　邓志新　刘红燕　楼　洁　肖　威　池潇潇
隆　婕　徐　锐　耿慧慧　窦　佳　耿翠花　张　琼　王源辉　陈霞芳
周庆元　张瑞夫　王　韦　胡　璇　徐锦波　赵明霞　何　伟　夏守慧
李　蕊　娄　珺　赵桂燕　张瑞珏　徐娟娟　李永兴　夏文彬　孙　秀
王　燕　张　彤　潘斌彬　刘　勇

前言

"1+X"证书制度（"1"指学历证书，"X"指若干职业技能等级证书）是贯彻落实《国家职业教育改革实施方案》的重要改革部署和重大创新。该项改革创新坚持以学生为中心，深化复合型技术技能人才培养培训模式和评价模式改革，提高人才培养质量，畅通人才成长通道，拓展就业创业本领，真正增强职业教育的适应性。

为积极推动"1+X"证书制度试点，进一步完善行业技术技能标准体系，为跨境电商数字技能人才培养培训提供科学、规范的依据，阿里巴巴（中国）网络技术有限公司联合浙江中渤教育科技有限公司，组织我国跨境电商行业、企业、院校等相关专家，研发了《跨境电商 B2C 数据运营职业技能等级标准》，该标准紧扣跨境电商产业链发展前沿和国家对跨境电商发展的最新要求，对标跨境电商人才链最新需求，职业技能等级标准内容和要求先进、可操作性强，与跨境电商 B2C 数据运营岗位（群）精准匹配，是衔接跨境电商教育链、创新链、产业链和人才链的有效载体，符合行业发展需求，能有效服务跨境电商行业人才培养。

本教材依据《跨境电商 B2C 数据运营职业技能等级标准》（中级）编写，强调以工作过程为主线，采用工学结合、任务驱动、项目教学等模式编写，注重以学生为主体、以培养学生数字素养和数字技能为核心，以真实项目为载体，融"岗课赛证"为一体，以创新思维构建跨境电商 B2C 数据运营的核心知识和核心技能体系，为中职院校、高职和应用型本科跨境电商类专业"书证融通"人才培养模式改革和"课证融合"教学模式创新提供重要的载体。

本书由浙江中渤教育科技有限公司组织编写，得到了评价组织阿里巴巴（中国）网络技术有限公司、浙江金融职业学院、浙江机电职业技术学院、浙江商业职业技术学院等院校的大力支持和电子工业出版社的悉心指导，对各位专家、老师卓有成效的工作表示衷心的感谢！

由于跨境电商数据化运营所涉及的知识和技能具有先进性和时效性，加之编写时间紧、任务重、编写团队水平有限，书中难免存在不足之处，真诚欢迎各界人士批评指正，以便再版时予以修订，使其日臻完善。

浙江中渤教育科技有限公司

2021 年 8 月 5 日

目　　录

工作领域一　店铺数据分析（速卖通）

工作任务一　行业数据采集与分析

【任务目标】

- 熟悉行业数据分析的内容。
- 能够根据不同需求对行业数据进行采集并针对性地进行分析。
- 能够根据行业数据分析的结果及时做出优化。

【思维导图】

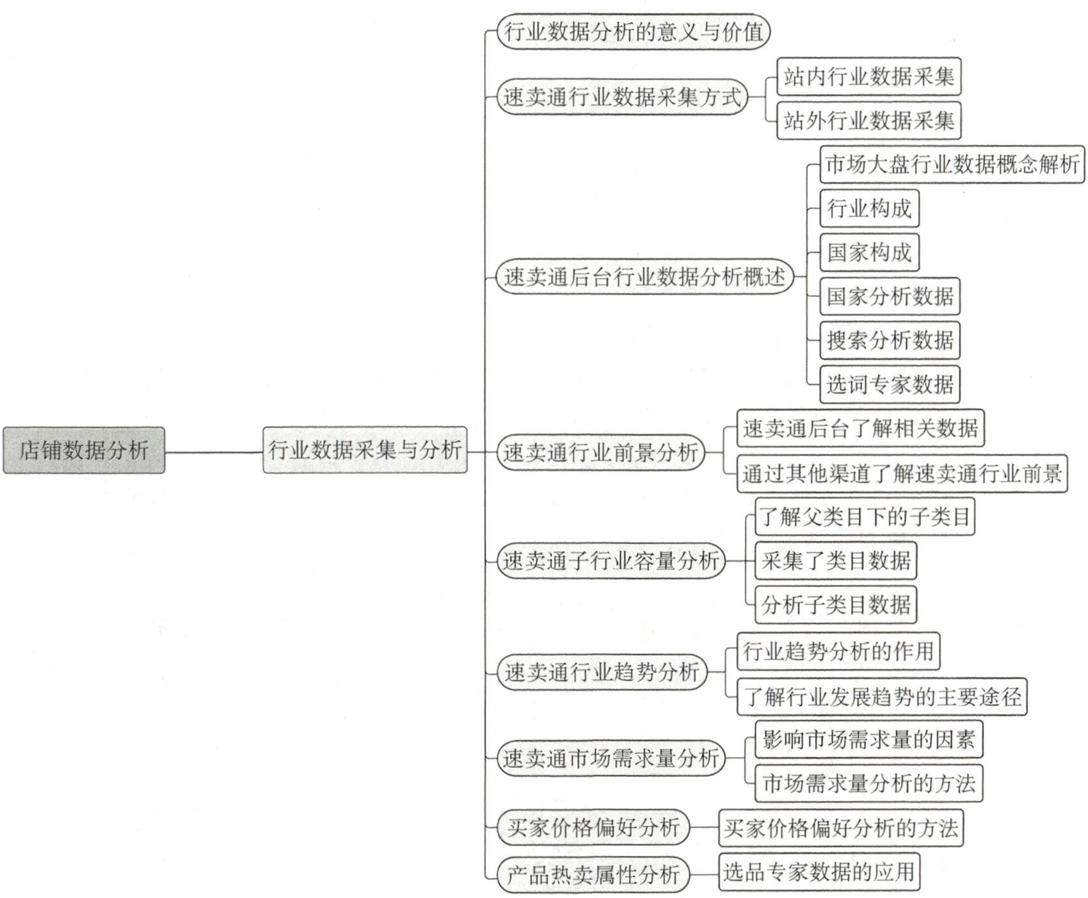

【知识回顾（回答问题）】

1. 行业数据采集分析的作用及意义是什么？
2. 行业数据分析主要有哪些方面？
3. 行业数据可以在哪些地方采集？

工作子任务一　分析行业发展趋势

业务背景

电商企业或者个人在开设店铺时或者后期要进入新的行业之前，都需要提前了解行业发展现状及前景，这样做可以为店铺选择行业提供参考，以规避风险，避免进入市场容量小、竞争压力大或者没有发展前景的行业。小王准备进入女装行业，女装行业子类目较多，小王想要调研女装类目下子行业的发展现状及发展前景，从中选择市场容量大、发展前景好的子行业。为了更好地选择具有发展前景的子行业，小王准备对女装行业下的子行业进行市场容量分析。

操作分析

小王已经决定进入女装行业，但是对女装行业下的子行业发展现状和前景不了解，本任务要求分析女装子行业的市场容量，那么就需要了解女装子行业的访客指数、搜索指数、交易指数、父类目金额占比等数据，通过数据图表，分析子类目之间的差距，从而为子类目的选择提供数据支撑。

操作示范

根据任务要求，小王需要对女装行业下的子行业市场容量进行分析，操作步骤和关键节点如下：

步骤1：明确任务目标。

通过分析女装行业下子行业的市场容量，找出市场容量大、发展前景好的子行业。

步骤2：采集并处理子行业数据。

因为是准备入驻速卖通平台的，所以这里进入速卖通后台，找到“生意参谋”页面进入“市场大盘”板块采集数据。考虑到自身货源问题及服装服饰行业受季节性影响较大，所以计划统计一年的数据。我们将需要采集的数据统计在表 1-1 中。

表 1-1　女装类目下子行业数据示例

时间	子类目	访客指数	交易指数	父类目金额占比
1月	半身裙	714 146	3 405 458	4.09%
1月	女士套装	840 060	3 926 352	5.31%
1月	连体裤	809 792	3 241 534	3.73%
1月	牛仔裤	507 436	2 714 584	2.22%
1月	短裤	400 465	1 352 278	0.62%
1月	毛衣	784 907	5 273 821	7.5%
1月	卫衣帽衫	885 001	5 517 453	8.15%

1

（续表）

时间	子类目	访客指数	交易指数	父类目金额占比
1月	连衣裙	1 140 688	8 043 658	16.33%
1月	雪纺衫/衬衫	740 126	4 220 047	4.98%
1月	打底裤	508 708	3 364 966	3.29%
1月	上衣/T恤	1 096 874	5 891 441	9.2%
1月	外套/大衣	970 166	9 005 055	20.12%
1月	女士上衣	275 814	608 906	0.15%
1月	女士穆斯林服饰	312 256	1 555 976	0.8%
1月	泳衣 /沙滩服	540 497	2 739 796	2.25%

从表格中的统计数据可以看出，女装类目下外套/大衣、连衣裙、上衣/T恤及卫衣帽衫的父类目金额占比较高，也就意味着，女装类目下，这些子类目的销量较好，发展态势良好。除了父类目金额占比数据之外，观察访客指数和交易指数，还可以发现外套/大衣的支付转化率较高。同时，我们还可以将子类目数据进行对比，譬如上衣/T恤和卫衣帽衫两个子行业，父类目金额占比比较接近，我们可以观察一下这两个子行业近一年时间的发展趋势，据此来分析两个行业的发展状况。

步骤3：子行业之间数据的对比分析。

除了单独分析每个子行业数据，我们还可以通过对比来分析两个行业之间的差异。还是进入“生意参谋”页面的市场大盘板块，选择想要了解的两个子行业查看其趋势图进行对比分析，如图1-1和图1-2所示。

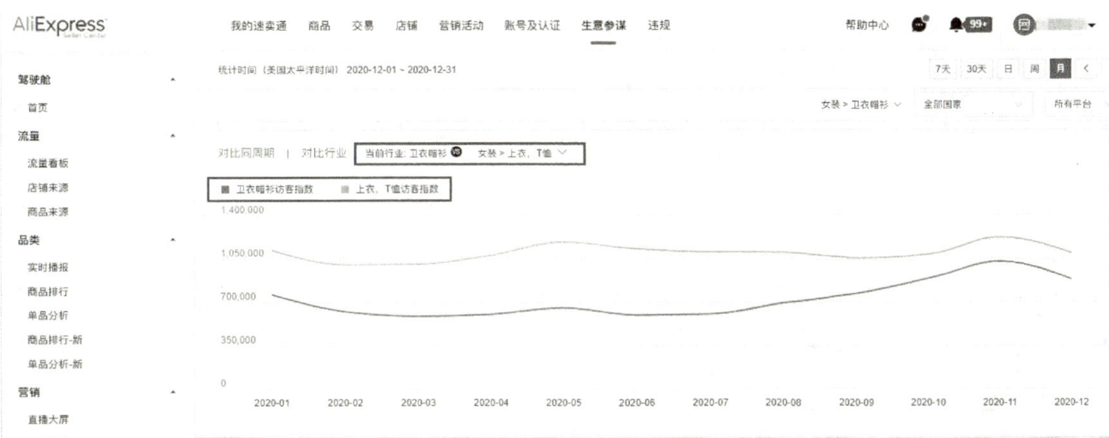

图1-1　上衣/T恤和卫衣/帽衫访客指数对比

通过折线图可以看出，1—7月上衣/T恤的访客指数和交易指数都远高于卫衣帽衫，受季节影响，8—12月卫衣帽衫的访客指数和交易指数上升快，上衣/T恤的访客指数和交易指数则略有下降，但是上衣/T恤的访客指数和交易指数数据还是要高于卫衣帽衫，所以就目前而言，子行业上衣/T恤的发展趋势要略好于卫衣帽衫。

步骤4：利用谷歌趋势分析子行业发展趋势。

除了利用速卖通的“生意参谋”板块采集分析子行业数据外，我们还可以通过子行业搜索关键词，在谷歌趋势上搜索分析子行业发展趋势，也可以利用谷歌趋势对比分析不同子行业的发展趋势，如图1-3所示。

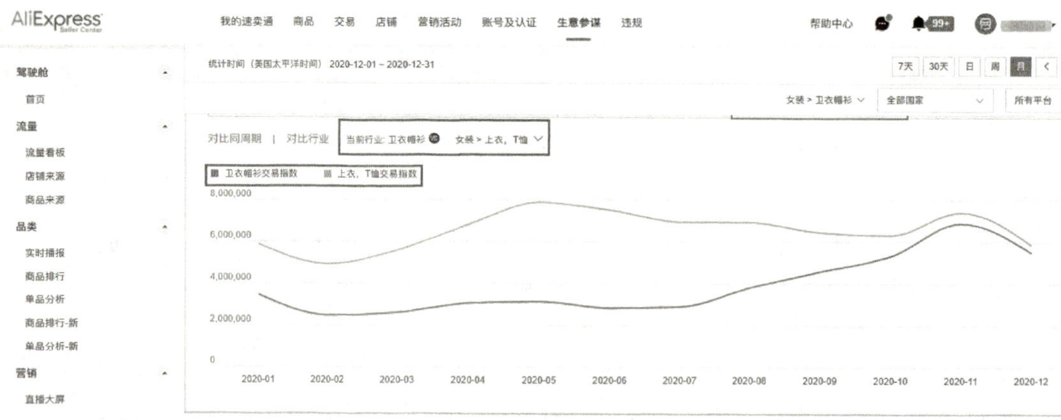

图 1-2　上衣/T 恤和卫衣/帽衫搜集指数和交易指数对比

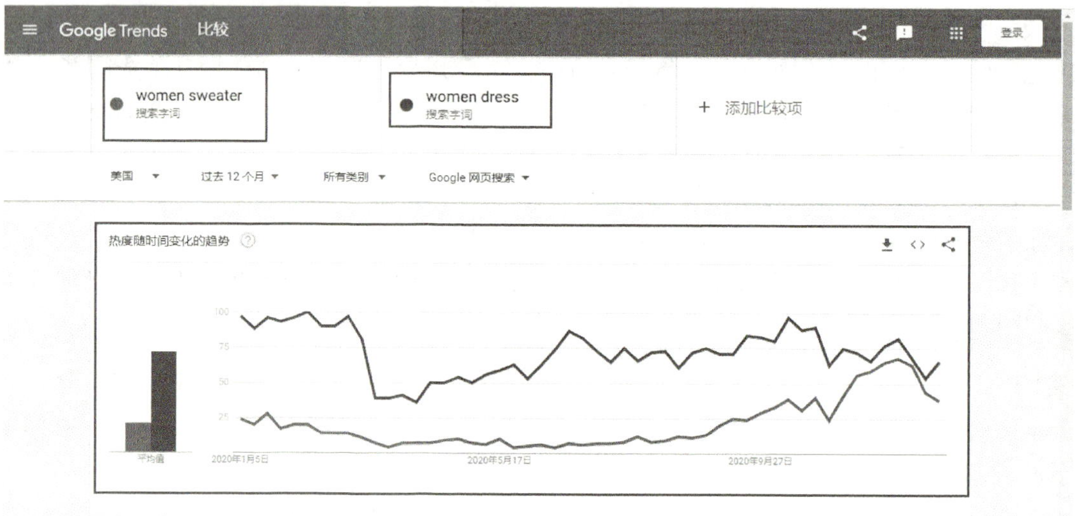

图 1-3　谷歌趋势对比分析

步骤5：分析子行业容量及发展趋势，确定进入的子行业。

通过以上操作，我们可以确定容量最大的子行业及发展趋势最好的子行业，然后结合自身实际情况，确定前期要进入的子行业。

操作思考

通过上述操作，我们完成了子行业容量及发展趋势分析，请在此基础上思考并回答下列问题：

如果发现一个子行业市场容量较大，但是通过趋势分析，发现该子行业自2019年3月起访客指数和支付指数都呈现明显下滑趋势，这种情况下，我们还可以选择该子行业吗？

工作子任务二　市场需求分析及预测

1

业务背景

小王已经决定进入女装类目，并且通过子行业容量分析及子行业发展趋势分析，发现子行业贸易市场容量较大，且发展前景较好，所以小王准备先发布女士毛衣相关产品。但是此时，小王还需要分析市场需求，明确客户对毛衣的各类需求，以便确定上新计划及产品布局。为了做好市场需求分析及预测，小王需要进一步对女士毛衣的市场需求量及需求量的变化趋势，以及客户的价格偏好、地域分布等进行详细分析。

操作分析

不论是在店铺入驻还是在运营过程中，及时了解客户需求，都可以给前期产品布局提供参考，也可以在店铺后期运营过程中更好地调整店铺方向，优化产品，提高店铺转化率。本任务要求对子行业市场需求进行分析和预测，我们需要分析市场需求量变化趋势、客户价格偏好、客户属性等。

操作示范

市场需求分析的操作步骤及关键节点如下。

步骤 1：确定分析目标。

根据任务需求，本次任务的主要目的是分析女士毛衣行业在近半年或一年时间内的需求量变化趋势，以及客户对女士毛衣的价格偏好及属性偏好，将采集到的数据以表格的方式呈现出来。

步骤 2：需求量变化趋势分析。

在进行市场需求量变化趋势分析的时候，我们需要结合速卖通平台一段时间内的数据进行分析，主要观察和分析搜索指数和支付指数两组数据。进入速卖通后台“生意参谋”页面即可观察搜索指数和交易指数两组数据，如图 1-4 和图 1-5 所示。

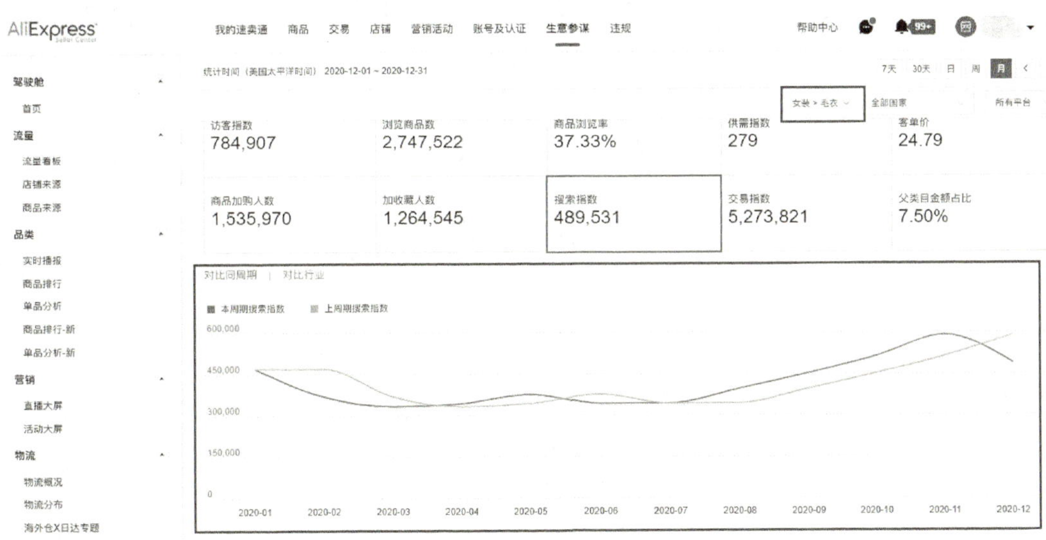

图 1-4　女士毛衣行业搜索指数

通过该折线图，我们可以看出，速卖通中女士毛衣行业的交易指数趋势和搜索指数趋势基本吻合，交易指数和搜索指数均从 7 月份开始上升，说明此时市场需求量逐渐进入增长期，11 月交易指数达到顶峰，市场需求达到爆发期，之后逐渐回落，充分说明了毛衣类目具有明显的季节性特征。

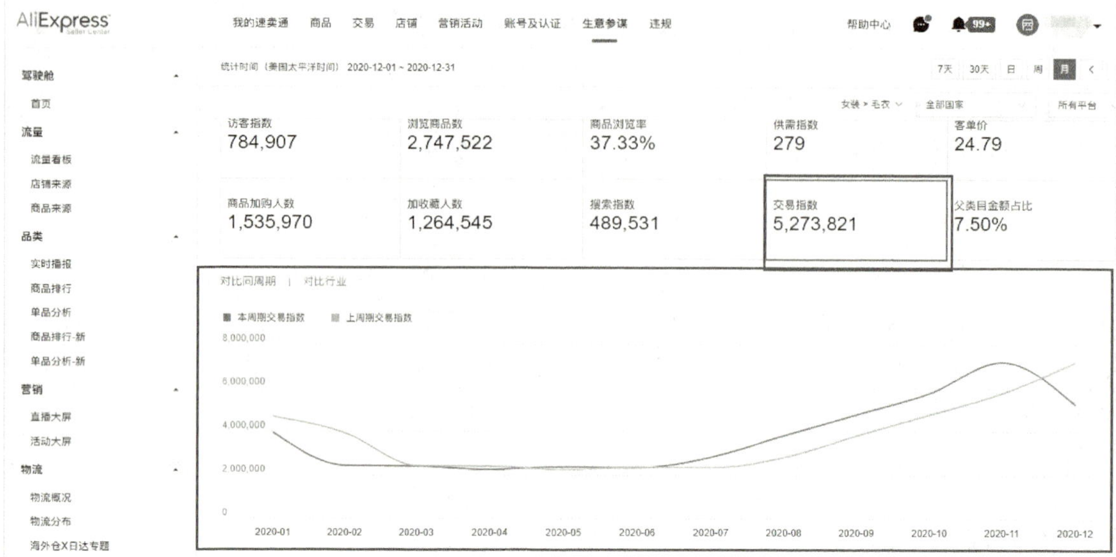

图 1-5　女士毛衣行业交易指数

步骤3：客户价格偏好分析。

分析完市场需求量变化趋势，接下来需要分析客户的价格偏好。进入速卖通后台的“生意参谋”页面，我们可以看到毛衣行业的客单价，如图 1-6 所示这个客单价我们可以看作是客户更愿意购买的商品的价格范围。

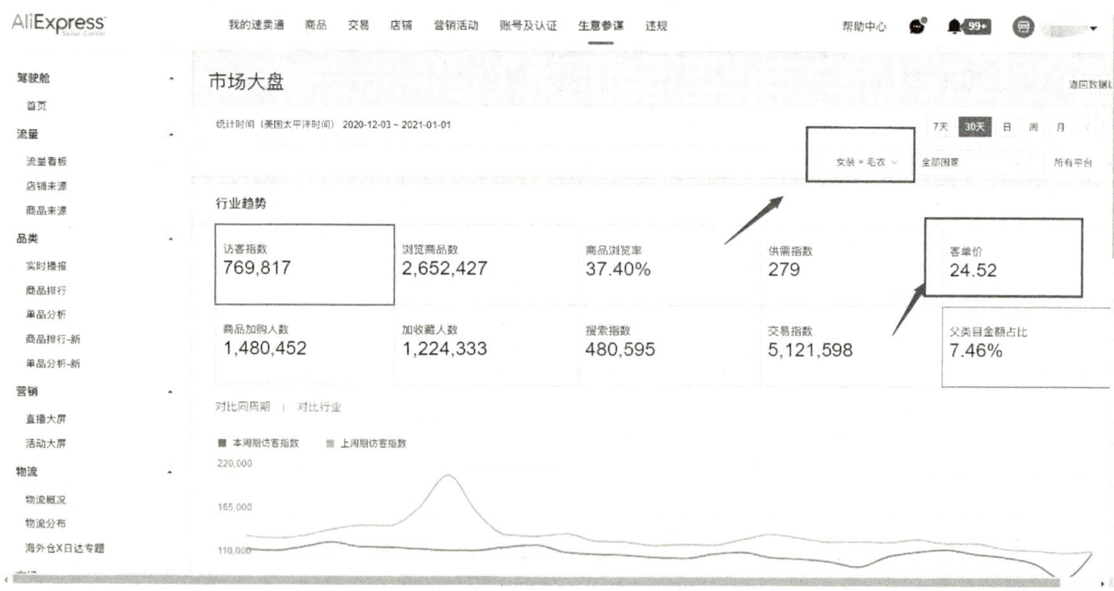

图 1-6　查看毛衣行业客单价

从图中我们可以看到，女装类目下毛衣的客单价是24.52美元，而这个客单价我们可以看作是客户更愿意购买的商品的价格范围，比如平均是24.52美元，就说明客户可能对价格在24.52元左右的商品会更感兴趣，如果自身商品价格过高，可能不利于促进成交转化。

同时在速卖通前台搜索毛衣类目，我们可以看到毛衣类商品的热卖价格区间，如图 1-7 和图 1-8 所示。

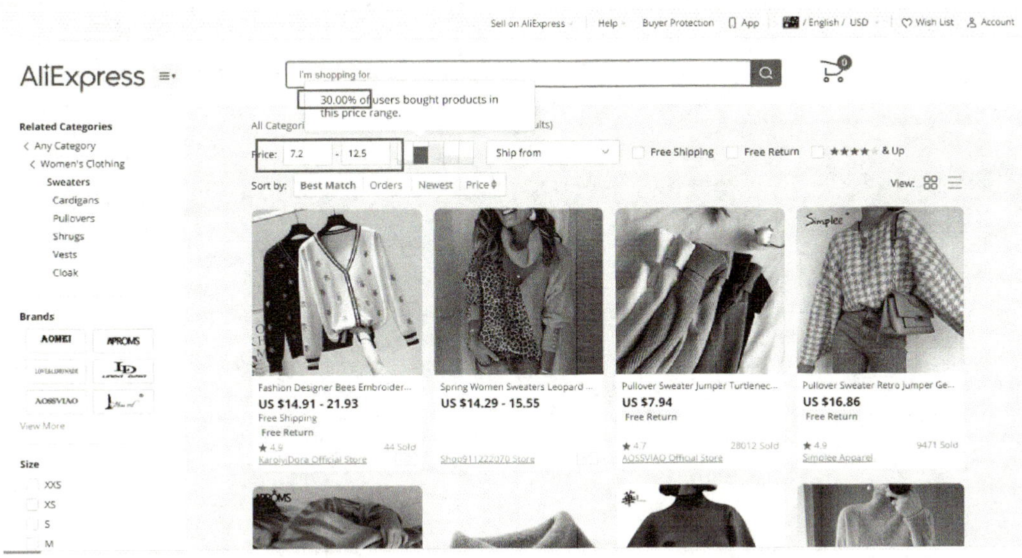

图 1-7　查看热卖价格区间为 7.2～12.5 美元的毛衣买家占比

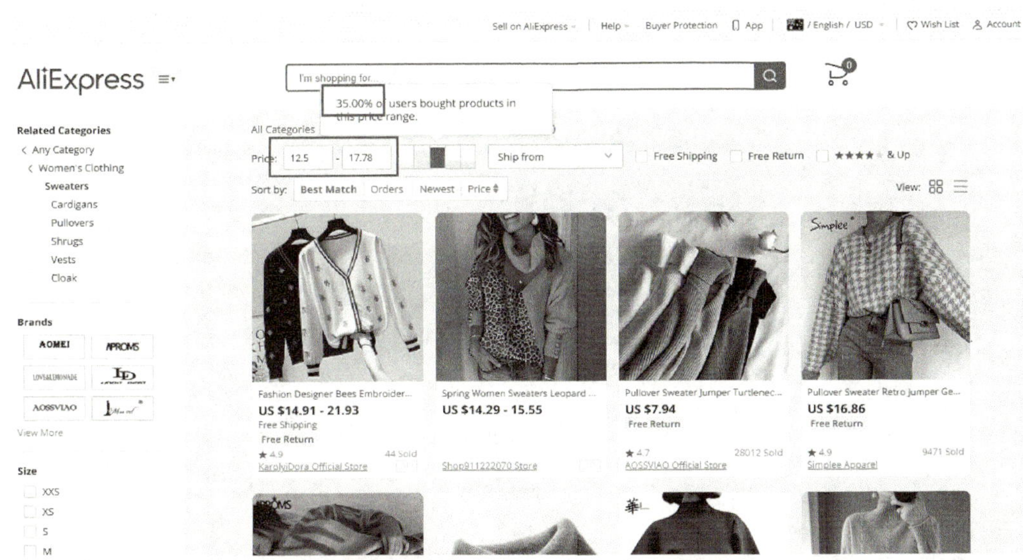

图 1-8　查看热卖价格区间为 12.5～17.78 美元的毛衣买家占比

共有65%的买家购买价格区间在7.2～17.78美元的女士毛衣，也就意味着女装类目下毛衣的热卖价格区间为7.2～17.78美元，那么这个热卖价格区间就可以对之后上新商品提供参考。

步骤4：产品热销属性分析。

通过产品热销属性分析，我们可以更加了解客户的真实需求。首先需要进入速卖通后台，在“生意参谋”页面找到“选品专家”，然后在“选品专家”板块中分析产品的热销属性。最后将热销属性数据下载在表格中进行分析，如图 1-9 至图 1-11 所示。

下载表格之后，我们可以将属性名和属性值的英文翻译成中文，然后根据成交指数，筛选出成交指数最高的属性，从而确认哪些是产品的热销属性。

步骤5：汇总数据，形成市场需求分析及预测表格。

我们需要将分析出来的市场需求趋势变化、客户价格偏好及产品属性偏好整理到一个表格中汇总之后得出结论，给行业入驻、产品布局及价格布局提供数据支撑。

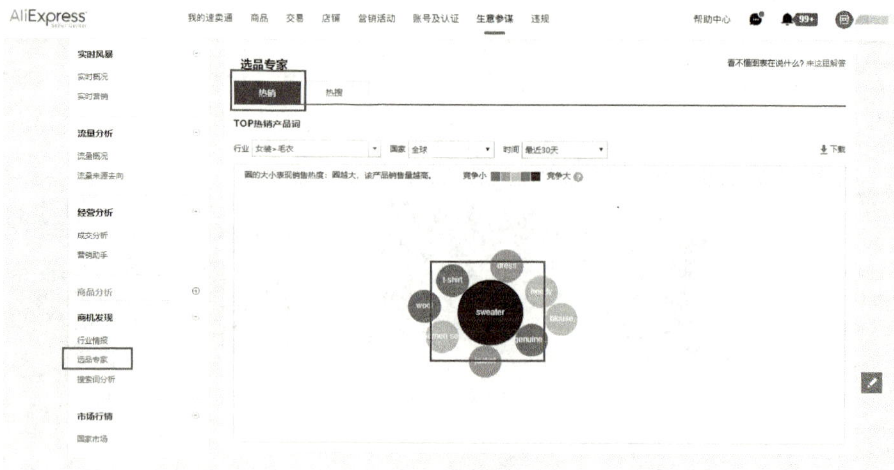

图 1-9 “选品专家”板块

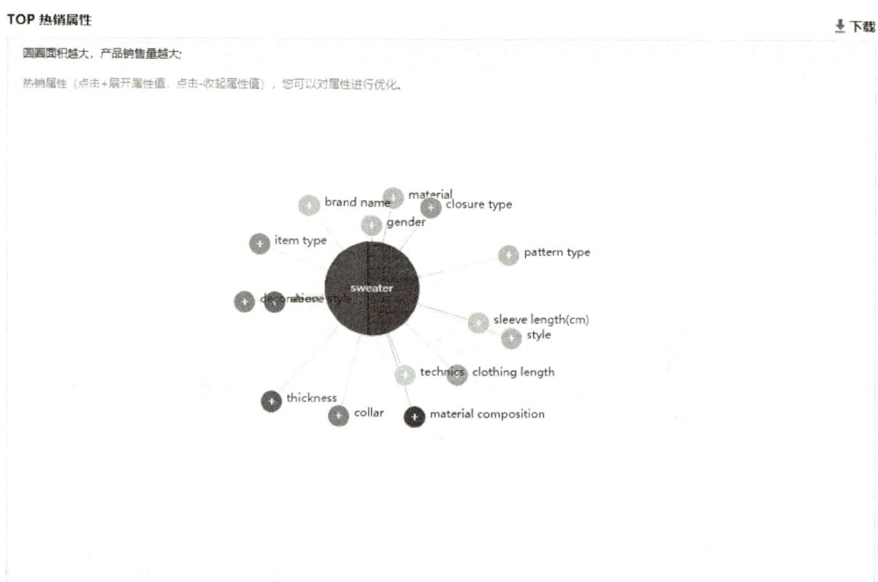

图 1-10 下载产品的热销属性数据

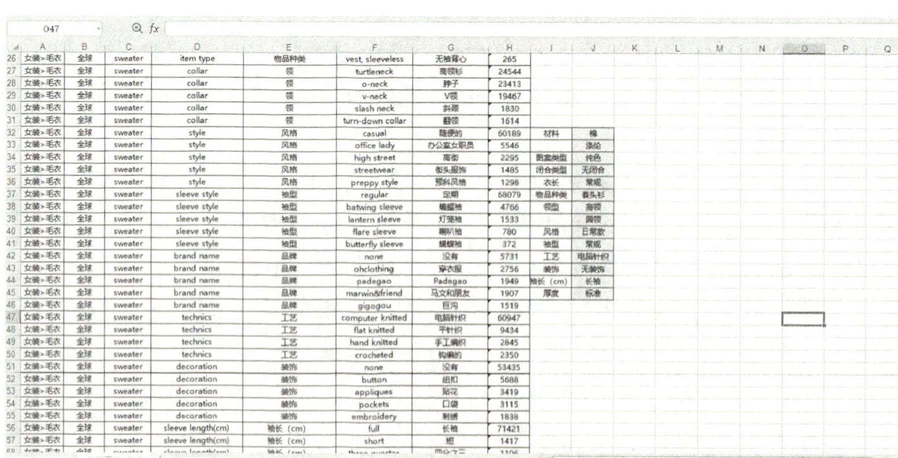

	A	B	C	D	E	F	G	H	I	J
26	女装>毛衣	全球	sweater	item type	物品种类	vest, sleeveless	无袖背心	265		
27	女装>毛衣	全球	sweater	collar	领	turtleneck	高领衫	24544		
28	女装>毛衣	全球	sweater	collar	领	o-neck	脖子	23413		
29	女装>毛衣	全球	sweater	collar	领	v-neck	V领	19467		
30	女装>毛衣	全球	sweater	collar	领	slash neck	斜颈	1830		
31	女装>毛衣	全球	sweater	collar	领	turn-down collar	翻领	1614		
32	女装>毛衣	全球	sweater	style	风格	casual	随便的	60189	材料	棉
33	女装>毛衣	全球	sweater	style	风格	office lady	办公室女职员	5546		涤纶
34	女装>毛衣	全球	sweater	style	风格	high street	高街	2295	图案类型	纯色
35	女装>毛衣	全球	sweater	style	风格	streetwear	街头服饰	1485	闭合类型	无闭合
36	女装>毛衣	全球	sweater	style	风格	preppy style	预科风格	1298	衣长	常规
37	女装>毛衣	全球	sweater	sleeve style	袖型	regular	定期	68079	物品种类	套头衫
38	女装>毛衣	全球	sweater	sleeve style	袖型	batwing sleeve	蝙蝠袖	4766	领型	高领
39	女装>毛衣	全球	sweater	sleeve style	袖型	lantern sleeve	灯笼袖	1533		圆领
40	女装>毛衣	全球	sweater	sleeve style	袖型	flare sleeve	喇叭袖	780	风格	日常款
41	女装>毛衣	全球	sweater	sleeve style	袖型	butterfly sleeve	蝴蝶袖	372	袖型	常规
42	女装>毛衣	全球	sweater	brand name	品牌	none	没有	5731	工艺	电脑针织
43	女装>毛衣	全球	sweater	brand name	品牌	ohclothing	穿衣服	2756	装饰	无装饰
44	女装>毛衣	全球	sweater	brand name	品牌	padegao	Padegao	1949	袖长（cm）	长袖
45	女装>毛衣	全球	sweater	brand name	品牌	marwin&friend	马文和朋友	1907	厚度	标准
46	女装>毛衣	全球	sweater	brand name	品牌	gigogou	巨沟	1519		
47	女装>毛衣	全球	sweater	technics	工艺	computer knitted	电脑针织	60947		
48	女装>毛衣	全球	sweater	technics	工艺	flat knitted	平针织	9434		
49	女装>毛衣	全球	sweater	technics	工艺	hand knitted	手工编织	2845		
50	女装>毛衣	全球	sweater	technics	工艺	crocheted	钩编的	2350		
51	女装>毛衣	全球	sweater	decoration	装饰	none	没有	53435		
52	女装>毛衣	全球	sweater	decoration	装饰	button	纽扣	5688		
53	女装>毛衣	全球	sweater	decoration	装饰	appliques	贴花	3419		
54	女装>毛衣	全球	sweater	decoration	装饰	pockets	口袋	3115		
55	女装>毛衣	全球	sweater	decoration	装饰	embroidery	刺绣	1838		
56	女装>毛衣	全球	sweater	sleeve length(cm)	袖长（cm）	full	长袖	71421		
57	女装>毛衣	全球	sweater	sleeve length(cm)	袖长（cm）	short	短	1417		

图 1-11 产品热销属性数据

操作思考

通过以上操作，完成行业市场需求分析，请在此基础上思考并回答以下问题：

在进行行业市场需求分析时，除了上述几个方面外，还可以从哪些方面进行分析？

工作任务二　竞品数据采集与分析

【任务目标】

- 熟悉竞品识别方法，能够独立确定竞品。
- 能够根据竞品分析组成部分，独立完成竞品分析及竞品数据采集。
- 能够结合竞品数据分析优化自身产品。

【思维导图】

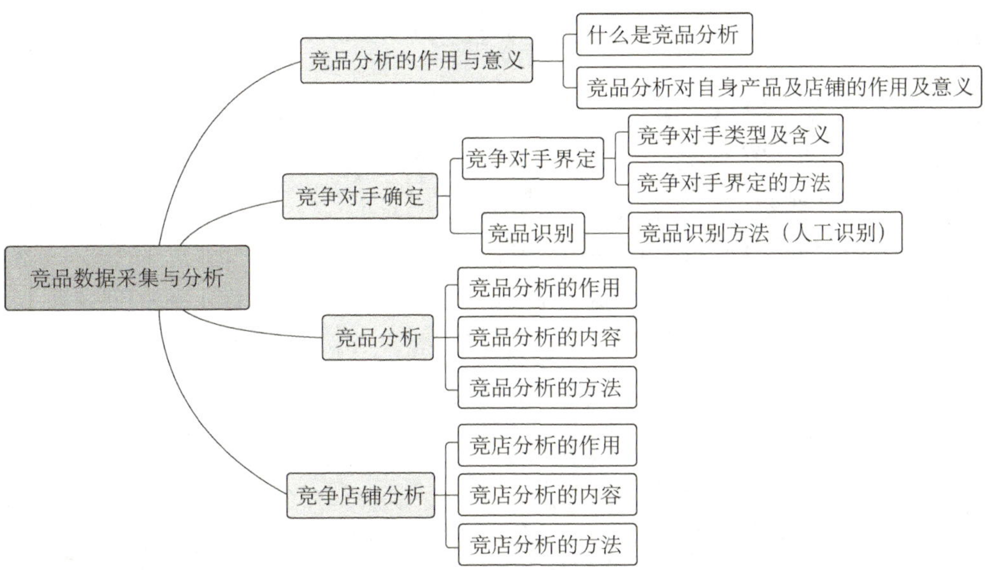

【知识回顾（回答问题）】

1. 竞品分析的作用及意义是什么？
2. 什么样的产品会成为竞争对手？
3. 竞品分析主要分析哪些方面？

工作子任务一　确定竞争对手、锁定竞品

业务背景

速卖通店铺的发展，不仅取决于自身商品的特色卖点、店铺服务能力及运营手段，还会受到竞争对手的影响。如果把市场比作一块蛋糕，那么你和竞争对手就是来分这块蛋糕的，

如果竞争对手分得多，你能分到的就会变少，也就意味着自身的市场份额会减少。因此，为了店铺的发展，店铺要能够正确识别行业竞争对手，并且能够对竞争对手的店铺和竞争产品进行有效分析，从而对比自身，取长补短。

小王经营着一家母婴用品工厂，主要生产母婴用品，如婴儿尿不湿、尿布等。他准备在速卖通开设一家婴儿用品店铺，主营尿布，产品主要针对1周岁以下婴儿，但是他不了解该类目竞争情况如何，也不清楚自己的竞争对手有哪些，为了店铺的长远发展，他准备在开店之前，先了解行业竞争情况，有效识别竞争对手。

操作分析

本任务要求了解行业竞争情况，有效识别竞争对手，在识别竞争对手之前，首先要明确什么是竞争对手。竞争对手即销售同类目或者互补类目产品的店铺。明确竞争对手的界定之后，需要在速卖通平台通过搜索产品关键词，找到同类目或者互补类目的产品，再通过目标客户、销量、产品单价等要素圈定类目竞争对手，后期便可进行竞争店铺分析和竞品分析。

操作示范

确定竞争对手、锁定竞品的操作步骤和关键节点如下。

步骤1：确定任务目标。

本次任务主要是了解行业（类目）竞争情况，确定竞争对手。

步骤2：了解行业竞争情况。

在速卖通平台上通过类目导航栏可以找到婴儿尿布类目，了解到整个行业目前的竞争情况如图 1-12 及图 1-13 所示。

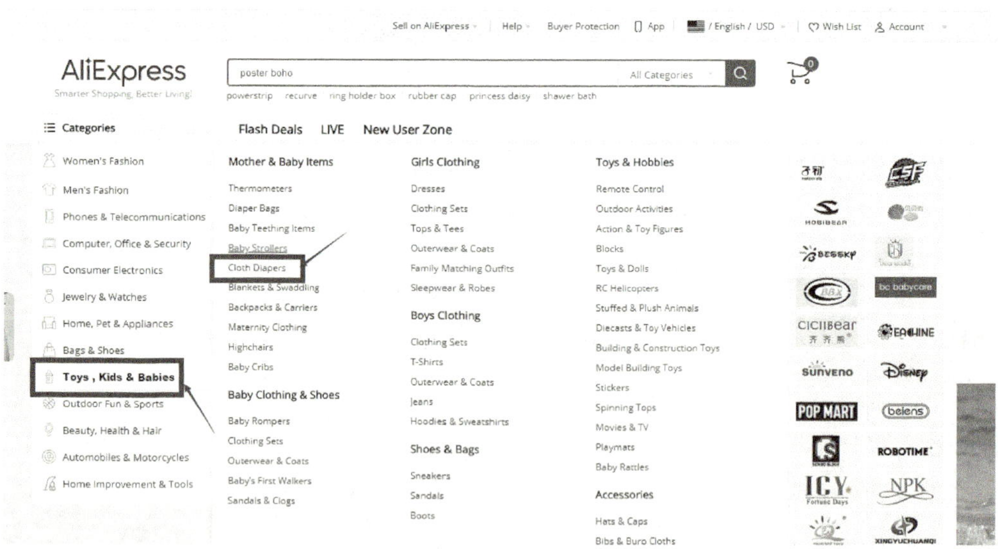

图 1-12　圈定同类目或互补类目的产品

步骤3：圈定产品目标客户。

为了进一步明确竞争对手，我们还需要结合目标客户来考量。小王的产品主要针对12个月以下的婴儿，所以在确定竞争对手时，可以选择筛选条件，将适用年龄设定为 0～12个月，如图1-14所示。

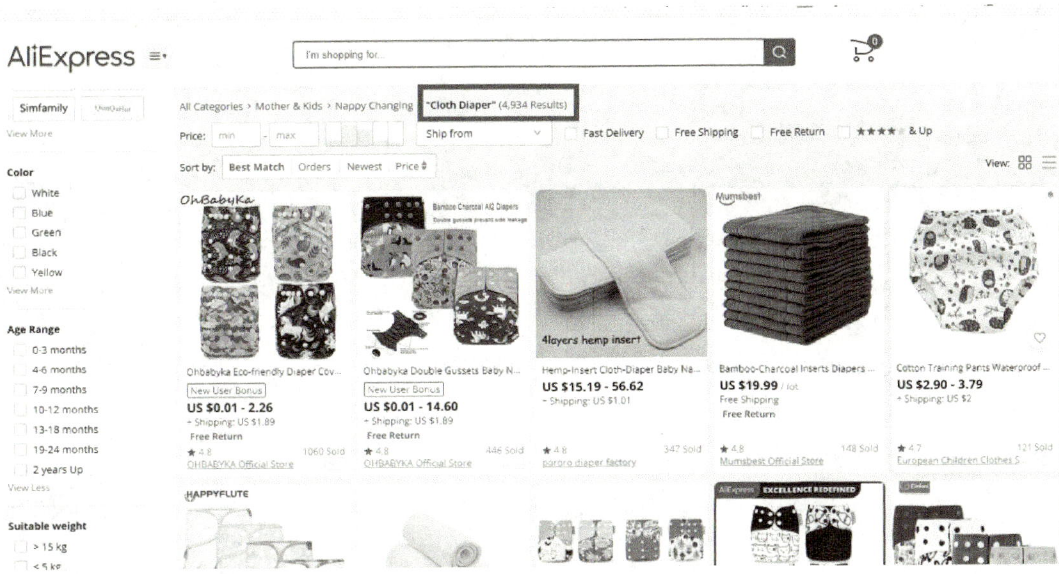

图 1-13　圈定同类目产品

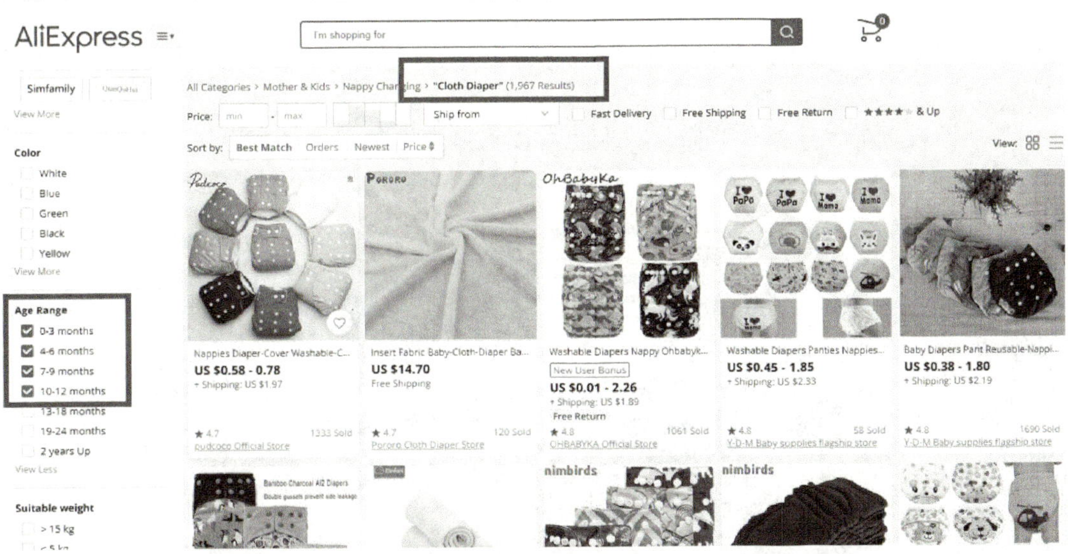

图 1-14　设定筛选条件

从图1-14中可以了解到，目前速卖通平台上，12个月以下婴儿尿布产品在售产品数为1967个。

步骤4：圈定产品价格。

通过上述步骤，已经大大缩小了竞争对手的范围，但是还可以结合自身产品价格区间，通过设置竞争产品价格区间来进一步缩小竞争对手范围，因为如果价格差距过大，会使得自身产品竞争力变小。小王的产品价格区间为10～20美元，他设置的竞争产品价格区间在8～25美元，如图1-15所示，在售产品数进一步减少了。

步骤5：主动观察，确定竞争对手。

通过上述步骤，我们能够大体确定竞争对手的范围，但是依然不够精准，所以我们需要设置更多的筛选条件。小王销售的尿布主要是涂鸦图案的，适用于12kg以下的婴儿，尺码有

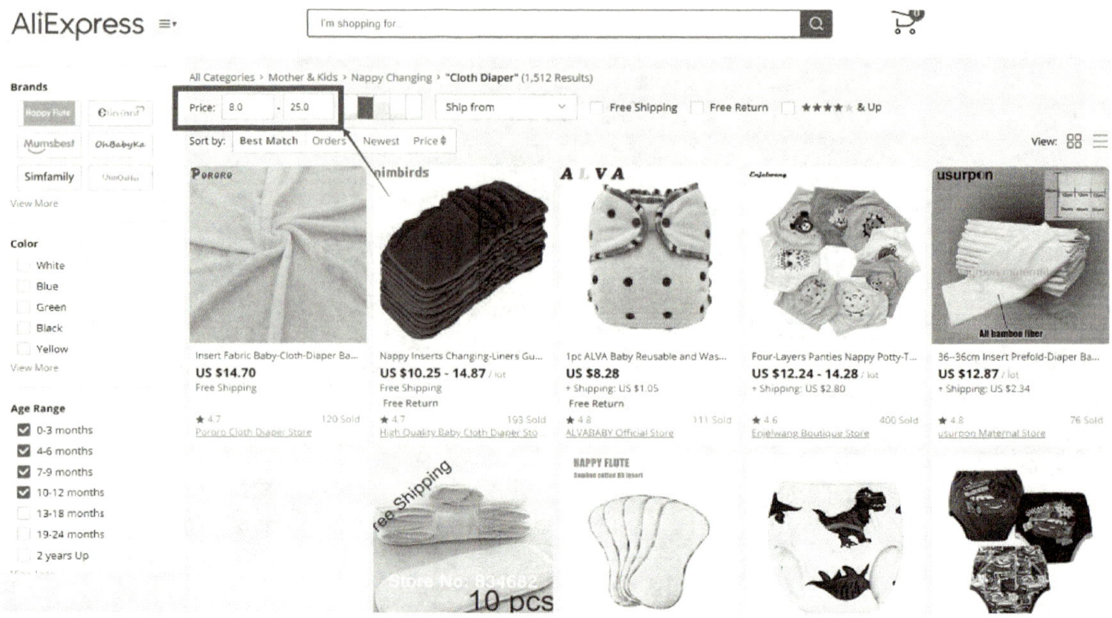

图 1-15　圈定产品价格

S/M/L 三个尺码，男女婴儿通用，所以我们将这些产品属性全部勾选上，再次缩小了竞争对手范围。

因为能够设置的筛选条件有限，我们也可以通过自己的自主观察更加细致地筛选竞争对手，如图 1-16 所示。

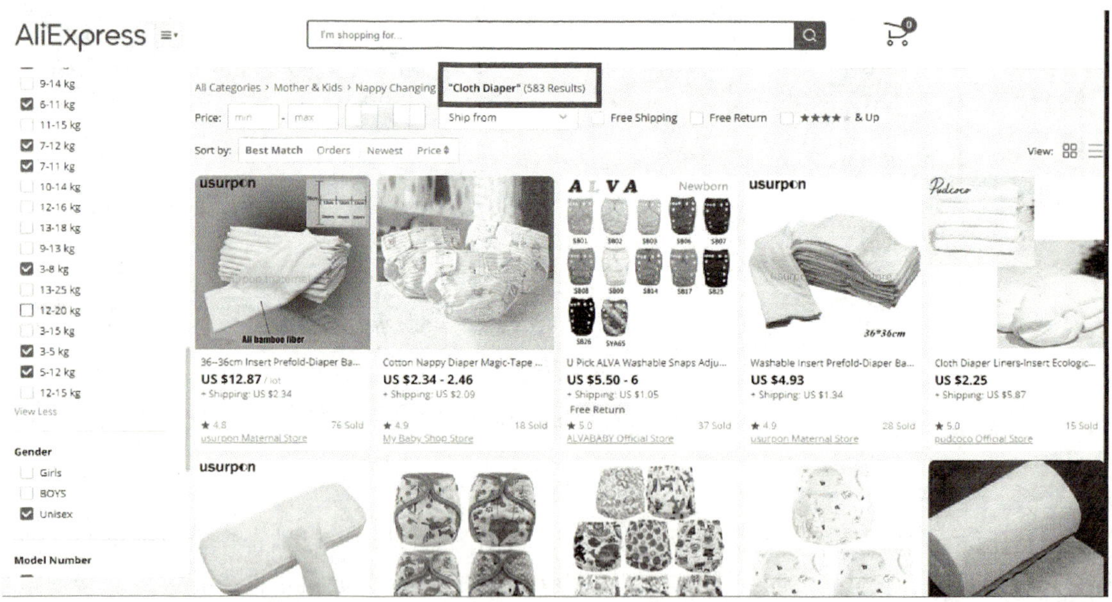

图 1-16　自主观察细分竞争对手

步骤 6：制作竞争对手“监控表”。

通过以上步骤，极大程度上缩小了竞争对手的范围，此时我们需要对竞品链接这些数据进行长期跟踪，以确保数据的有效性，制作如表 1-2 所示的对手“监控表”，从而为自己打造产品提供更多思路及参考。

表 1-2　对手“监控表”

竞品的订单数	竞品的收藏数	竞品的评分	竞品单价	竞品包邮国家	竞品卖点

操作思考

分析竞争对手，是为了更好地定位自己。在对竞争对手的分析中能更好地找到客户需求点，找准自己的目标。通过以上操作完成了行业竞争对手识别，请在此基础上思考并回答以下问题：

识别和选择类目竞争对手时，只能选择一个还是可以选择多个？

工作子任务二　竞店数据采集与分析

业务背景

速卖通店铺在运营过程中，除了要及时关注自身店铺数据变化以外，还需要时刻关注竞争店铺（即竞店）的数据变化，譬如最近上新产品类型、店铺活动、店铺销量等，从而方便自己调整店铺计划，提升自身销量。

小张在速卖通上经营一家女装店铺，主打性感风格连衣裙，速卖通上类似的女装店铺非常多，竞争店铺的任何一个变化都有可能会影响到小张店铺的销量。为了能够及时应对市场变化，稳定店铺销量，小张选定与自身店铺匹配度最高的竞争对手A店铺，计划对A店铺进行长期数据追踪分析，以便找出自身短板，及时完善、提高店铺竞争力。请帮助小张罗列需要记录竞争店铺哪些数据，并制作相应表格。

操作分析

本任务要求对竞争店铺数据做长期追踪分析，而对竞争店铺的数据追踪分析主要围绕店铺产品类型、店铺销量、店铺推广活动来进行。店铺的产品类型构成会直接影响店铺的销量，因为买家需求是多样化的，不同的买家需求需要不同的产品来满足。店铺的销量数据，一方面可以直接反映出自身店铺与竞争店铺之间的差距，另一方面通过周期性观察店铺产品销量增长情况，还可以看出店铺发展情况。此外，应该经常关注店铺的推广活动，包括店铺参加的平台活动、权益计划及设置的店铺活动，一方面可以给自己设置店铺推广活动提供思路，另一方面这也会影响到自身店铺的市场竞争力。

操作示范

步骤1：明确任务要求。

本次任务的目标是了解竞争店铺的产品类型、销量数据及店铺推广活动情况，对这些数据加以记录分析，并且长期追踪。同时，通过数据追踪及分析，找出自身店铺与竞争店铺的差距，及时做出优化。

步骤2：店铺基本信息采集。

进入店铺之后，我们可以在店铺首页查看店铺基本情况，如店铺名称、开店时间、店铺评价、店铺粉丝数、是否为金银牌卖家等，如图 1-17 所示。

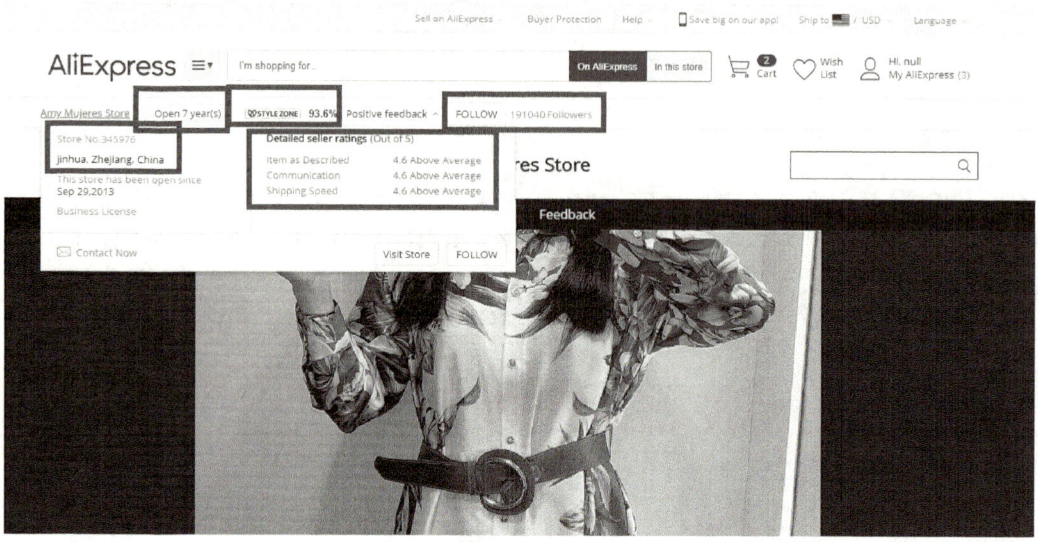

图 1-17　在店铺首页查看店铺基本情况

需要将店铺情况记录在表格中，以便后期追踪店铺数据，店铺情况跟踪记录表如表 1-3 所示。

表 1-3　店铺情况跟踪记录表

店铺 ID	店铺名称	店铺链接	开店时间	是否为金银牌	店铺评价	店铺粉丝数

步骤 3：店铺产品类型数据采集。

速卖通店铺产品上新的时候，一般的卖家会对产品进行产品分组，所以我们一般可以通过产品分组大致确定店铺的产品类型，如图 1-18 所示。

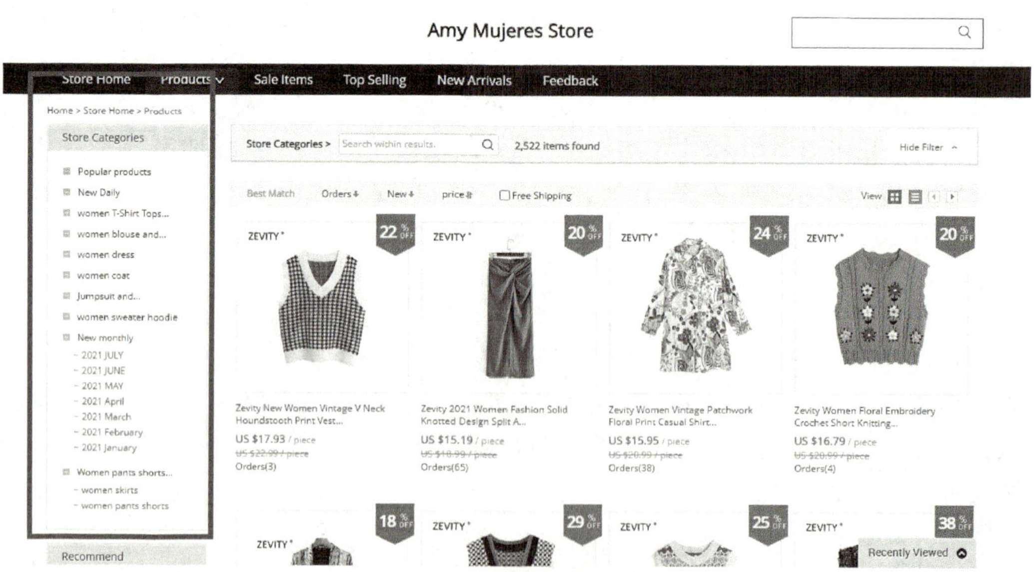

图 1-18　采集店铺产品类型数据

同时，将这些产品类型数据记录在如表 1-4 所示的表格中。

表 1-4　产品类型记录表

产品类型	women T-Shirt Tops.	women blouse and shirt	women dress	women coat	Jumpsuit and playsuits	women sweater hoodie
7 月 1 日数量						
7 月 8 日数量						
7 月 15 日数量						
7 月 22 日数量						

步骤 4：记录店铺每日新增商品数量。

进入店铺之后，我们可以在“New Arrivals”页面中看到店铺近期上新产品，我们将产品数量记录在表 1-5 中，一天观察一次，这样可以大致计算出竞争店铺上新频率。同时，店铺近期上新的产品类型及风格，包括一些流行元素，也可以给自身店铺上新提供参考。如图 1-19 所示，店铺目前上新品类主要集中在连衣裙、短上衣、衬衫及长袖连衣裙，风格均以休闲为主，图案多为印花。

表 1-5　店铺每日新增产品记录表

产品数量	Dresses	Shirt	Blouse	Long-Sleeve Dress
7 月 1 日数量				
7 月 2 日数量				
7 月 3 日数量				

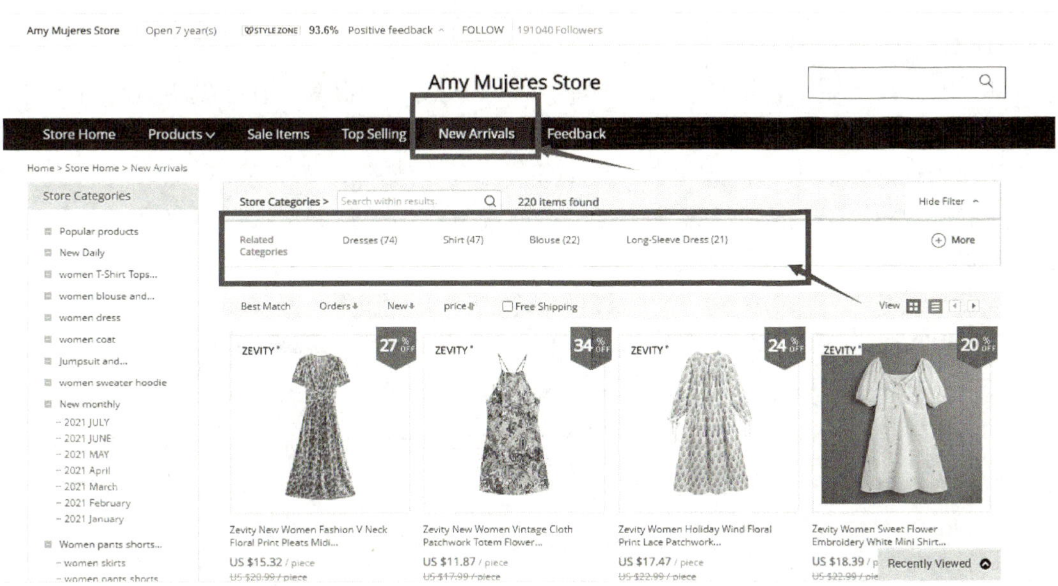

图 1-19　在“New Arrivals”页面中查看店铺上新产品

步骤 5：店铺单品销售数据采集分析。

进入速卖通店铺主页后，通过“Top Selling”，可以查看店铺销量最好的单品及订单数，我们需要对竞争店铺订单量最多的 10 个单品进行数据采集和分析，将采集的销售数据填入表 1-6 中，以确认单品每日订单量大概是多少，从而了解自身店铺与竞争店铺的差距，进而制订店铺优化计划，提高店铺销量，如图 1-20 所示。

表 1-6　销售数据分析表

单品ID	单品类型	7月1日 Orders	7月2日 Orders	7月3日 Orders	7月4日 Orders
1005002291726062	衬衫	7014			
1005002449946421	短裙	4871			

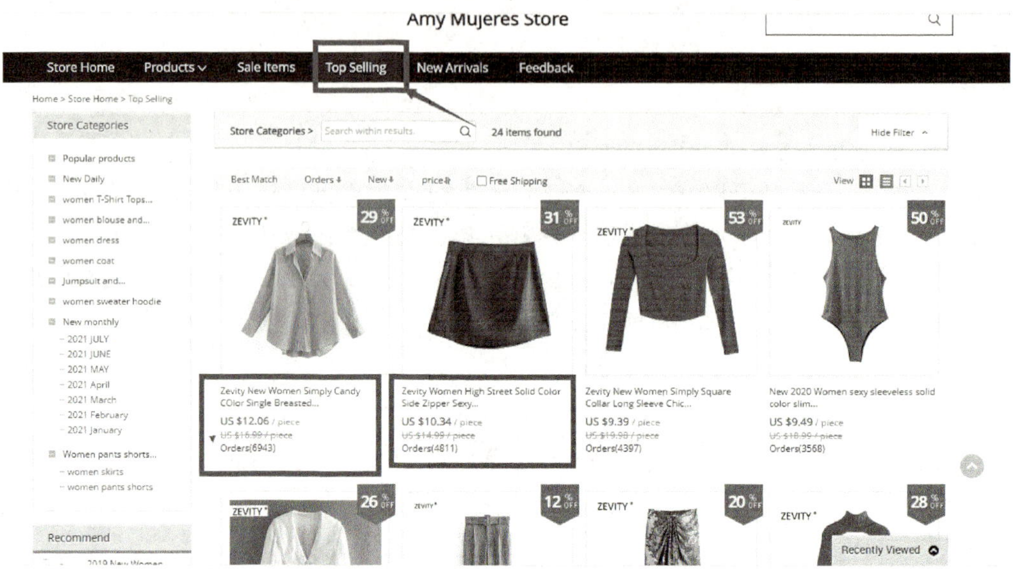

图 1-20　在“Top Selling”中采集单品销售数据

步骤6：店铺营销活动分析。

如果店铺参加大型平台活动，如“双十一”“8·28”大促等，在店铺首页通过店铺承接页就能看出店铺是否参与了活动。同时，通过单品页面的优惠活动分析，可以看出竞争店铺长期设置的店铺活动有哪些，还可以了解竞争店铺是否参加了平台权益计划，如AliExpless PLUS计划等。如图1-21所示，该竞争店铺目前没有参加平台大型活动及平台权益计划，日常推广活动主要以店铺优惠券为主。

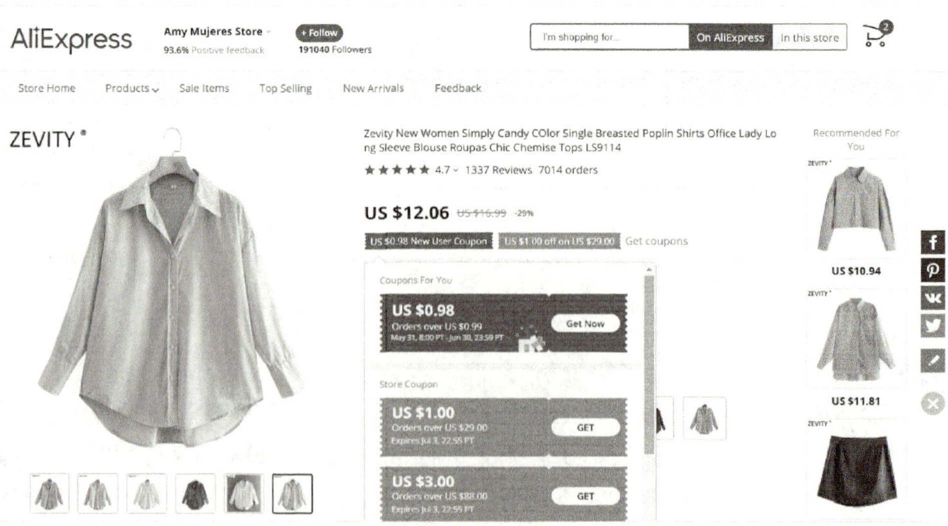

图 1-21　店铺营销活动分析

操作思考

通过以上操作，完成了竞争店铺分析，请在此基础上思考并回答以下问题：

在对竞争店铺进行分析时，竞争店铺推广活动分析是否重要？

工作子任务三　竞品数据系统分析

业务背景

在速卖通店铺运营过程中，竞品分析必不可少。竞品分析，一方面可以让我们了解竞争对手产品的优势，取长补短；另一方面，也可以让我们了解与竞争对手的差距，从而制订合理的运营计划，促进店铺发展。

操作分析

竞品分析就是对竞争对手的单个产品进行分析，可以通过对产品基本信息、客单价、加收藏数、订单量及产品评价的分析来展开。产品基本信息能够帮助你了解竞品的产品基础信息，总结竞品卖点，了解竞品与自身产品的差异；客单价及加收藏数能够帮助你确认自身产品的市场竞争力，以及热卖价格区间；订单量虽然会有波动，但是可以帮助你了解竞品销量是否呈现上升趋势；而产品评价可以帮助你了解买家痛点及发现买家潜在需求，从而不断提升自身产品质量及店铺服务。

操作示范

步骤1：确定任务需求。

本次任务的目标是了解竞品的基本信息、产品单价、加收藏数、推广活动、运费模板、订单量、详情页、产品评价等，定期记录这些数据，并加以分析和追踪。同时，通过数据追踪及分析，找出自身产品与竞品之间的差距，不断优化产品，提高自身产品销量及市场占有率。

步骤2：识别竞品。

小张的速卖通女装店铺主推产品是吊带短裙，以关键词“性感吊带短裙”在速卖通平台上进行搜索，然后根据搜索出来的产品的属性、销量及单价等因素圈定竞品。

步骤3：产品基本信息采集与分析。

当我们圈定竞品之后，需要进入竞品的详情页面，采集竞品的基本信息，并将采集到的信息记录在表1-7所示表格中，与自身产品的基本信息做对比，进行分析。

表1-7　竞品基本信息表

	竞品	自身产品
产品标题		
产品主图		
产品颜色/款式		
产品尺码		
产品单价		
产品属性（材质）		
产品适用人群		

对自身产品和竞品的关键基本信息以周为维度进行记录追踪，如果竞品的基本信息发生变化，需要在保留原有基本信息的基础上，建立一个新表，记录竞品新的基本信息，这样才能有效分析竞品的变化。

步骤 4：竞品加收藏数分析。

产品的加收藏数从一个侧面反映了产品受买家喜爱程度，所以通过对比分析竞品和自身产品的加收藏数，可以从侧面看出自身产品受市场欢迎程度。

进入竞品详情页，以天为单位对竞品的加工收藏数和自身产品的加工收藏数进行记录并分析，将采集到的信息记录在表 1-8 所示的表格中。

表 1-8　竞品加收藏数记录表

日期	竞品	自身产品
12 月 22 日		
12 月 23 日		
12 月 24 日		
12 月 25 日		
12 月 26 日		

可以将统计出来的数据做成折线图，通过折线图的对比，直观分析自身产品与竞品加收藏数的变化趋势，从而了解自身产品的市场竞争力。

步骤 5：竞品订单数据分析。

我们以周为维度，对竞品的订单量进行统计，将采集到的信息记录在表 1-9 所示的表格中，并对订单数据进行统计汇总。订单量能够体现产品的销售情况，帮助我们了解产品的市场行情。

表 1-9　竞品订单量统计表

日期	竞品	自身产品
12 月 1 日		
12 月 8 日		
12 月 15 日		
12 月 22 日		
12 月 29 日		

为了更加直观地看到自身产品与竞品订单量变化趋势，我们可以制作折线图，通过折线图，不仅能够看出竞品和自身产品订单量变化趋势，还可以看到两者之间的差距。

步骤 6：店铺活动分析。

确定竞品之后，我们需要在竞品详情页观察竞品是否参加了平台活动，竞品的店铺活动如优惠券、满减等是如何设置的。如果竞品参加了大型平台活动，需要对参加大型活动这几天的订单数量按天统计到表格中，以便观察竞品活动效果。同时，了解竞品的日常店铺活动可以给自身产品设置店铺活动提供思路，包括优惠券金额、使用门槛、满减力度等。

步骤 7：竞品详情页分析。

进入竞品详情页，一方面，需要先观察竞品详情页是否添加了关联模块；另一方面，需要观察竞品详情页的布局及展示逻辑。小张发现竞品在详情页添加了与竞品风格类似的产品做关联模块，这样可以给买家更多的选择空间；此外，在详情页，除了重要的尺码表、模特图，商家还添加了实拍图，充分展示了产品正面、侧面及背面的细节，让买家可以更加充分地了解产品细节及穿着效果。

步骤8：产品评价分析。

小张观察竞品的评价后发现，竞品有102条评价，平均评分4.7分，如图1-22所示，产品评价以好评居多，同时，有很多优质的买家秀。买家对产品的评价主要围绕产品质量、尺码、材质及外观等内容展开。而竞品的少数差评，一部分是因为产品颜色问题，另一部分是因为产品尺码问题。这种时候我们需要总结买家差评中提到的问题点，然后对自身产品做出优化。

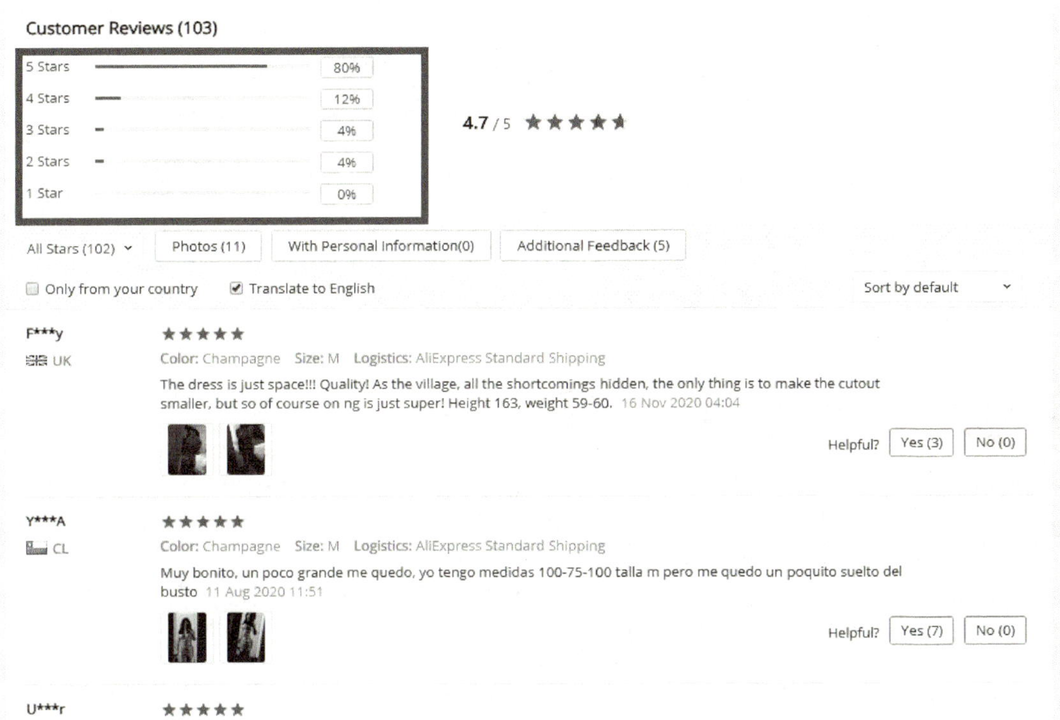

图1-22　观察竞品的评价

操作思考

通过以上操作，完成了竞品分析，请在此基础上思考并回答以下问题：

通过竞品分析，发现竞品销量暴增，可能的原因有哪些？

工作任务三　运营数据采集与分析

【任务目标】

- 熟悉数据化运营概念。
- 能够根据需求，对不同运营数据进行分析。

- 能够根据运营数据分析结果及时做出优化。

【思维导图】

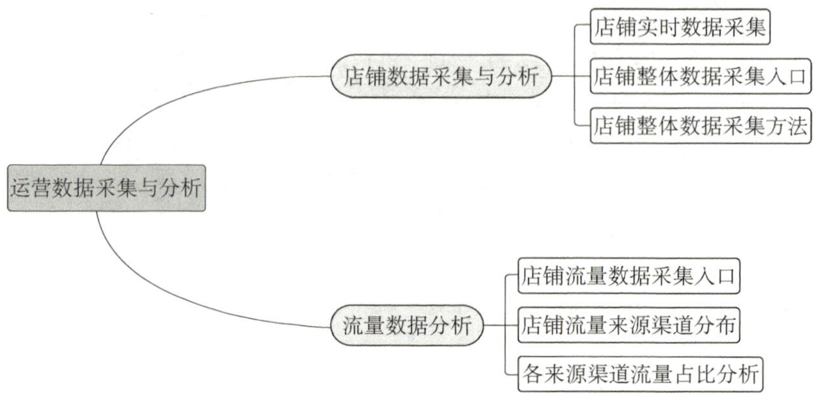

【知识回顾（回答问题）】

1. 数据化运营的概念是什么？
2. 运营数据分析有哪些方面的内容？
3. 运营数据的来源是什么？

工作子任务一　店铺整体运营数据查看及分析

业务背景

速卖通某女装店铺，运营人员想要查看2021年1月至2021年5月每个月店铺的整体运营数据，如店铺支付金额、店铺访客数、支付转化率、客单价等。请帮助运营人员找到查看店铺整体运营数据的位置，并下载相关数据。

操作分析

该任务中，运营人员想要查看店铺以月为维度的整体运营数据，所以要先找到查看运营数据的位置，然后设置相关筛选条件并下载数据。

操作示范

步骤1：找到查看店铺整体运营数据的位置。

查看店铺整体运营数据的路径：速卖通后台→生意参谋→驾驶舱→首页→整体看板。通过该路径可以找到查看店铺整体运营数据的位置，如图 1-23 所示。

步骤2：设置筛选条件，找到准确数据。

任务中要求查看2021年1月至2021年5月每个月店铺的整体运营数据，即以月为维度，查看相关数据，所以时间维度选择“月”，如图 1-24 所示。

步骤3：下载相关数据。

设置好相关条件，点击右侧下载按钮，下载相关数据。查看数据，检验是否以月为维度体现相关数据的，如图 1-25 和图 1-26 所示。

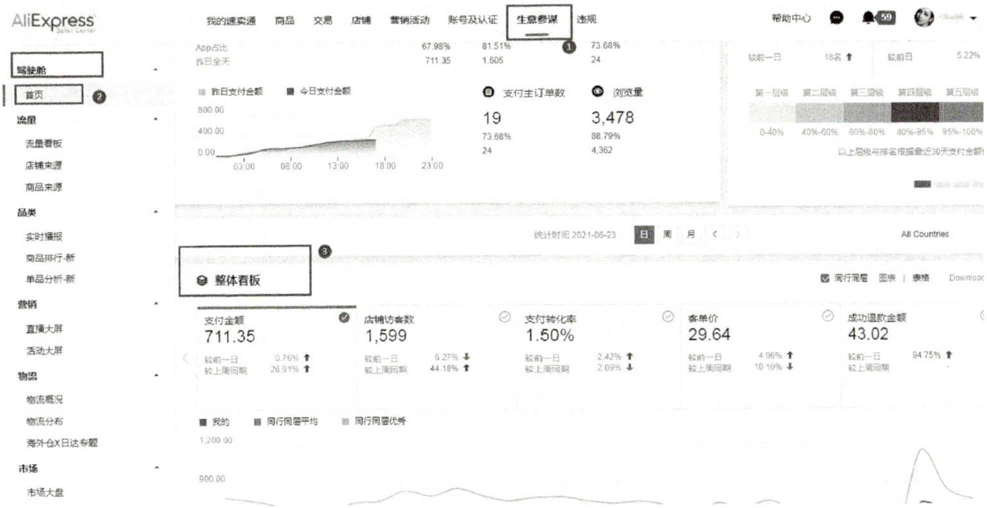

图 1-23　打开“整体看板”（1）

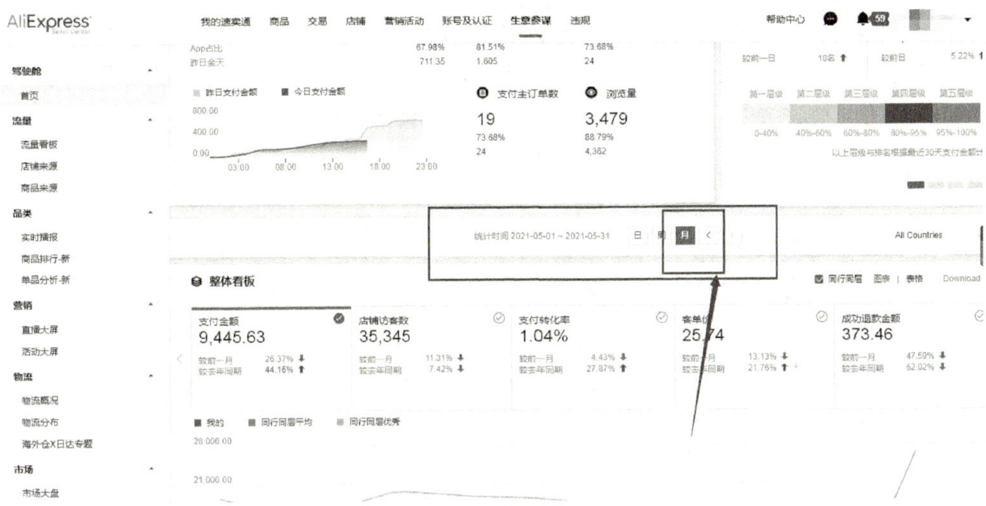

图 1-24　设置时间维度为“月”

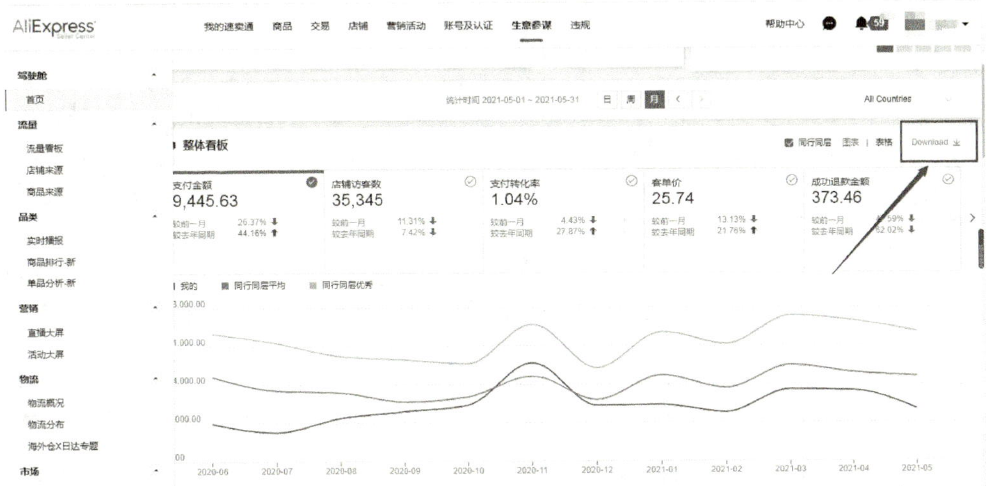

图 1-25　下载整体运营数据

数据来源：AE - 生意参谋 - 整体看板 时间范围：2020-06-30_2021-05-31
更多数据，请访问AE生意参谋

统计日期	支付金额	店铺访客	支付转化率	客单价	成功退款金额	支付买家数	支付老买家占比	老买家支付金额占比	支付订单
2020-06	6,992.70	35,848	0.89%	21.92	762.95	319	14.73%	16.95%	
2020-07	5,387.35	31,056	0.63%	27.49	399.71	196	11.22%	17.40%	
2020-08	7,933.66	32,374	0.67%	36.39	526.74	218	11.47%	8.18%	
2020-09	9,127.69	31,026	0.59%	49.61	703.46	184	21.20%	16.30%	
2020-10	10,294.85	31,751	0.50%	64.34	1,057.32	160	11.88%	19.48%	
2020-11	17,980.67	41,078	0.81%	54.32	1,643.71	331	15.71%	17.29%	
2020-12	10,135.54	30,859	0.53%	61.43	2,096.40	165	13.33%	16.12%	
2021-01	10,281.49	33,459	0.57%	54.11	785.40	190	15.79%	21.48%	
2021-02	8,920.08	28,701	0.91%	34.05	949.17	262	12.98%	25.32%	
2021-03	13,053.10	45,555	0.96%	29.87	1,113.61	437	11.21%	18.67%	
2021-04	12,828.92	39,852	1.09%	29.63	712.59	433	13.63%	22.76%	
2021-05	9,445.63	35,345	1.04%	25.74	373.46	367	14.17%	18.60%	

图 1-26　2021 年 1 月—2021 年 5 月店铺运营数据

工作子任务二　查看并分析店铺流量数据

业务背景

速卖通某女装店铺，运营人员发现店铺流量在2021年6月12日整体下滑，运营人员想要查看一下，6月12日流量来源分布情况，以及6月12日流量趋势与前后几日的对比，以确认是否是因为某来源渠道流量突然降低而导致店铺整体流量下滑。请帮助运营人员找到查看店铺流量来源的位置，并确认流量来源分布及占比情况。

操作分析

该任务中要求查看店铺流量来源及流量占比情况，所以要先找到查看店铺流量来源的位置，然后确认流量来源分布及占比情况。

操作示范

步骤1：找到店铺流量数据入口。

查看店铺整体数据的路径：速卖通后台→生意参谋→流量→店铺来源→页面来源趋势。通过该路径可以找到查看店铺流量数据的位置，如图 1-27 所示。

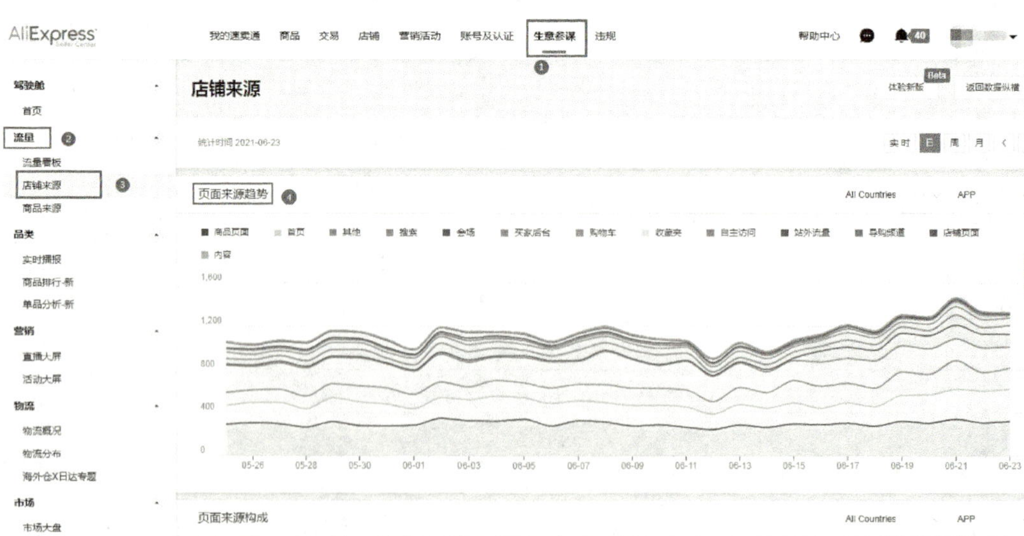

图 1-27　找到店铺流量数据入口

步骤2：设定筛选条件，查看相关数据。

因为任务中需要查看6月12日流量来源分布情况，以及6月12日流量趋势与前后几日的对比，所以时间维度选择日，同时找到6月12日数据，点击折线图查看当日流量来源分布情况，如图 1-28 所示。

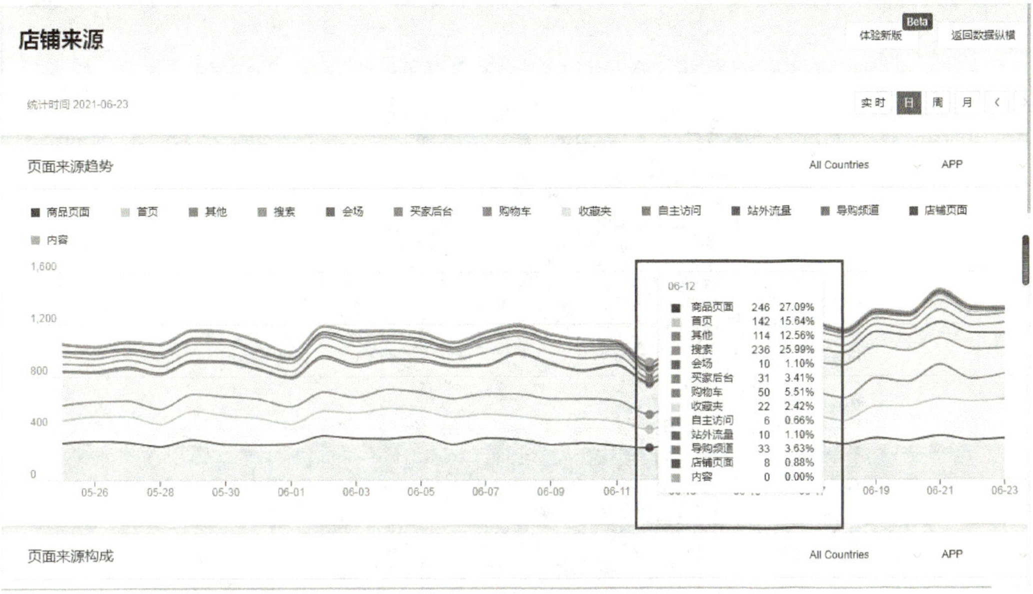

图 1-28　点击折线图查看 6 月 12 日流量来源分布

步骤3：进行数据分析。

通过折线图可以看出，6月12日所有来源的流量较前后几日都有所下滑，所以不是因为某流量来源流量下降明显导致店铺整体流量下降。通过6月12日数据可以查看该店铺某个来源访客数量及流量占比。

职业技能训练

技能训练任务 1：

小王已经决定入驻女装行业，并且通过子行业容量及子行业发展趋势分析，发现子行业贸易市场容量较大，且发展前景好，所以小王准备先发布女士毛衣相关产品。此时，小王还需要分析市场需求，明确客户对毛衣的各种需求，以便确定上新计划及产品布局。为了做好市场需求分析及预测，请你帮小王分析市场需求量、需求量的变化趋势、客户的价格偏好及地域分布等。

技能训练任务 2：

速卖通店铺的发展，不仅取决于自身产品的特色卖点、店铺服务能力及运营手段，还会受到竞争对手的影响。如果把市场比作一块蛋糕，那么你和竞争对手就是来分这块蛋糕的，如果竞争对手分得多，你能分到的就会少，也就意味着自身的市场份额会减少。因此，为了店铺的发展，店铺要能够正确识别行业竞争对手，并且能够对竞争对手的店铺和竞争产品进行有效分析，对比自身，取长补短。

速卖通某女装店铺，近期在店铺运营过程中，想要进行竞品分析。选定了店铺的潜力爆款，产品信息如图 1-29 所示。

产品类型	产品材质	产品售价	产品销量	包邮国家	产品活动
印花连衣裙	棉麻	12.5-17.9	1405 Orders	平台主流国家包邮	满30-3/无门槛2美元优惠券

图 1-29　产品信息

请结合产品信息，帮助运营人员寻找合适的竞争对手，确定一个竞品。

技能训练任务 3：

速卖通某玩具店铺，运营人员想首先查看每周店铺支付金额和支付转化率情况，然后通过比较每周的支付金额和支付转化率情况，确认店铺数据的变化情况。运营人员计划查看 5、6 月份的店铺支付金额、支付转化率情况，然后以周为维度，记录相关数据并制作支付金额变化折线图，来查看数据变化情况。请帮助运营人员找到查看店铺整体数据的位置，下载相关数据并制作折线图。

1

工作领域二　店铺数据分析（亚马逊）

工作任务一　行业数据采集与分析

【任务目标】

- 能够结合行业发展目标采集相关数据。
- 能够完成子行业的市场容量分析。
- 能够结合数据完成市场需求量的变化趋势分析。

【思维导图】

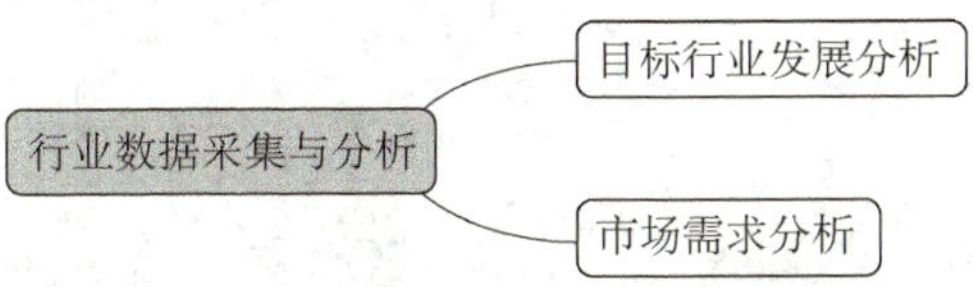

【知识回顾（回答问题）】

1. 亚马逊的后台包括哪些核心数据指标？
2. 亚马逊选品如何查看市场容量？

工作子任务一　目标行业发展分析

业务背景

随着国内跨境电商热潮的兴趣，很多传统制造业工厂都想转型在亚马逊平台上开设店铺，但是在进入新的平台及行业前，需要全面了解行业的发展状况，避免进入红海行业或处于衰退期的行业。某传统制造工厂想进军Home & Kitchen（家具&厨房）这一大行业（类目），从中选择市场容量大、销售前景好的子行业进入，并进一步分析子行业的集中度，确认是否还有进驻该子行业的机会。

操作分析

这家传统制造工厂是当地做卫浴产品的，主要生产纸巾盒、毛巾环、皂碟等卫浴配套产品，卖家在深入Home & Kitchen下面的子行业分析时，需要先了解这一大类下面的二级、三级、四级子类目，熟悉了解其产品所属的子类目。我们通过卖家精灵（第三方数据抓取软件），以四级子类目里面的 Tissue Holders、Soap Dispensers 和 Bathroom Trays 三个子类目的数据对比为例，选择适合该工厂进入的子行业。

操作示范

（一）抓取三个子类目的市场数据

通过卖家精灵抓取分析这三个子类目的市场数据，从中选择市场容量大、销售前景好的子行业进入。

图 2-1 所示的是 Tissue Holders 的市场数据。

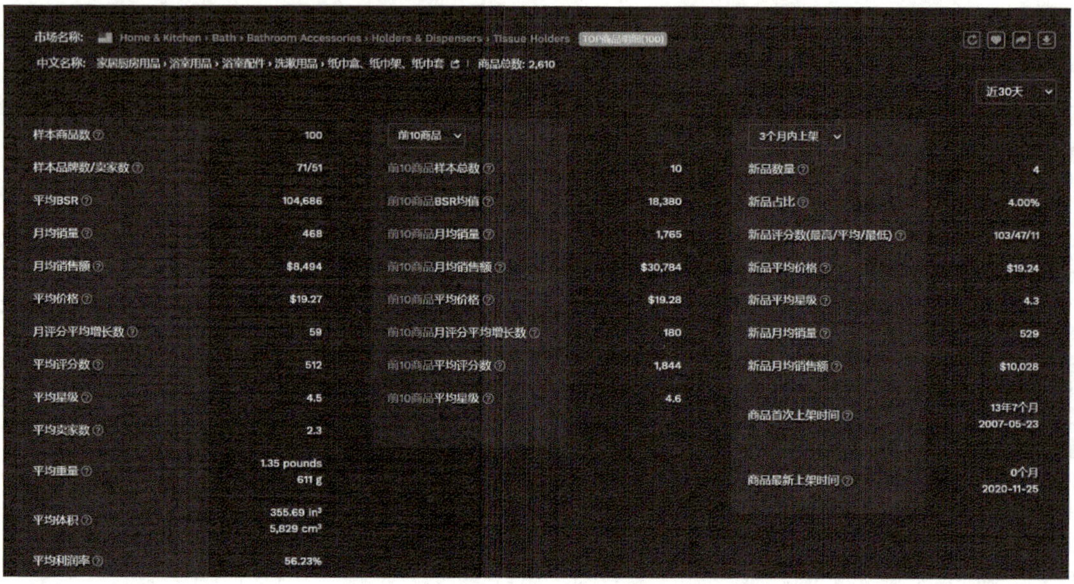

图 2-1　Tissue Holders 的市场数据

图 2-2 所示的是 Soap Dispensers 的市场数据。

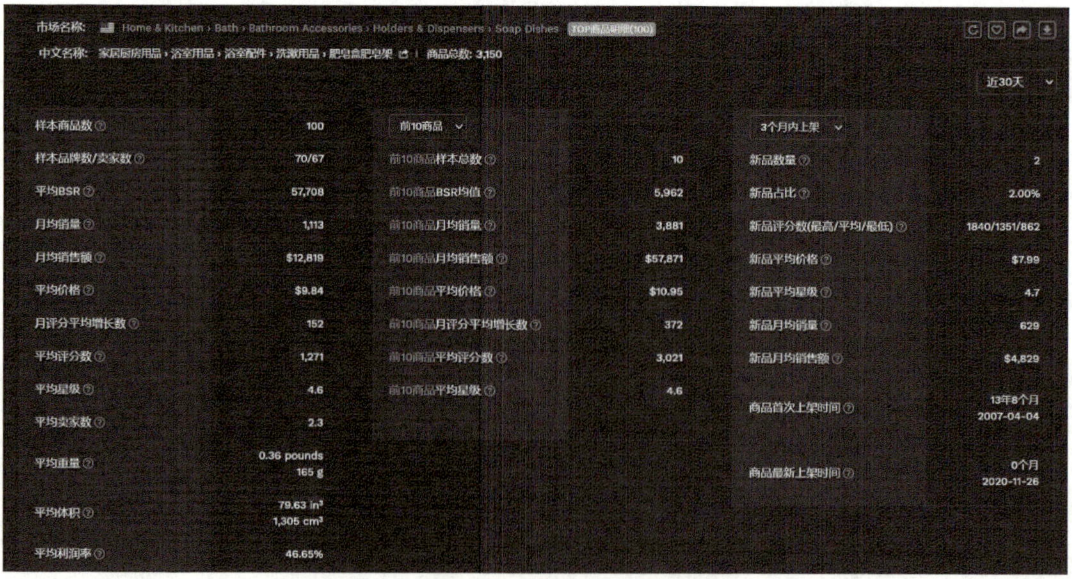

图 2-2　Soap Dispensers 的市场数据

图 2-3 所示的是Bathroom Trays的市场数据。

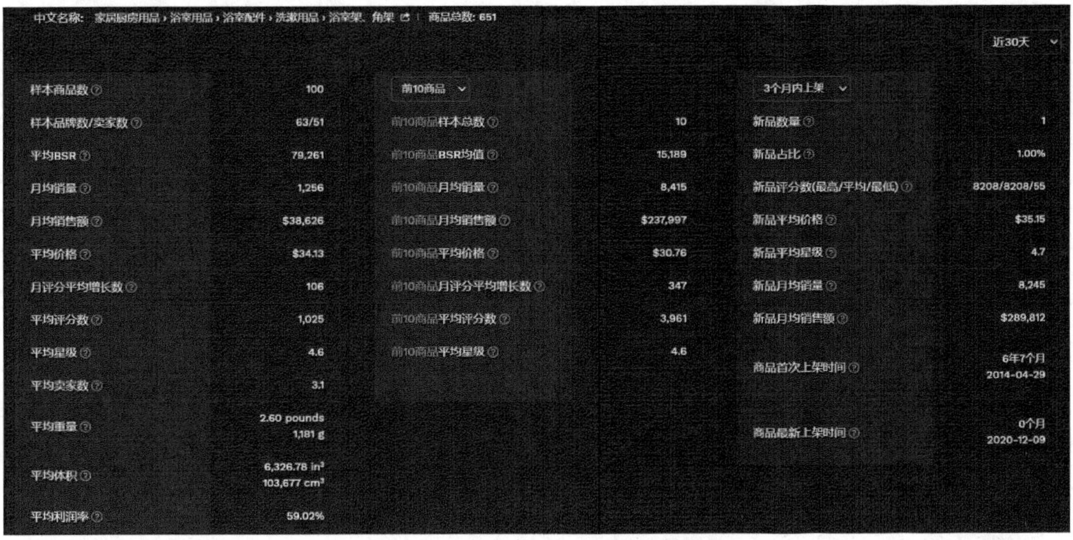

图 2-3　Bathroom Trays 的市场数据

（二）用Excel表格采集并整理三个子类目的市场数据

用表 2-1 所示的表格采集并整理三个子类目的市场数据。

表 2-1　三个对比子类目的市场数据

指标	Tissue Holders	Soap Dispensers	Bathroom Trays
商品总数	2610	3150	651
前 10 商品月均销量	1765	3556	8415
前 10 商品月均销售额	USD 29353	USD 44502	USD 237997
平均价格	USD 19.24	USD 9.84	USD 34.13
商品首次上架时间	2007 年 5 月 23 日	39176	2014 年 4 月 29 日
3 个月新品上架数量	4	2	1
新品评分数（最高/平均/最低）	103/47/11	1840/1351/790	8208/8208/55
新品月均销量	529	629	8245
新品月均销售额	USD 10028	USD 4829	USD 289812

（三）分析对比以上子行业数据

以“商品总数”进行比较分析，Bathroom Trays的商品数量只有651，竞争最小，以“前10商品月均销量”和“前10月均销售额”为例，Bathroom Trays的销量和销售额都是前面两者的5～8倍；Bathroom Trays的新品上架数量最少，同时新品的月均销售额最高，达到了USD 289812。因此，通过基础的数据对比，我们可以选择相对较好的Bathroom Trays这一子行业进入。

（四）在亚马逊前端搜索了解Bathroom Trays的基础情况

通过以上的步骤，我们基本选定了Bathroom Trays这一子行业，在正式上传产品前，我们先去亚马逊搜索前端了解下该类产品的基本材质、卖家品牌、销售价格等信息，如图2-4所示。通过对前端搜索页1～5页基本卖家Listing页面的浏览，发现绝大部分产品为陶瓷、亚克力等材质，安装方式都是Free Standing（站立）方式，这些信息也给我们后期的产品生

2

产提供了基本方向。

图 2-4　Bathroom Trays 产品基本信息

操作思考

通过以上操作，已经完成了初步的行业及子行业分析，选定了要进入的子行业，请在此基础上思考并回答以下问题：

1. 请你对比Bathroom Accessories浴室配件下面的其他子行业数据。
2. 请分析新品上架数量少，是什么原因导致的？

工作子任务二　市场需求分析

业务背景

在前面的任务中，某传统制造工厂已经初步了解分析了Home & Kitchen行业，选定了下面的子行业Bathroom Trays，但还需要进一步深入分析市场需求，明确客户对于该类商品的需求，以便后期进行商品布局。领导布置了市场需求分析的任务给小陈，让他去了解市场需求的变化趋势，客户对于品牌、价格及商品属性的偏好，并进一步梳理客户购买商品时会考虑的各项因素。

操作分析

市场需求分析包括需求量变化趋势分析，客户对于品牌、价格、属性的偏好分析；需求量变化趋势分析，可以了解客户的需求在什么时候呈现上升趋势，什么时候呈现下跌趋势，对于行业的需求周期有一个基础预判，以便后期做好上新计划。随后，分析客户品牌、价格和属性偏好，从中找出我们后期在进行五点描述和产品标题设置时可以使用的卖点。

操作示范

（一）确定分析目标

小陈在展开分析前，要先明确此次分析需要达成的目标，即了解Bathroom Trays（浴室架、角架）在一个月内的需求量变化趋势，以及客户对Bathroom Trays的品牌、价格及属性的偏好，将获取到的关键信息以表格的形式呈现出来。

（二）近1年的需求量变化趋势分析

我们可以通过卖家精灵软件的关键词挖掘功能去挖掘某产品近1年的需求量变化趋势，一款产品相关关键词的搜索量、购买量、相关关键词的购买量之和就是这个产品的市场容量。先进入卖家精灵主页（这是付费第三方数据抓取软件），点击“关键词精灵”，再点击“关键词挖掘”（如图2-5所示）。

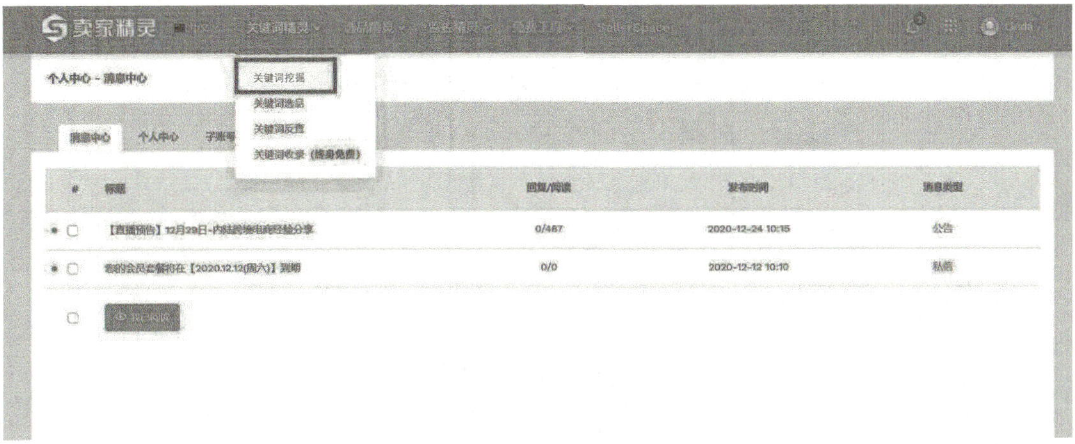

图 2-5　打开关键词挖掘功能

然后，在如图2-6所示的搜索页面中，输入“bathroom trays”（以美国站点为例），点击“立即查询”按钮。

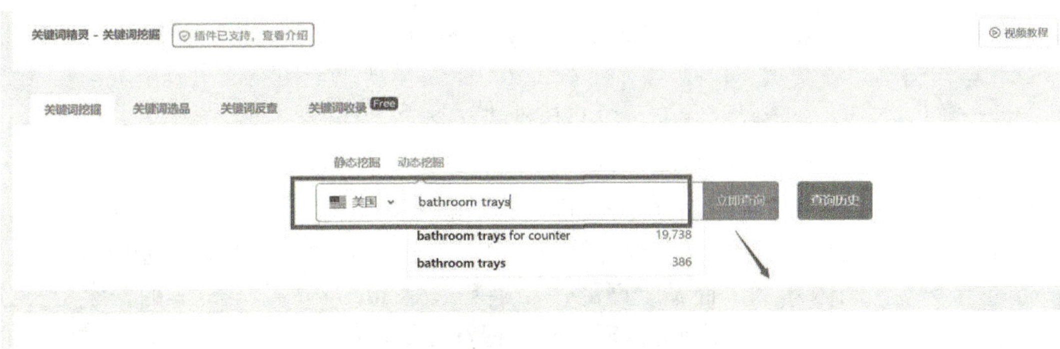

图 2-6　关键词挖掘“bathroom trays”

软件查询这个关键词后，会出现很多相关关键词的搜索结果，我们选择最匹配的“bathroom tray”（跨境电商平台关键词的单复数影响不大），如图2-7所示。可以看到这个关键词商品的月搜索量趋势、旺季、月搜索量、热度、月购买量、点击集中度、商品数、市场分析及PPC竞价。点击集中度，在一定程度上反映了该关键词在细分行业的垄断情况，一般来说，点击集中度越高，该关键词垄断程度越高。例如，关键词“airpods pro”，90%的点击都集中在苹果官方的一款耳机上，虽然这个商品关键词市场很大，但其他厂家很难分到一杯羹，剩下的10%才是这个关键词下商品其他生产厂家可以瓜分的流量。

为了更深入地了解这个子行业的需求量变化趋势，我们需要点击图2-7右侧的操作按钮，会出现“查看该关键词的趋势走势”（见图2-8），从下面的搜索趋势图里面可以看到，

图 2-7　Bathroom Trays 子类目基本信息

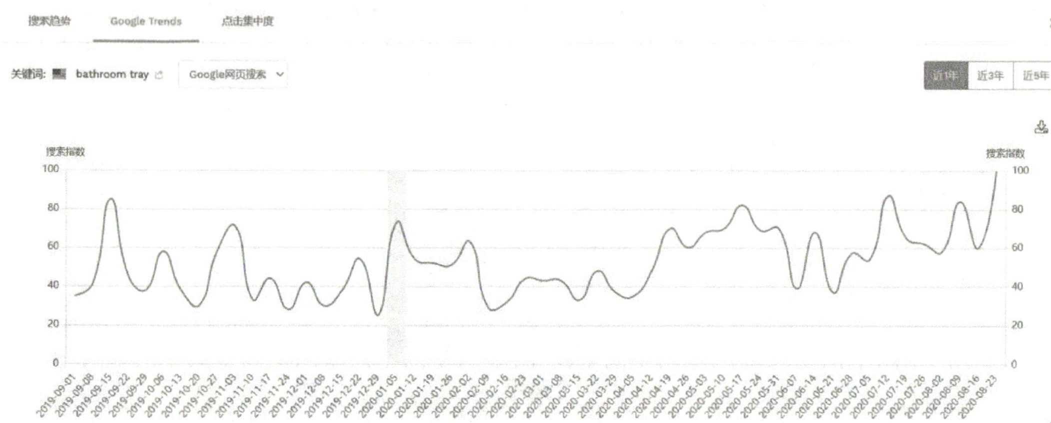

图 2-8　Bathroom Trays 近一年的搜索指数

该子行业 Bathroom Trays 在近一年内的搜索趋势，从 2019 年 9 月 1 日到 2020 年三四月的时候，处于基本稳定的波动状态，搜索指数在 2020 年 8 月呈现出很明显的上升趋势，可见这个商品在近一年内处于上升阶段，我们可以自信地进军这个子行业。

（三）近 3 年的需求量变化趋势分析

通过如上操作步骤（这里不再重复），进入 Bathroom Trays 的需求量搜索页面，下面我们点击“近 3 年”，可以看到如图 2-9 所示的数据。可以看到最下面的趋势线，是 2018 年的，中间波动的趋势线是 2019 年的，而最上面的波动趋势线是 2020 年的，近 3 年的搜索趋势分析也体现了这个子行业的稳步上升趋势，反映了数据背后的市场需求。

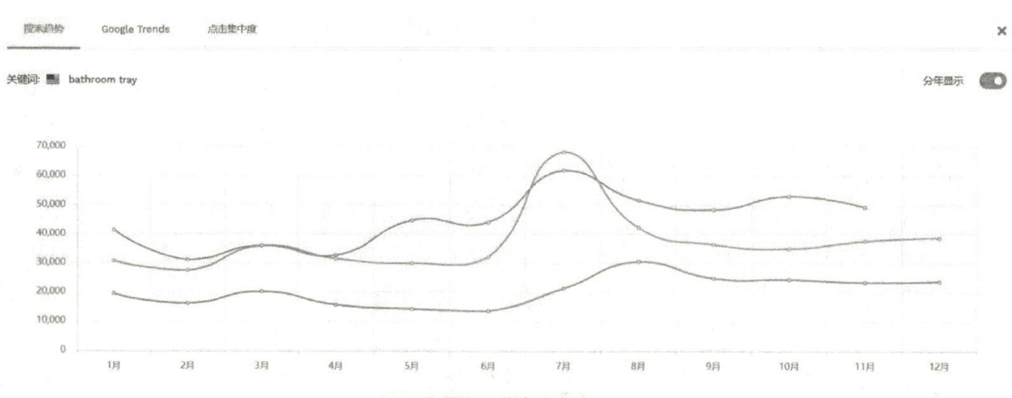

图 2-9　Bathroom Trays 近三年的搜索指数

（四）品牌偏好分析

进入卖家精灵首页，点击“选市场”，输入“Bathroom Trays”进行搜索，可以看到该品类排名前10的商品，如图2-10所示。我们可以通过排名前10商品的品牌，去了解跨境客户对于这个子行业品牌的偏好，因为头部10个商品集中了大部分客户的订单。

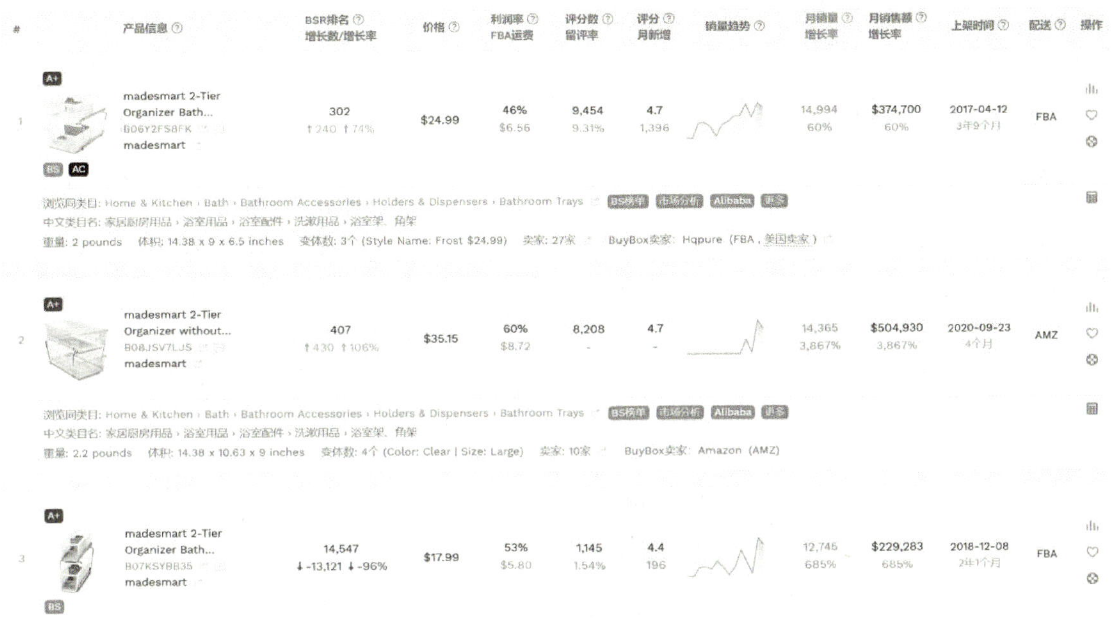

图 2-10　头部商品

我们选择第一个商品，点击如图2-11所示的“查看市场分析图表”，可以看到详细的数据。

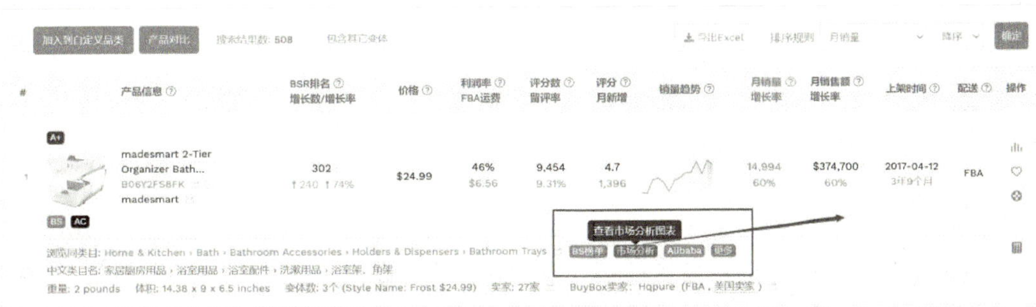

图 2-11　查看市场分析图表

如图2-12所示，我们可以看到，100个商品样本中，品牌共59个，卖家数量47个，说明有个别卖家在运营多个品牌，商品集中度指标（头部商品的总销量与样本范围商品的总销量的比值）是52.1%，比例越高，说明这个类目中，头部商品垄断越明显；这里52.1%的数据还好，说明新手卖家进入该子行业还是可以分到流量与销量的。这里的品牌集中度数值（销量前10位品牌的总销量与样本范围商品的总销量的比值）很高，达到71.3%，比例越高，说明这个类目中，品牌的垄断程度越高。另外，可查看得知排名前10的品牌有madesmart（占了第1、2、3名）、Bathtub、mDesign等品牌。跨境客户对于这些品牌的喜好，可以引导我们在上新产品与进行优化商品时，多关注、学习这些品牌的页面、商品等细节。

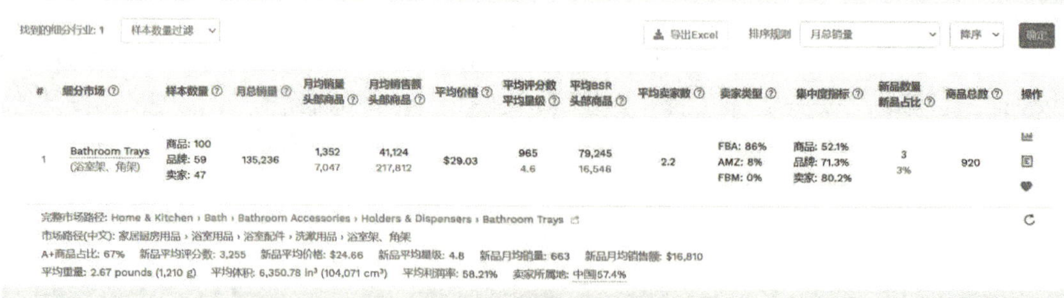

图 2-12　头部商品集中的品牌

（五）价格偏好分析

跨境电商企业在分析商品的销售价格时，一个很重要的依据就是前端类似卖家的普遍的销售价格范围，以此来作为自己定价的参考标准。小陈进入亚马逊前端，搜索、了解信息，发现大部分买家比较喜欢的价位，集中在USD 16.99～25.99（如图 2-13 所示）。

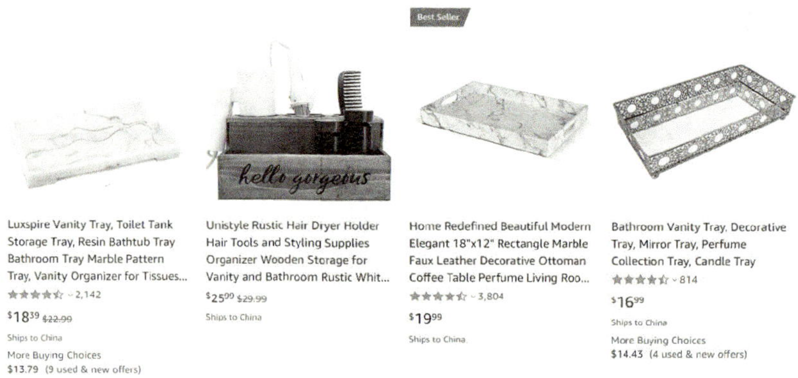

图 2-13　前端 Bathroom Trays 的价格

（六）综合分析

根据上面的步骤，小陈接下来需要综合上述信息，分析该子行业的品牌、价格及市场需求趋势，来进一步指导商品的上架动作。

操作思考

通过以上操作，完成了市场需求分析及预测，请在此基础上思考并回答以下问题：

在进行市场需求分析时，除了上述分析内容，还可以从哪些方面进行分析？

工作任务二　竞品数据采集与分析

【任务目标】

- 能够有效识别行业竞争对手。
- 能够找到竞争产品的店铺并进行深入分析。
- 能够分析竞品的各项数据。

【思维导图】

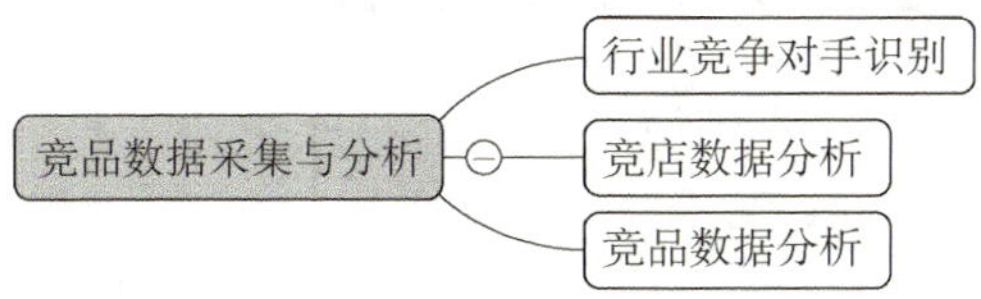

【知识回顾（回答问题）】

1. 如何判定亚马逊行业是蓝海还是红海？
2. 如何分析行业竞争对手的情况？

工作子任务一　行业竞争对手识别

业务背景

某传统卫浴工厂近期在亚马逊平台上开了一家新店铺（北美站），销售不锈钢挂件，在正式上传Listing之前，需要先去了解不锈钢挂件［比如纸巾盒（Toilet Paper Holder）、毛巾环（Towel Ring）、浴室四件套（Bathroom 4-Pieces Set）等］的竞争对手，为了方便后期制定更有针对性的竞争战略，经理指定外贸部小陈去了解识别竞争对手。

操作分析

在识别行业竞争对手前，首先需要明确如何界定竞争对手，即在亚马逊同一个站点销售与自己相同（类似）产品的卖家，可以在亚马逊平台通过搜索关键词（key word）找到该子类目的BSR100进行识别、分析，对比其Review、价格等，以便后期进行竞店和竞品分析，并将其作为自己店铺学习的标杆。

操作示范

（一）明确目标

此次识别竞争对手的目的是了解行业竞争格局。

（二）了解竞争情况

输入关键词了解该子类目的竞争情况，能够对于该子类目目前的竞争激烈程度及未来的走势进行分析和预判。小陈在亚马逊前端输入“toilet paper holder”关键词，了解到相关的搜索结果有3000个，如图2-14所示。

（三）设置商品价格

在选品之前，工厂已经做了基本的海外市场调研，把自己的新品纸巾盒的价格大概定为USD25.99，因此需要进一步缩小识别竞争对手的范围，结合自身商品的售价设置竞品的价格参考范围，选择USD25～50，如图2-15所示。

（四）细化纸巾盒的属性选择，进一步缩小识别竞争对手的范围

根据前端搜索页面的属性选择，安装方式“Installation”有“Freestanding”“Recessed”“Tank Mounted”“Wall Mounted”四种方式，而我们工厂即将大批量生产的产品采用的是Wall Mounted（入墙式）这种安装方式，结合实际情况进一步设置筛选条件，如图2-16所示。

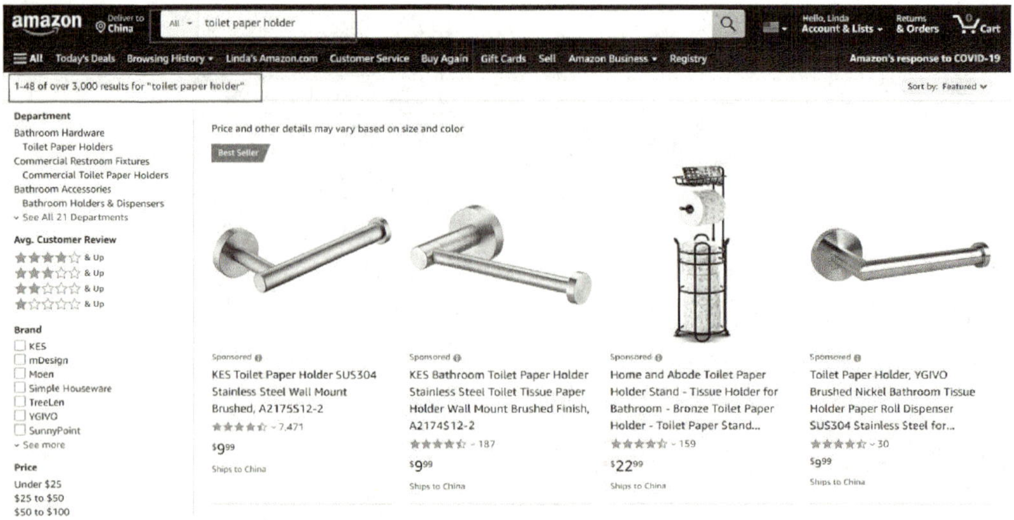

图 2-14　输入关键词

图 2-15　设置商品售价

图 2-16　选择 Wall Mounted（入墙式）安装方式

（五）记录竞争对手

通过以上步骤，极大程度上缩小了竞争对手的识别范围，卖家需根据自己在亚马逊店铺上面销售的商品的一级、二级、三级类目，去进行深入筛选，选择并完成竞争对手的识别，并进行记录，以便后期进行跟踪分析。

操作思考

通过以上操作，完成了纸巾盒（Toilet Paper Holder）的子行业竞争对手识别，请在此基础上分组讨论，并找出Toilet Paper Holder的BSR100产品（BSR：亚马逊的Best Seller Rank）。

工作子任务二　竞店数据分析

业务背景

亚马逊平台一直强调的是产品概念，注重卖家单品Listing的打造，弱化店铺的概念，在亚马逊平台，店铺的概念几乎是没有的。但是我们可以通过挖掘竞争产品的卖家都在销售什么产品、产品的评价指数等数据，拓宽自己后期选品及运营的思路。前面小陈通过基本的亚马逊前端关键词选择、属性及价格筛选等方法，已经锁定了几个竞争对手。其中一个竞争对手的单品与自己的产品最类似，小陈决定深入进行竞店的追踪分析，找出与自己工厂之间的差距，了解竞争对手的运营方法，便于之后进行深入优化完善。

操作分析

竞店分析需要先挖掘出这款产品后面的销售店铺，再围绕店铺的销售类目、销售价格、Review、推广活动等进行综合分析，对这些数据的综合分析，可以直接反映自己店铺与竞店之间直接的差距，也作为今后深入优化运营的目标。

操作示范

（一）挖掘竞品的销售店铺

小陈按照之前的操作步骤，已经锁定了如图2-17所示的竞品Listing，好评7512个Ratings，现在需要挖掘到这个竞品后面的销售店铺。

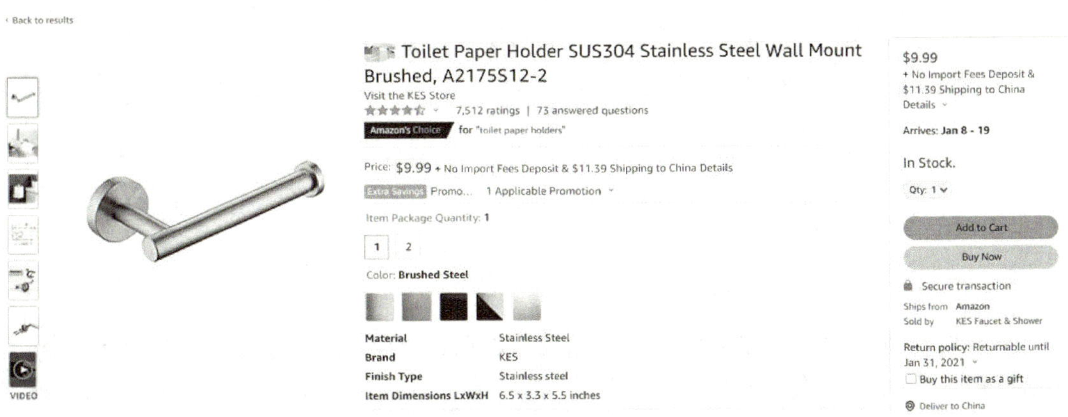

图2-17　竞品Listing

将光标锁定在购物车的下面，可以看到Sold by“KES Faucet & Shower”，这个就是竞品的销售店铺。亚马逊平台有意弱化店铺的概念，买家需要在不起眼的地方找到商家的店铺链接。

（二）分析竞品店铺

点击店铺的链接，如图2-18所示，该店铺的数据很好看，在近12个月内具有98%的好评率，好评数是4504个。

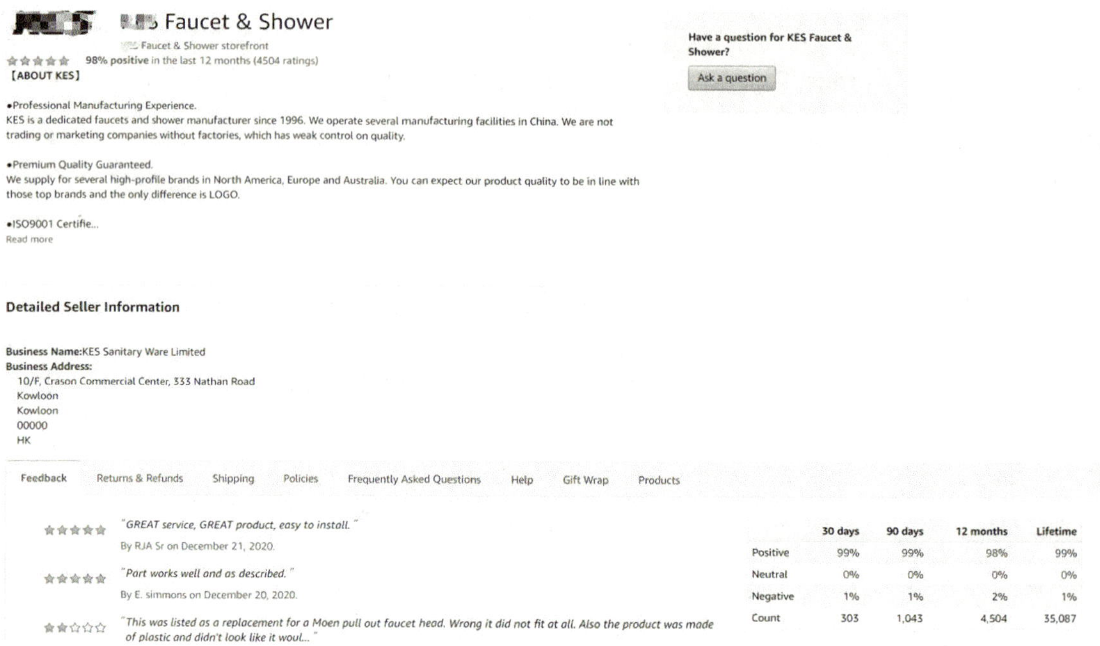

图 2-18　竞店的评价

（三）竞店数据人工采集分析

我们进一步人工采集、记录竞店的数据，将抓取采集到的数据整理到Excel表格中，与自己店铺的产品做深入对比分析，如图2-19所示。可以发现本店与竞店存在明显的距离，竞店的在售产品、店铺Review等数据都远远超过本店很多倍，而且竞店有一个BSR，能够极大地给Listing带来曝光与引流。

对比指标	竞店	本店
在售产品Results	323	10
店铺Review	4504	129
同款产品价格	19.99	23.99
同款产品的Review	708	198
在售产品类目	挂件、厨房用品	挂件
有无Best Seller	有一个BSR	无
有无Coupon活动	有两个10%活动	有一个5%活动

图 2-19　竞店与本店对比

（四）以自身与竞店的一款类似产品深入对比销售数据

下面以卖家精灵软件抓取为例［卖家精灵（Seller Sprite）：是提供关键词挖掘、竞品查询、选择市场等功能的第三方数据抓取软件］，深入对比竞店与我们一款类似产品的数据。图2-20所示的是竞店的一款产品，价格为USD12.9，月销售额USD184947，评分数为7512。

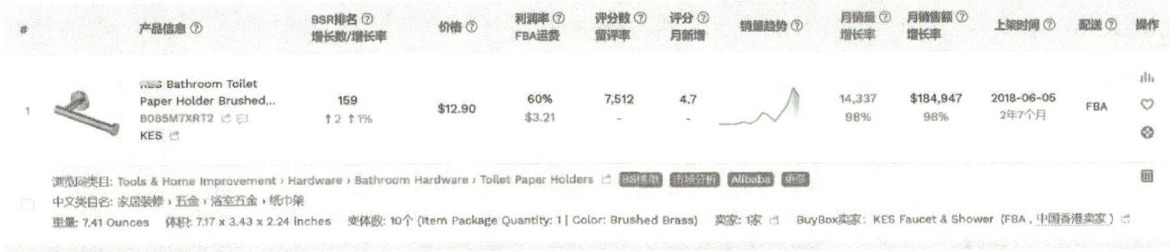

图 2-20　竞店的一款产品数据

如图2-21所示，我们自己的一款类似的Toilet Paper Holder，价格USD21.99，月销售额USD1671，评分数为47。对比竞店产品和我们自己产品的月销量、评分数、价格，我们的产品远远落后于竞争对手的数据。

图 2-21　自己的一款纸巾盒数据

（五）综合分析

经过以上步骤分析，从各方面数据综合分析竞店与自己店铺的比较情况，找出我们自己店铺存在的需要改进的地方，比如扩大产品线、降低售价、增加客户的留评率等，都是需要我们努力的地方。

操作思考

通过以上操作，完成了竞店分析，请在此基础上思考并回答以下问题：

1. 竞店分析除了从上述几个方面展开，还可以针对哪些内容展开详细分析？
2. 如何提升客户的留评率？

工作子任务三　竞品数据分析

业务背景

亚马逊卖家在日常运营中，还需进一步分析竞品，如对我们的竞争对手Listing进行多维度分析。小陈店铺运营的爆款是一个Recessed安装方式的纸巾盒，有4种颜色，是店铺的主营产品，在BSR 100里面大概能排到70～80的位置；而竞店中有一款安装方式、颜色、材料（不锈钢）都与此十分相似的产品。因此小陈计划对该竞品展开数据跟踪，以便后期完善优化自己产品。

操作分析

竞品分析就是对竞争对手的产品进行分析，基于对方Listing的基本信息、变体数量、交易额、评分数（即留评数、留评量）等数据进行多维度深入分析。我们可以通过对比两者之

2

间的数据差距，找出我们运营中需要改进的地方。

操作示范

竞品分析的操作步骤如下。

（一）确认对比的两款产品

图 2-22 所示的是我们自己的一个爆款纸巾盒。

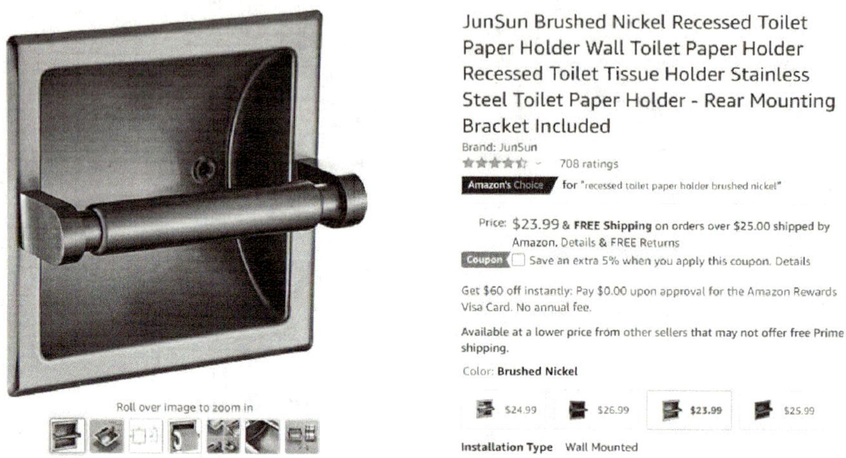

图 2-22　自己的一款产品的数据

图 2-23 所示的是竞品的一个爆款纸巾盒。

图 2-23　竞品的一款类似纸巾盒

（二）确定数据采集工具——卖家精灵

现在抓取亚马逊数据的第三方软件有很多，包括卖家精灵、船长BI、Jungle Scount等，每个软件都有自己的优缺点、强项，这里以卖家精灵为例进行分析，如图 2-24 所示。

（三）基本信息采集与分析

小陈分别进入竞品的页面与自己产品的详情页面，采集对比产品的基本信息，并设计竞品信息汇总表，将其中的关键信息填入Excel表格中，如图2-25所示。我们需要通过记录表格，对两款产品的基本信息进行比较分析，如果竞品的基本信息发生了变化，则需要更新表

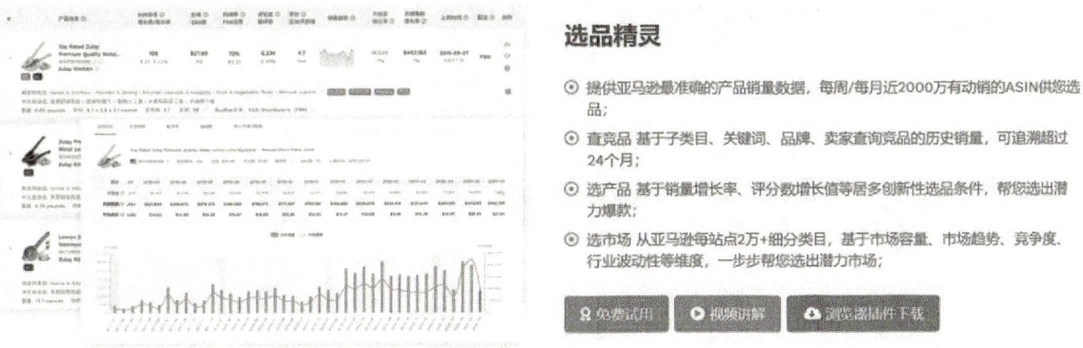

图 2-24　卖家精灵

竞品基本信息		
店铺名称	JS Home	竞店
商品标题	JunSun Brushed Nickel Recessed Toilet Paper Holder Wall Toilet Paper Holder Recessed Toilet Tissue Holder Stainless Steel Toilet Paper Holder - Rear Mounting Bracket Included	Smack Polished Chrome Recessed Toilet Paper Holder - Includes Rear Mounting Bracket
商品价格	USD23.99	USD21.99
变体数量	4	4
Review数量	713	1091
材质	Stainless Steel	Stainless Steel
安装方式	Wall-Mounted	Wall-Mounted
有无跟卖	无	1
流量前5位的关键词	brushed nickel toilet paper holder	chrome toilet paper holder
	toilet paper roll holder	toilet paper holder chrome
	toilet paper holder brushed nickel	toilet paper holder rod
	bathroom toilet paper holder	spring toilet paper holder
	toilet paper roll extender	chrome toilet paper holder wall mount

图 2-25　自己店铺与竞店的各指标对比

中内容，以便后期进行分析，以表格里面流量排名第1位的关键词为例，我们的流量关键词是 brushed nickel toilet paper holder，而竞争 Listing 的流量关键词是 chrome toilet paper holder，那我们就要深入分析 brushed 和 chrome 这两个词的区别、外国人的搜索偏好等，深入分析是否存在优化空间。

（四）竞品的销售数据采集与分析

在卖家精灵界面，选择“选品精灵”，再点击“查竞品”，在图 2-26 所示的搜索界面里面，输入竞品在亚马逊前端的 ASIN 码（Amazon Standard Identification Number，是亚马逊识别码，由数字和字母组成的 10 个字符，用于识别产品目录中的产品，在上传产品的时候，需要的 ASIN 码由系统随机生成，是亚马逊平台的产品凭证，在平台上具有唯一性），点击“查竞品”按钮，可以看到如图 2-27 所示的竞品具体销售数据。卖家精灵抓取了该竞品从 2019 年 11 月到 2020 年 11 月的销售数据，可以看出其月销售额都在 USD 12000 以上，销售额最高的 5 月份达到 USD 38000 以上。

随后，我们再用软件抓取自己这款爆款产品的销售数据（见图 2-28），发现我们最高的销售额在 2020 年 2 月，USD 29000 多，那段时间刚好是全球疫情爆发的时候，美国的客户也更多地选择在家里采购跨境电商产品，我们 2020 年 10 月销售额在 3 万美元以上，但是 11 月份马上掉到了 USD 18000 多。这也提醒我们反思下最近的运营是不是出现了问题，导致销售额急剧下降。通过这两个类似产品的竞品数据对比，我们发现竞品的销售数据会比我们产品要好，但是存在的差距不是天差地别，我们还是很有信心通过后期的运营优化去赶超对手的。

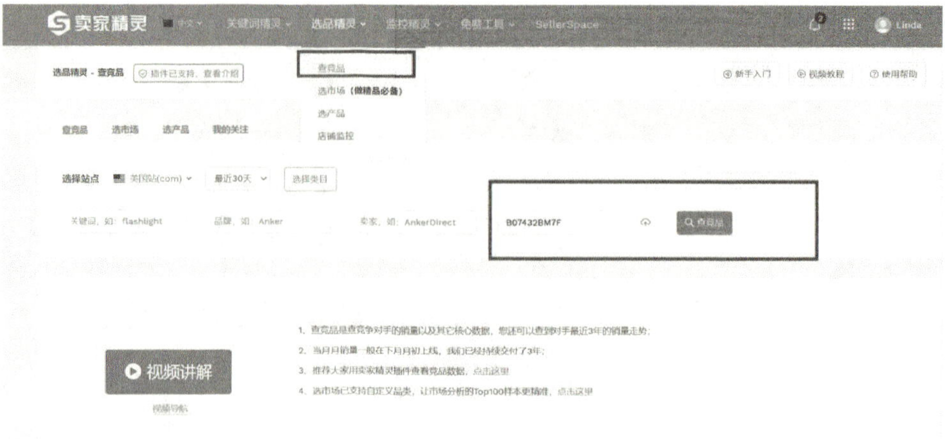

图 2-26　查竞品

图 2-27　竞品的数据

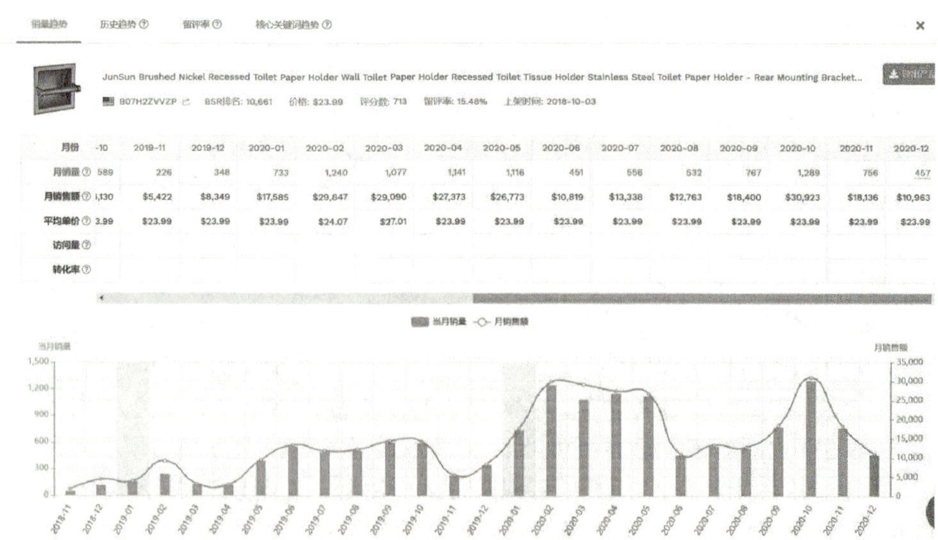

图 2-28　自己产品的具体数据

（五）商品评价Review/Rating分析

小陈进入竞品的商品评价页面（如图2-29所示），发现竞品的Rating共1091个，分数是4.6分，5星好评达到75%，4星好评在13%。对比我们自己商品的评价页面，如图2-30所示，我们商品的Rating共713个，分数也是4.6分，5星好评达到76%（好评率超过竞品），4星好评在16%（4星好评率也超过竞品）。

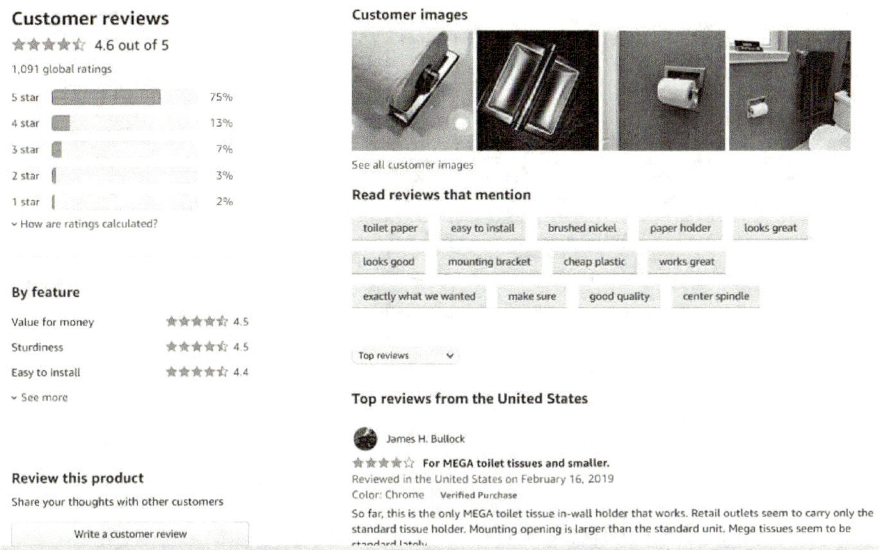

图2-29　竞品的Review

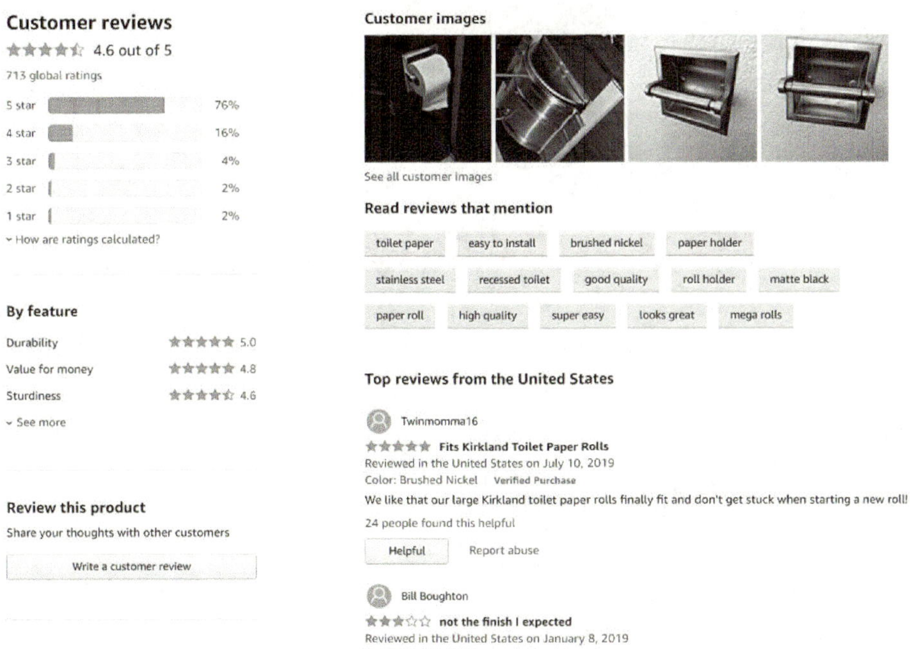

图2-30　自己产品的Review

综合分析两款商品在细节上的评价差异，仔细查看两者的评价客户给出的文字描述与图片，看能不能找出自身商品可优化的地方，如图2-31所示。

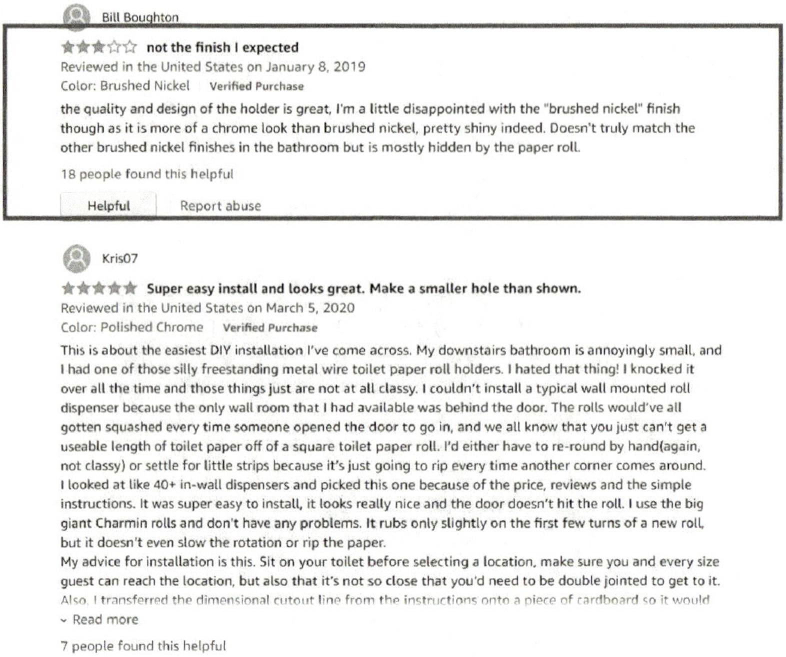

图 2-31　客户给出的具体评价

（六）综合分析

综合上述分析结果，对小陈店铺的引流款商品与竞品进行了综合分析。

操作思考

通过以上操作，完成了竞品数据分析，请在此基础上思考并回答以下问题：

若通过数据追踪发现自己的一个爆款产品月销量呈现持续下降趋势，应该从哪些方面着手分析原因？

工作任务三　运营数据采集与分析

【任务目标】

- 能够结合行业发展目标采集相应数据。
- 能够完成子行业市场容量分析。
- 能够结合数据完成市场的需求量变化趋势分析。

【思维导图】

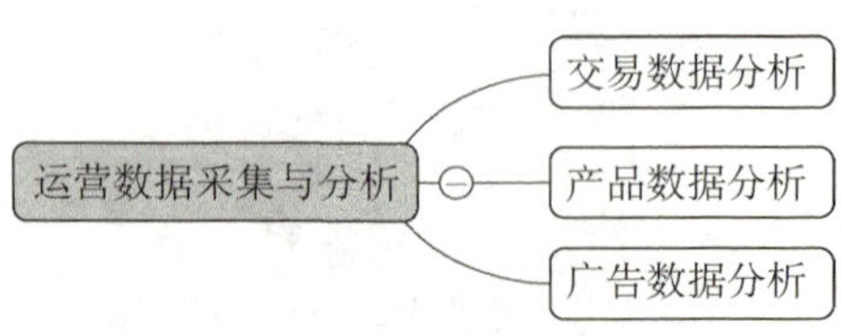

【知识回顾（回答问题）】

1. 亚马逊的产品标题对于搜索排序有什么作用？
2. 亚马逊的五点描述意义是什么？

工作子任务一　交易数据分析

业务背景

在跨境电商店铺的经营销售过程中，会产生大量的交易数据，包括销售额、客单价、订单量、转化率、访客量等。通常跨境电商运营的策略都是根据一段时间内的交易数据和变化情况及时做出调整的，小陈需要分析店铺（北美站）在近期的交易数据，以便提交分析报告给经理，做出相应的工作计划调整。

操作分析

以JS Home（亚马逊北美店铺）为例，持续记录店铺的每周销售金额。因为单日的数据存在不确定的起伏，我们以周（7天）为单位观察销售额的变化情况。通过亚马逊后台的“业务报告”功能模块，如图2-32所示，可以查看数据，可以按天、按周、按月进行查询，这里我们按周进行查询、记录。

查看：按天　按周　按月　　放大：7天　1个月　3个月　半年　1年　2年　自：2020-11-01　至：2020-12-2

下载　转换

日期	已订购商品销售额	已订购商品的销售额 – B2B	已订购商品数量	订购数量 – B2B	订单商品种类数	订单商品总数 – B2B	每种订单商品的平均销售额	每种订单商品的平均销售额 – B2B	每种订单商品的平均数量	每种订单商品的平均数量 – B2B	平均销售价格	平均售价 – B2B	买家访问次数	订单商品种类数转化率	订单商品转化率 – B2B	平均在售商品数量
2020-11-01	US$12,618.32	US$393.84	470	16	373	8	US$33.83	US$49.23	1.26	2.00	US$26.85	US$24.62	1,732	21.54%	0.46%	23
2020-11-08	US$13,846.78	US$276.90	522	10	422	8	US$32.81	US$34.61	1.24	1.25	US$26.53	US$27.69	2,081	20.28%	0.38%	24
2020-11-15	US$14,923.39	US$760.66	561	34	446	11	US$33.46	US$69.15	1.26	3.09	US$26.60	US$22.37	2,004	22.26%	0.55%	25
2020-11-22	US$13,629.11	US$257.92	489	8	416	7	US$32.76	US$36.85	1.18	1.14	US$27.87	US$32.24	1,801	23.10%	0.39%	25
2020-11-29	US$13,197.15	US$509.80	486	20	402	10	US$32.83	US$50.98	1.21	2.00	US$27.15	US$25.49	1,861	21.60%	0.54%	25
2020-12-06	US$11,105.84	US$518.83	416	17	342	9	US$32.47	US$57.65	1.22	1.89	US$26.70	US$30.52	1,773	19.29%	0.51%	25

图2-32　业务报告

将上面亚马逊后台以7天为单位得出的数据，选择日期、销售额、订单数量、转化率、访客量（买家访问次数）等数据记录在下面的Excel表格中，如图2-33所示，明显发现前面11月，包括12月中旬以前的数据都很稳定，而在12月20日到12月27日，销售额几乎下降了一半，因此我们需要分析销售额下降的具体原因，并做出相应调整。

日期	销售额USD	客单价USD	订单数量	转化率	买家访问次数
2020年11月01日-11月08日	12, 618	26. 85	470	0. 46%	1, 732
2020年11月08日-11月15日	13, 846	26. 53	522	0. 38%	2, 081
2020年11月15日-11月22日	14, 923	26. 6	561	0. 55%	2, 004
2020年11月22日-11月29日	13, 629	32. 24	561	0. 39%	1, 801
2020年11月29日-12月06日	13, 197	25. 49	486	0. 54%	1, 861
2020年12月06日-12月13日	11, 105	30. 52	416	0. 51%	1, 773
2020年12月13日-12月20日	11, 383	25. 54	415	1. 30%	1, 615
2020年12月20日-12月27日	6, 246	25. 2	237	1. 09%	731

图2-33　每周的业务报告记录

2

操作示范

（一）明确目标数据

跨境电商店铺的销售额=展现量×点击率×转化率×客单价

=访客数×转化率×客单价

一个 Listing 的展现量与商品的搜索排名、CPC 广告引流等有很大关系；而点击率取决于前端的销售价格、主图的吸引力、Review 等因素。转化率的高低与商品的 A+页面、Review 数量、价格等都有关系，以第二个等式为例，店铺如果想提升销售额，主要取决于访客数、转化率和客单价，而在访客数相对稳定的情况下，我们通过提升转化率就能提高销售额。而客单价与商品定价、优惠券活动、秒杀活动等都有关系，反映了每个客户（订单）的购买金额；在订单数量相对稳定的情况下，通过提高客单价就可以提高销售额。

（二）客单价数据分析

将对应销售区间的客单价数据整理出来，绘制成折线图，如图 2-34 所示。可以看到，客单价都基本稳定在 USD25～35，可以看出，不存在活动降价或者促销导致客单价持续下降的情况，因此基本上可以排除因客单价下降导致销售金额下滑的可能性。

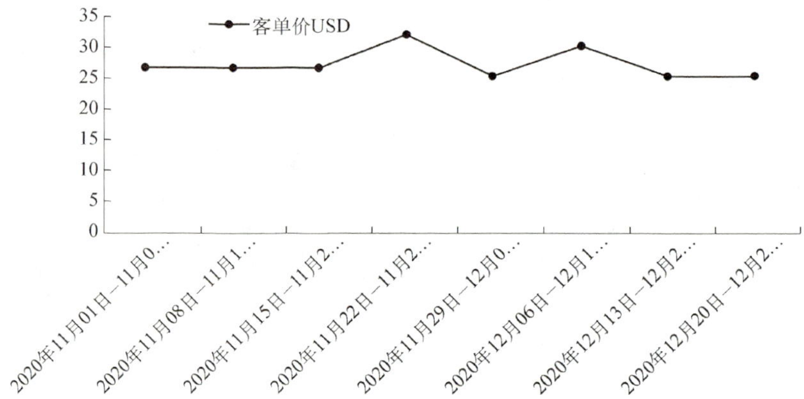

图 2-34　客单价折线图

另外，进入店铺的营销活动，发现店铺在做的营销活动基本上都是 5%的 Coupon 优惠券，每次打折的折扣力度都在 5%（如图 2-35 所示），因此客单价不会有大的波动。

优惠券名称	操作		状态	开始日期	结束日期	预算	折扣	支出	领取	已兑换	Sales
Save 5% on 2020 20 Products Together	编辑	再次运行	已过期	2020-11-01	2020-11-05	$150.00	5.00%	$118.15	147	62	$2,131.50
Save 5% on 2020 20 Products Together	编辑	再次运行	已过期	2020-10-27	2020-11-01	$150.00	5.00%	$119.35	129	64	$1,776.14
Save 5% on 2020 20 Products Together	编辑	再次运行	已过期	2020-12-05	2020-12-08	$150.00	5.00%	$110.60	142	59	$1,851.42
Save 5% on 2020 20 Products Together	编辑	再次运行	已过期	2020-09-28	2020-10-04	$150.00	5.00%	$120.30	184	65	$2,155.73
Save 5% on 2020 20 Products Together	编辑	再次运行	已过期	2020-12-10	2020-12-13	$150.00	5.00%	$90.45	112	50	$1,323.97
Save 5% on 2020 20 Products Together	编辑	再次运行	已过期	2020-11-17	2020-11-20	$150.00	5.00%	$95.15	122	51	$1,548.01
Save 5% on 2020 20 Products Together	编辑	再次运行	已过期	2020-11-29	2020-12-02	$150.00	5.00%	$114.85	130	59	$1,877.73
Save 5% on 2020 20 Products Together	编辑	再次运行	已过期	2020-09-23	2020-09-29	$150.00	5.00%	$123.50	156	65	$1,846.34
Save 5% on 2020 20 Products Together	编辑	再次运行	已过期	2020-11-08	2020-11-14	$150.00	5.00%	$122.40	150	66	$1,992.00
Save 5% on 2020 20 Products Together	编辑	再次运行	已过期	2020-12-15	2020-12-18	$150.00	5.00%	$74.35	91	40	$1,349.14
Save 5% on 2020 20 Products Together	编辑	再次运行	已过期	2020-11-25	2020-11-28	$150.00	5.00%	$121.10	133	63	$1,854.87
Save 5% on 2020 20 Products Together	编辑	再次运行	已过期	2020-12-20	2020-12-23	$150.00	5.00%	$89.45	119	47	$1,329.49

图 2-35　后台优惠券活动

（三）转化率数据分析

将对应销售区间的转化率数据整理出来，绘制成折线图，如图2-36所示。从图中可以看到，转化率一直处于0.4%～0.5%的波动区间，基本都在这个区间内上下波动，反而是12月13日到12月27那两周转化率增加了很多，达到1%以上。因此，转化率不可能是销售额下降的主要原因，在其他因素没有改变的前提下，转化率增加是能够提高销售额的，因此这里的主要原因肯定在其他数据上。

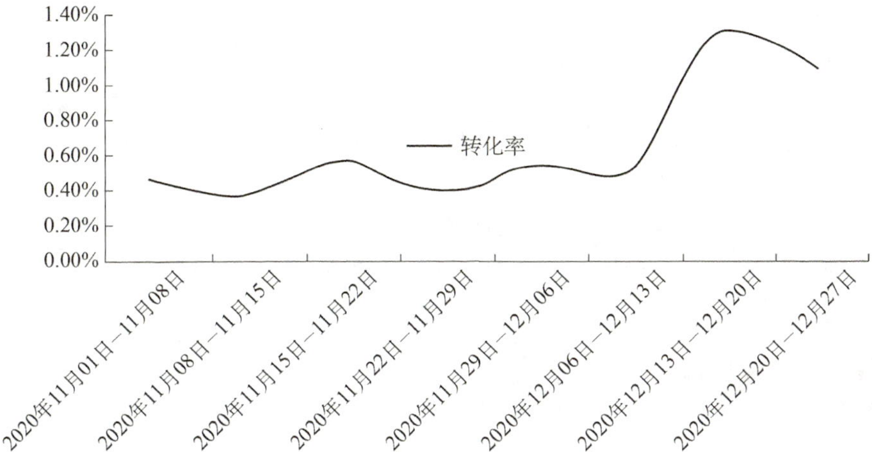

图 2-36　转化率折线图

（四）访客数（买家访问次数）数据分析

买家访问次数是指访客完整打开了网站页面进行访问的次数，与访客数是不一样的数据指标。这里亚马逊后台的业务报告提供的是买家访问次数，因此我们这里以该指标为例进行解释。将对应销售区间的买家访问次数数据整理出来，绘制成折线图，如图2-37所示。从图中可见，买家访问次数在11月份都在1500到2000之间波动，而在12月中下旬买家访问次数一直往下掉，在月底掉了一半以上。由此可以推断，买家访问次数下降，正是导致销售额下降的重要原因。

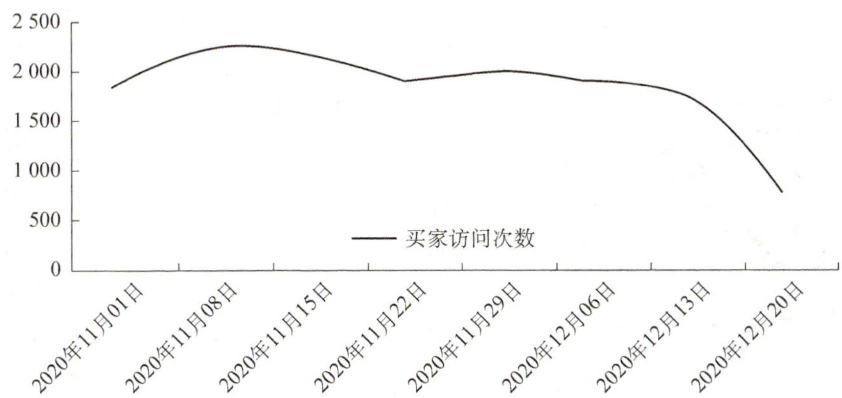

图 2-37　买家访问次数折线图

（五）分析数据变动的原因并提出对策

在整理和分析了各目标数据后，可以大致得出导致销售额下降的主要原因是买家访问次数下降，也意味着我们的访客量下降。影响访客量的数据指标有两个，一是展现量（曝光量）；二是点击率。

1. 提升展现量（曝光量）的方法

其实提升亚马逊商品曝光量最快速的方法是加大广告力度，包括自动广告的宽泛匹配、同类商品和关联商品；以及手动广告的关键词的投放力度，增加投放的关键词、出价等。

2. 提升点击率的方法

提升点击率就是要优化商品的A+详情页面、Review、商品主图等，这些都有助于提升商品的点击率。

操作思考

通过以上操作，完成了跨境电商店铺销售额下降的原因分析，请在此基础上思考并回答以下问题：

1. 2020 年疫情的大背景，给我们的跨境电商店铺带来了什么影响？

2. 除了通过优化 A+详情页和商品主图来提升访客量之外，我们卖家还可以通过哪些方法来提升访客量？

工作子任务二　产品数据分析

业务背景

该卫浴工厂在前期运营过程中，已经上传了几款产品（包括纸巾盒、毛巾环、毛巾杆、四件套等），以下面这款 24 英寸的毛巾杆（Towel Bar）（3 个颜色的变体）为例，这个产品 Listing 是该工厂店铺目前排名第二的产品，目前 Review 积累了 347 个（如图 2-38 所示），在 Bath Towel Bars 里面排名第 76（如图 2-39 所示）。

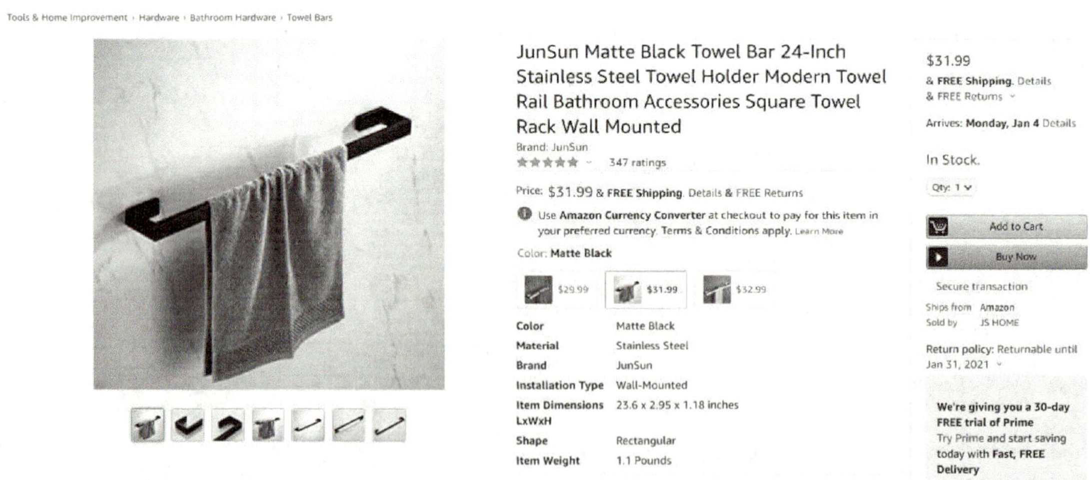

图 2-38　毛巾杆数据页面

经理要求小陈分析这款产品的近期表现数据，包括访客数、产品浏览量、转化率等指标，分析挖掘它的热销词、热搜词、流量词等，以便后期优化产品，提升产品的曝光量、点击率和转化率。

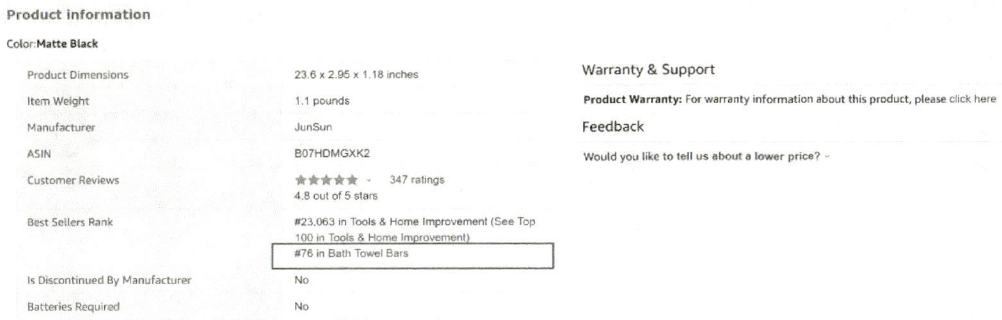

图 2-39　毛巾杆的BSR排名

操作分析

以这款24inch Bath Towel Bar为例，采集、记录后台这款商品父详情页（子详情页）的各种数据，深入分析买家访问次数、页面浏览次数，并分析商品的复购率等数据指标，深入分析这些重要指标增减的原因并提出应对策略。

操作示范

（一）明确该商品父详情页的产品数据

在亚马逊，我们平时讲的一款产品的概念，指的就是一个父体商品，子体是父体下面不同的SKU，包括颜色、大小等区别的SKU。我们先查看亚马逊后台，父商品详情页上的销售量与访问量，父体和子体都有各自固定的ASIN码，ASIN是亚马逊为了方便分类查找给每一个产品（包括SKU）生成的一个唯一编号，由亚马逊平台自动生成，不需要卖家自行添加。我们先查询该父体的ASIN码，点击“库存”，再点击“管理库存”，如图2-40所示。

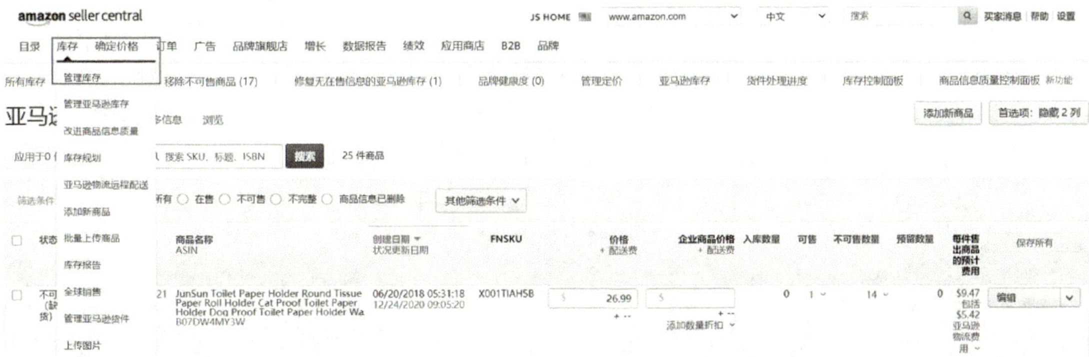

图 2-40　库存—管理库存

如图2-41所示，就可以看到每个父体的ASIN码。我们查到该24inch Towel Bar的ASIN码是B084VGLBBD。

（二）采集对比该父商品在两个月内的数据

点击“数据报告”，再点击“业务报告”，进入亚马逊后台数据模块，点击左边“父商品详情页面的销售量与访问量”，可以看到如图2-42所示的数据，找到ASIN码：B084VGLBBD。

可以看到该父详情页商品的数据（2010年11月28—12月27日）如下，买家访问次数2039，页面浏览次数3050，购买按钮赢得率99%，已订购商品数量423，转化率20.75%，商

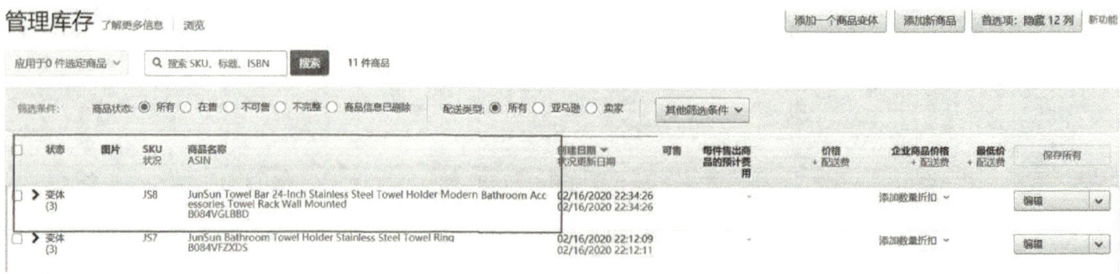

图 2-41　查询父体 ASIN 码

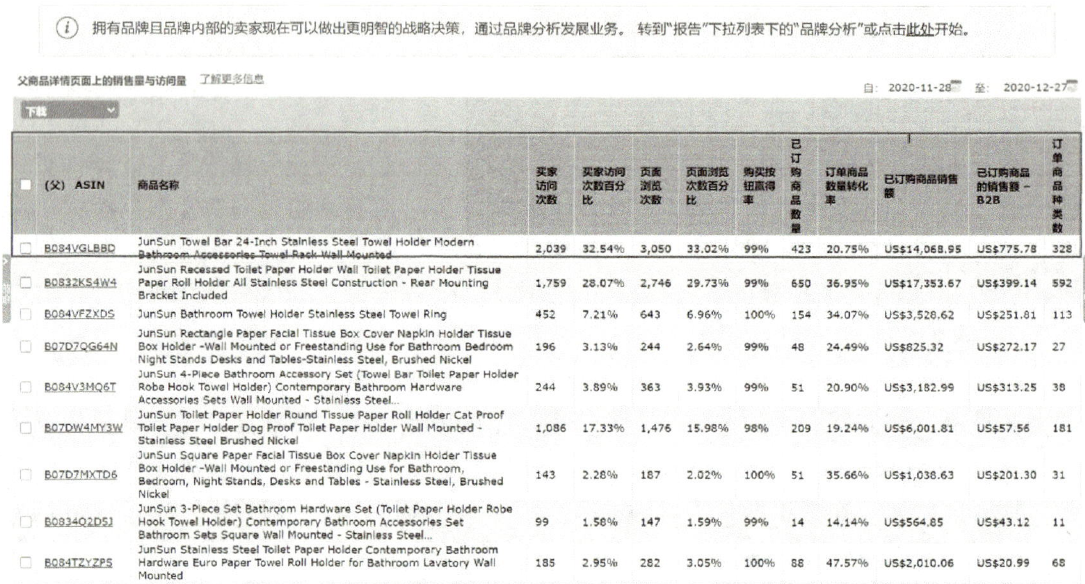

拥有品牌且品牌内部的卖家现在可以做出更明智的战略决策，通过品牌分析发展业务。转到"报告"下拉列表下的"品牌分析"或点击此处开始。

父商品详情页面上的销售量与访问量　了解更多信息

自：2020-11-28　至：2020-12-27

下载

（父）ASIN	商品名称	买家访问次数	买家访问次数百分比	页面浏览次数	页面浏览次数百分比	购买按钮赢得率	已订购商品数量	订单商品数量转化率	已订购商品销售额	已订购商品的销售额 – B2B	订单商品种类数
B084VGLBBD	JunSun Towel Bar 24-Inch Stainless Steel Towel Holder Modern Bathroom Accessories Towel Rack Wall Mounted	2,039	32.54%	3,050	33.02%	99%	423	20.75%	US$14,068.95	US$775.78	328
B0832KS4W4	JunSun Recessed Toilet Paper Holder Wall Toilet Paper Holder Tissue Paper Roll Holder All Stainless Steel Construction - Rear Mounting Bracket Included	1,759	28.07%	2,746	29.73%	99%	650	36.95%	US$17,353.67	US$399.14	592
B084VFZXDS	JunSun Bathroom Towel Holder Stainless Steel Towel Ring	452	7.21%	643	6.96%	100%	154	34.07%	US$3,528.62	US$251.81	113
B07D7QG64N	JunSun Rectangle Paper Facial Tissue Box Cover Napkin Holder Tissue Box Holder -Wall Mounted or Freestanding Use for Bathroom Bedroom Night Stands Desks and Tables-Stainless Steel, Brushed Nickel	196	3.13%	244	2.64%	99%	48	24.49%	US$825.32	US$272.17	27
B084V3MQ6T	JunSun 4-Piece Bathroom Accessory Set (Towel Bar Toilet Paper Holder Robe Hook Towel Holder) Contemporary Bathroom Hardware Accessories Sets Wall Mounted - Stainless Steel...	244	3.89%	363	3.93%	99%	51	20.90%	US$3,182.99	US$313.25	38
B07DW4MY3W	JunSun Toilet Paper Holder Round Tissue Paper Roll Holder Cat Proof Toilet Paper Holder Dog Proof Toilet Paper Holder Wall Mounted - Stainless Steel Brushed Nickel	1,086	17.33%	1,476	15.98%	98%	209	19.24%	US$6,001.81	US$57.56	181
B07D7MXTD6	JunSun Square Paper Facial Tissue Box Cover Napkin Holder Tissue Box Holder -Wall Mounted or Freestanding Use for Bathroom, Bedroom, Night Stands, Desks and Tables - Stainless Steel, Brushed Nickel	143	2.28%	187	2.02%	100%	51	35.66%	US$1,038.63	US$201.30	31
B08340Q2D5J	JunSun 3-Piece Set Bathroom Hardware Set (Toilet Paper Holder Robe Hook Towel Holder) Contemporary Bathroom Accessories Set Bathroom Sets Square Wall Mounted - Stainless Steel...	99	1.58%	147	1.59%	99%	14	14.14%	US$564.85	US$43.12	11
B084TZYZPS	JunSun Stainless Steel Toilet Paper Holder Contemporary Bathroom Hardware Euro Paper Towel Roll Holder for Bathroom Lavatory Wall Mounted	185	2.95%	282	3.05%	100%	88	47.57%	US$2,010.06	US$20.99	68

图 2-42　找到父体 ASIN 码

品销售额USD14068.95。为了对比该父商品的数据，我们再调出后台该商品，上个月的销售数据，前面步骤如上，不再重复，截图如图2-43所示。可见，该父详情页商品的数据（2010年10月28—11月27日）如下，买家访问次数2715，页面浏览次数4114，购买按钮赢得率97%，已订购商品数量618，转化率22.76%，商品销售额USD20575.02。

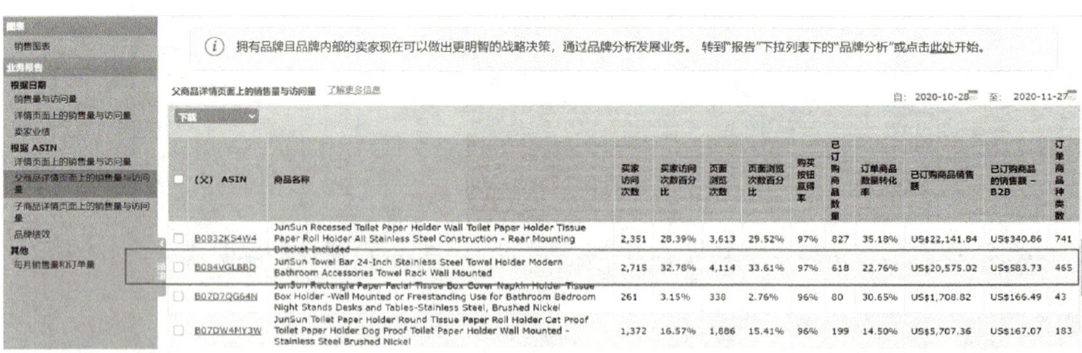

拥有品牌且品牌内部的卖家现在可以做出更明智的战略决策，通过品牌分析发展业务。转到"报告"下拉列表下的"品牌分析"或点击此处开始。

父商品详情页面上的销售量与访问量　了解更多信息

自：2020-10-28　至：2020-11-27

下载

（父）ASIN	商品名称	买家访问次数	买家访问次数百分比	页面浏览次数	页面浏览次数百分比	购买按钮赢得率	已订购商品数量	订单商品数量转化率	已订购商品销售额	已订购商品的销售额 – B2B	订单商品种类数
B0832KS4W4	JunSun Recessed Toilet Paper Holder Wall Toilet Paper Holder Tissue Paper Roll Holder All Stainless Steel Construction - Rear Mounting Bracket Included	2,351	28.39%	3,613	29.52%	97%	827	35.18%	US$22,141.84	US$340.86	741
B084VGLBBD	JunSun Towel Bar 24-Inch Stainless Steel Towel Holder Modern Bathroom Accessories Towel Rack Wall Mounted	2,715	32.78%	4,114	33.61%	97%	618	22.76%	US$20,575.02	US$583.73	465
B07D7QG64N	JunSun Rectangle Paper Facial Tissue Box Cover Napkin Holder Tissue Box Holder -Wall Mounted or Freestanding Use for Bathroom Bedroom Night Stands Desks and Tables-Stainless Steel, Brushed Nickel	261	3.15%	338	2.76%	96%	80	30.65%	US$1,708.82	US$166.49	43
B07DW4MY3W	JunSun Toilet Paper Holder Round Tissue Paper Roll Holder Cat Proof Toilet Paper Holder Dog Proof Toilet Paper Holder Wall Mounted - Stainless Steel Brushed Nickel	1,372	16.57%	1,886	15.41%	96%	199	14.50%	US$5,707.36	US$167.07	183

图 2-43　该商品父详情页的具体数据

对两个月内该款父商品的销售数据进行对比，发现销售数据从USD20575.02下降到USD14068.95；已订购商品数量从618下降到423，页面浏览次数从4114下降到3050，可见该款商品的单品数据下降幅度很大，要引起卖家深刻反思，深入分析商品数据往下掉的原因。

（三）深入分析该父商品数据下降的原因

我们先检查下这款产品近期的广告数据，看看是否是因为自动广告或者手动广告的力度减弱了导致的。点击进入亚马逊后台的广告页面，我们是按照每个变体去开设广告的，这款产品 Towel Bar 下面有三个不同的变体 SKU，包括黑色、镜面、磨砂，我们下面以黑色变体 JS22801 为例进行深入分析。点击广告，进入后台广告页面，可以看到如图 2-44 所示的 JS22801 黑色单杠自动广告，曝光是 58224，点击率比较低，为 0.38%，ACOS 是 9.05%，我们需要查看这款自动广告的具体数据，并进行相应调整。

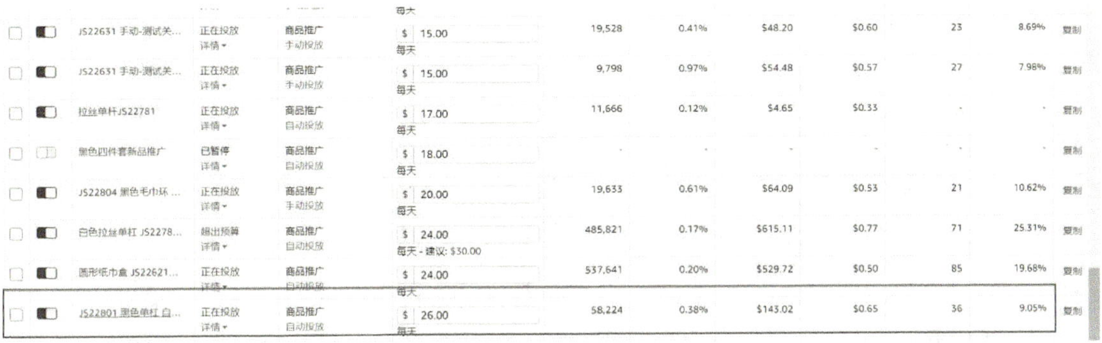

JS22631 手动-测试关...	正在投放 详情	商品推广 手动投放	$ 15.00 每天	19,528	0.41%	$48.20	$0.60	23	8.69%	复制
JS22631 手动-测试关...	正在投放 详情	商品推广 手动投放	$ 15.00 每天	9,798	0.97%	$54.48	$0.57	27	7.98%	复制
拉丝单杆JS22781	正在投放 详情	商品推广 自动投放	$ 17.00 每天	11,666	0.12%	$4.65	$0.33	-	-	复制
黑色四件套新品推广	已暂停 详情	商品推广 自动投放	$ 18.00 每天	-	-	-	-	-	-	复制
JS22804 黑色毛巾环 ...	正在投放 详情	商品推广 手动投放	$ 20.00 每天	19,633	0.61%	$64.09	$0.53	21	10.62%	复制
白色拉丝单杠 JS2278...	超出预算 详情	商品推广 自动投放	$ 24.00 每天 - 建议: $30.00	485,821	0.17%	$615.11	$0.77	71	25.31%	复制
圆形纸巾盒 JS22621...	正在投放 详情	商品推广 自动投放	$ 24.00 每天	537,641	0.20%	$529.72	$0.50	85	19.68%	复制
JS22801 黑色单杠 自...	正在投放 详情	商品推广 自动投放	$ 26.00 每天	58,224	0.38%	$143.02	$0.65	36	9.05%	复制

图 2-44　JS22801 自动广告数据

点击这款自动广告 JS22801，打开如图 2-45 所示页面，可以看到这个子体商品在 11 月 28 日—12 月 28 日一个月内，广告花费 USD143.02，销售额为 USD1580.49，ACOS11.05%。

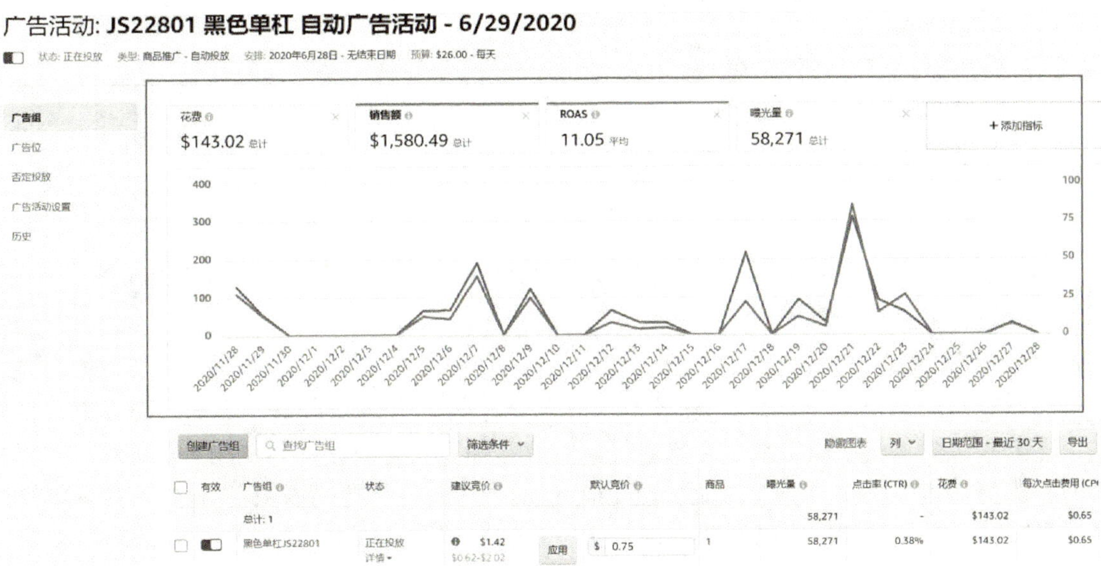

图 2-45　JS22801 自动广告数据（一个月的具体数据）

我们需要进入这个广告（如图 2-46 所示），深入查看自动广告的紧密匹配、宽泛匹配、同类商品和关联商品，看是否哪里存在我们可以优化提升的空间。

如上，我们可以看到这个 JS22801 黑色 Towel Bar 变体广告，订单几乎都来自第一个“紧密匹配”方式，而第三个“同类商品”虽然带来的曝光是 4870，但是带来的订单是零；“宽泛匹配”和“关联商品”这两种广告匹配方式之前都被暂停掉了。这里我们可以看出这款自动广告做得其实不够好，需要进行优化。

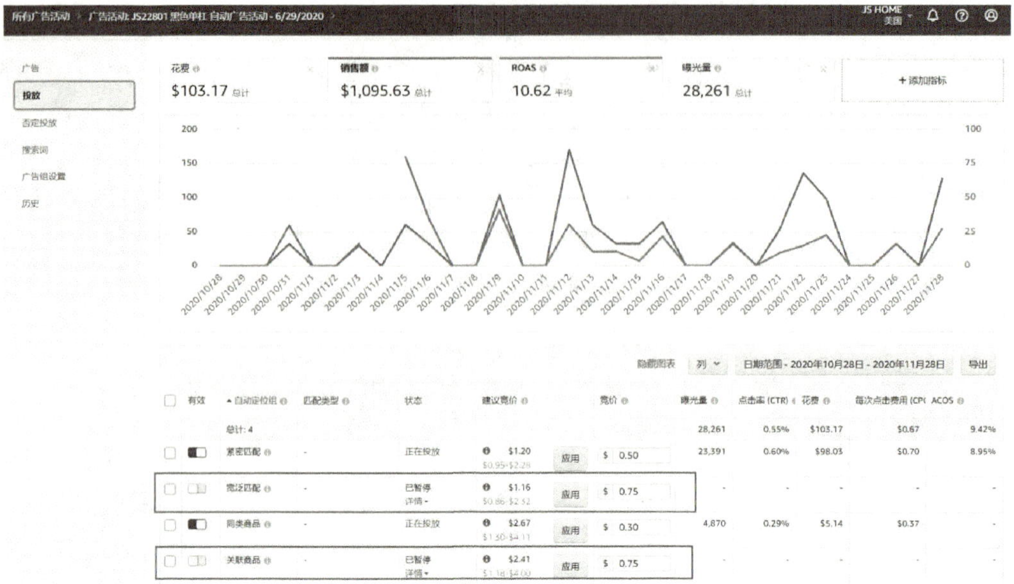

图 2-46　JS22801 自动广告：四种匹配方式

（1）重新开启“宽泛匹配”和“关联商品”，如图 2-47 所示。

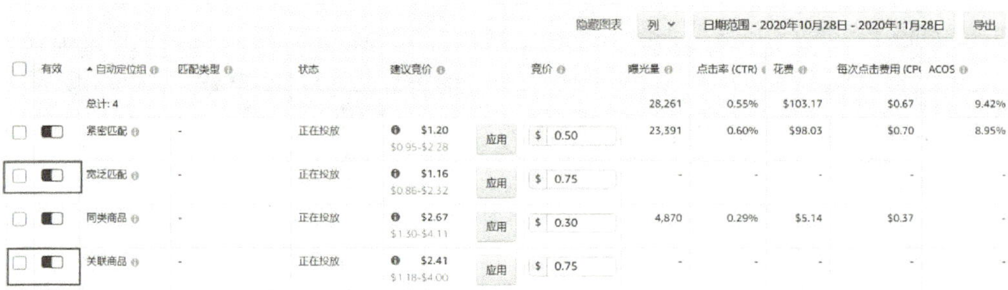

图 2-47　JS22801 自动广告：重启“宽泛匹配”和“关联商品”

（2）需要重新调整紧密匹配与同类商品的竞价出价，具体步骤在后面的子任务三中去深入展开分析，这里不再赘述。

（四）深入分析其他数据

影响亚马逊单品商品的运营数据还有很多，包括买家访问次数、页面浏览次数、转化率、点击率、购买按钮赢得率、复购率等。购买按钮赢得率是指赢得购物车的概率，一般跟卖的卖家受该因素的影响很大，而自建 Listing 的卖家这个数据指标几乎都在 99%～100%。复购率需要深入关注老客户的运营，这一指标我们在客服模块中讲解。

（五）总结单品（商品）运营数据

卖家需要定期（半个月、一个月）跟踪并记录店铺父商品详情页（或者子商品详情页）的具体运营数据，要特别关注买家访问次数、转化率、点击率等数据指标，如果出现销售额严重下跌的情况，就需要对广告、A+页面、主图等进行相应的调整。

2 操作思考

通过以上操作，完成了一款具体商品的数据分析，请在此基础上思考并回答以下问题：

1. 如果商品的点击率低，我们卖家应如何进行优化？
2. 如果商品的转化率低，我们卖家应如何进行优化？

工作子任务三　广告数据分析

业务背景

在跨境电商店铺的运营过程中，除了前面分析的店铺数据、产品数据，广告数据也是很很重要的，卖家需要经常跟踪店铺广告的自动广告、手动广告，然后根据广告报告中的ACOS、广告词费用、订单数量、转化率等进行数据分析。外贸经理要求小陈把店铺后台近期的手动广告整理分析下，然后把数据好的关键词优化更新到现有的产品编辑页面中。

操作分析

亚马逊的广告分自动广告和手动广告两种方式，新卖家一般都是先开一段时间的自动广告，然后根据自动广告的报告数据去抓取和筛选高曝光、高点击率、ACOS高的关键词，再根据这些关键词开手动广告。对于手动广告中，高曝光、高点击率但转化率很差的词，就应该删除掉；如果是关键性指标数据为零的词，可以添加到否定关键词中，避免其继续带来无效流量。

操作示范

（一）导出后台的广告数据

点击“数据报告”，再点击“广告”，可以导出广告的详细数据（Excel）。整个广告报告因为包括了后台所有的商品广告，所以数据特别多，不好分析。下面我们在教材中以一款具体商品的自动广告为例，分析其中的关键数据，以及如何进行后续优化。

我们在广告报告中找到前面子任务二中分析的产品，SKU号码为JS22801，以该商品为例，把这款商品的30天内的自动报告单独复制出来，如图2-48所示。

开始日期	结束日期	广告活动名称	广告组名称	客户搜索词	展现量	点击量	点击率(CTR	每次点击	花费	7天总销售	广告成本销	投入产出	7天总i
Dec 14, 2020	Dec 16, 2020	JS22801 黑色单杠 自动广告活动 - 6/	黑色单杠JS22801	24 black towel bar	20	2	10.0000%	$0.71	$1.42	$0.00		0.00	
Dec 15, 2020	Dec 15, 2020	JS22801 黑色单杠 自动广告活动 - 6/	黑色单杠JS22801	24 in towel rack	49	1	2.0408%	$0.75	$0.75	$0.00		0.00	
Dec 17, 2020	Dec 17, 2020	JS22801 黑色单杠 自动广告活动 - 6/	黑色单杠JS22801	24 in towel rack black	1	1	100.0000%	$0.73	$0.73	$85.97	0.8491%	117.77	
Dec 13, 2020	Dec 20, 2020	JS22801 黑色单杠 自动广告活动 - 6/	黑色单杠JS22801	bathroom black towel holde	14	2	14.2857%	$0.64	$1.28	$0.00		0.00	
Nov 29, 2020	Dec 27, 2020	JS22801 黑色单杠 自动广告活动 - 6/	黑色单杠JS22801	towel rack	2289	23	1.0048%	$0.69	$15.87	$129.96	12.2114%	8.19	
Dec 27, 2020	Dec 27, 2020	JS22801 黑色单杠 自动广告活动 - 6/	黑色单杠JS22801	bathroom towel holder rack	5	1	20.0000%	$0.50	$0.50	$0.00		0.00	
Dec 14, 2020	Dec 17, 2020	JS22801 黑色单杠 自动广告活动 - 6/	黑色单杠JS22801	bathroom towel rack	105	2	1.9048%	$0.62	$1.23	$0.00		0.00	
Dec 20, 2020	Dec 22, 2020	JS22801 黑色单杠 自动广告活动 - 6/	黑色单杠JS22801	bathroom towel rack matte l	3	2	66.6667%	$0.81	$1.61	$63.98	2.5164%	39.74	
Dec 08, 2020	Dec 08, 2020	JS22801 黑色单杠 自动广告活动 - 6/	黑色单杠JS22801	bathroom towel racks black	25	1	4.0000%	$0.74	$0.74	$0.00		0.00	
Dec 19, 2020	Dec 19, 2020	JS22801 黑色单杠 自动广告活动 - 6/	黑色单杠JS22801	bathroom towel rail	3	1	33.3333%	$0.61	$0.61	$0.00		0.00	
Dec 17, 2020	Dec 17, 2020	JS22801 黑色单杠 自动广告活动 - 6/	黑色单杠JS22801	black bathroom towel bar	56	1	1.7857%	$0.74	$0.74	$0.00		0.00	
Nov 30, 2020	Nov 30, 2020	JS22801 黑色单杠 自动广告活动 - 6/	黑色单杠JS22801	black bathroom towel bars	15	2	13.3333%	$0.75	$1.50	$0.00		0.00	
Dec 07, 2020	Dec 07, 2020	JS22801 黑色单杠 自动广告活动 - 6/	黑色单杠JS22801	black bathroom towel rack	8	1	12.5000%	$0.93	$0.93	$0.00		0.00	
Dec 13, 2020	Dec 13, 2020	JS22801 黑色单杠 自动广告活动 - 6/	黑色单杠JS22801	black matte towel holders	108	1	0.9259%	$0.71	$0.71	$0.00		0.00	
Dec 12, 2020	Dec 28, 2020	JS22801 黑色单杠 自动广告活动 - 6/	黑色单杠JS22801	black matte towel rack	43	4	9.3023%	$0.79	$3.17	$0.00		0.00	
Dec 16, 2020	Dec 16, 2020	JS22801 黑色单杠 自动广告活动 - 6/	黑色单杠JS22801	black square bathroom acce	2	1	50.0000%	$0.82	$0.82	$0.00		0.00	
Nov 29, 2020	Nov 29, 2020	JS22801 黑色单杠 自动广告活动 - 6/	黑色单杠JS22801	black square towel bar	2	1	50.0000%	$0.73	$0.73	$0.00		0.00	
Dec 10, 2020	Dec 20, 2020	JS22801 黑色单杠 自动广告活动 - 6/	黑色单杠JS22801	black towel bar	379	4	1.0554%	$0.73	$2.93	$31.99	9.1591%	10.92	
Dec 18, 2020	Dec 18, 2020	JS22801 黑色单杠 自动广告活动 - 6/	黑色单杠JS22801	black towel bar modern	2	1	50.0000%	$0.75	$0.75	$0.00		0.00	
Dec 01, 2020	Dec 17, 2020	JS22801 黑色单杠 自动广告活动 - 6/	黑色单杠JS22801	black towel bar square	14	2	14.2857%	$0.73	$1.46	$0.00		0.00	
Dec 04, 2020	Dec 13, 2020	JS22801 黑色单杠 自动广告活动 - 6/	黑色单杠JS22801	black towel bars	28	2	7.1429%	$0.63	$1.26	$0.00		0.00	
Dec 17, 2020	Dec 17, 2020	JS22801 黑色单杠 自动广告活动 - 6/	黑色单杠JS22801	black towel holder	8	1	12.5000%	$0.74	$0.74	$0.00		0.00	
Dec 10, 2020	Dec 10, 2020	JS22801 黑色单杠 自动广告活动 - 6/	黑色单杠JS22801	black towel holder rack	309	1	0.3236%	$0.57	$0.57	$0.00		0.00	
Dec 01, 2020	Dec 22, 2020	JS22801 黑色单杠 自动广告活动 - 6/	黑色单杠JS22801	black towel rack	395	7	1.7722%	$0.65	$4.55	$0.00		0.00	
Dec 08, 2020	Dec 19, 2020	JS22801 黑色单杠 自动广告活动 - 6/	黑色单杠JS22801	matte black towel bar	307	4	1.3029%	$0.66	$2.64	$0.00		0.00	
Dec 13, 2020	Dec 13, 2020	JS22801 黑色单杠 自动广告活动 - 6/	黑色单杠JS22801	matte black towel bars	44	1	2.2727%	$0.73	$0.73	$0.00		0.00	
Nov 29, 2020	Nov 29, 2020	JS22801 黑色单杠 自动广告活动 - 6/	黑色单杠JS22801	matte black towel holder	14	1	7.1429%	$0.74	$0.74	$31.99	2.3132%	43.23	
Nov 30, 2020	Dec 28, 2020	JS22801 黑色单杠 自动广告活动 - 6/	黑色单杠JS22801	matte black towel rack	99	6	6.0606%	$0.92	$5.51	$161.94	3.4025%	29.39	
Dec 22, 2020	Dec 22, 2020	JS22801 黑色单杠 自动广告活动 - 6/	黑色单杠JS22801	matte black towel rail	1	1	100.0000%	$0.94	$0.94	$0.00		0.00	
Dec 09, 2020	Dec 09, 2020	JS22801 黑色单杠 自动广告活动 - 6/	黑色单杠JS22801	modern bathroom towel	4	1	25.0000%	$0.49	$0.49	$0.00		0.00	
Dec 11, 2020	Dec 27, 2020	JS22801 黑色单杠 自动广告活动 - 6/	黑色单杠JS22801	modern black towel bar	22	4	18.1818%	$0.71	$2.84	$31.99	8.8778%	11.26	
Dec 05, 2020	Dec 05, 2020	JS22801 黑色单杠 自动广告活动 - 6/	黑色单杠JS22801	modern black towel holder	2	1	50.0000%	$0.71	$0.71	$0.00		0.00	
Dec 14, 2020	Dec 14, 2020	JS22801 黑色单杠 自动广告活动 - 6/	黑色单杠JS22801	modern towel bar	3	1	33.3333%	$0.45	$0.45	$0.00		0.00	

图2-48　广告数据分析

2

（二）筛选数据好的关键词

我们需要把展现量、点击量等数据低的词删除掉，保留数据比较好的词，据此开手动广告引流，并更新优化到产品的后台页面。首先我们根据展现量做筛选，展现量只有几十以下的，说明该关键词和我们这款 24 inch Towel Bar 的关联性不够，不能或者目前还不能给产品带来高曝光，整理后的数据如图 2-49 所示。

开始日期	结束日期	广告活动名称	广告组名称	客户搜索词	展现量	点击量	点击率(CTR	每次点击	花费	7天总销售	广告成本销	投入产出	7天总
Dec 14, 2020	Dec 16, 2020	JS22801 黑色单杠 自动广告活动 - 6/	黑色单杠JS22801	24 black towel bar	20	2	10.0000%	$0.71	$1.42	$0.00		0.00	
Dec 15, 2020	Dec 15, 2020	JS22801 黑色单杠 自动广告活动 - 6/	黑色单杠JS22801	24 in towel rack	49	1	2.0408%	$0.75	$0.75	$0.00		0.00	
Dec 13, 2020	Dec 20, 2020	JS22801 黑色单杠 自动广告活动 - 6/	黑色单杠JS22801	bathroom black towel holder	14	2	14.2857%	$0.64	$1.28	$0.00		0.00	
Nov 29, 2020	Dec 27, 2020	JS22801 黑色单杠 自动广告活动 - 6/	黑色单杠JS22801	towel rack	2289	23	1.0048%	$0.69	$15.87	$129.96	12.2114%	8.19	
Dec 14, 2020	Dec 17, 2020	JS22801 黑色单杠 自动广告活动 - 6/	黑色单杠JS22801	bathroom towel rack	105	2	1.9048%	$0.62	$1.23	$0.00		0.00	
Dec 08, 2020	Dec 08, 2020	JS22801 黑色单杠 自动广告活动 - 6/	黑色单杠JS22801	bathroom towel racks black	25	1	4.0000%	$0.74	$0.74	$0.00		0.00	
Dec 17, 2020	Dec 17, 2020	JS22801 黑色单杠 自动广告活动 - 6/	黑色单杠JS22801	black bathroom towel bar	56	1	1.7857%	$0.74	$0.74	$0.00		0.00	
Nov 30, 2020	Nov 30, 2020	JS22801 黑色单杠 自动广告活动 - 6/	黑色单杠JS22801	black bathroom towel bars	15	2	13.3333%	$0.75	$1.50	$0.00		0.00	
Dec 13, 2020	Dec 13, 2020	JS22801 黑色单杠 自动广告活动 - 6/	黑色单杠JS22801	black matte towel holders	108	1	0.9259%	$0.71	$0.71	$0.00		0.00	
Dec 12, 2020	Dec 28, 2020	JS22801 黑色单杠 自动广告活动 - 6/	黑色单杠JS22801	black matte towel rack	43	4	9.3023%	$0.79	$3.17	$0.00		0.00	
Dec 10, 2020	Dec 20, 2020	JS22801 黑色单杠 自动广告活动 - 6/	黑色单杠JS22801	black towel bar	379	4	1.0554%	$0.73	$2.93	$31.99	9.1591%	10.92	
Dec 04, 2020	Dec 13, 2020	JS22801 黑色单杠 自动广告活动 - 6/	黑色单杠JS22801	black towel bars	28	2	7.1429%	$0.63	$1.26	$0.00		0.00	
Dec 10, 2020	Dec 10, 2020	JS22801 黑色单杠 自动广告活动 - 6/	黑色单杠JS22801	black towel holder rack	309	1	0.3236%	$0.57	$0.57	$0.00		0.00	
Dec 01, 2020	Dec 22, 2020	JS22801 黑色单杠 自动广告活动 - 6/	黑色单杠JS22801	black towel rack	395	7	1.7722%	$0.65	$4.55	$0.00		0.00	
Dec 08, 2020	Dec 19, 2020	JS22801 黑色单杠 自动广告活动 - 6/	黑色单杠JS22801	matte black towel bar	307	4	1.3029%	$0.66	$2.64	$0.00		0.00	
Dec 13, 2020	Dec 13, 2020	JS22801 黑色单杠 自动广告活动 - 6/	黑色单杠JS22801	matte black towel bars	44	1	2.2727%	$0.73	$0.73	$0.00		0.00	
Nov 29, 2020	Nov 29, 2020	JS22801 黑色单杠 自动广告活动 - 6/	黑色单杠JS22801	matte black towel holder	14	1	7.1429%	$0.74	$0.74	$31.99	2.3132%	43.23	
Nov 30, 2020	Dec 28, 2020	JS22801 黑色单杠 自动广告活动 - 6/	黑色单杠JS22801	matte black towel rack	99	6	6.0606%	$0.92	$5.51	$161.94	3.4025%	29.39	
Dec 11, 2020	Dec 27, 2020	JS22801 黑色单杠 自动广告活动 - 6/	黑色单杠JS22801	modern black towel bar	22	4	18.1818%	$0.71	$2.84	$31.99	8.8778%	11.26	
Dec 08, 2020	Dec 16, 2020	JS22801 黑色单杠 自动广告活动 - 6/	黑色单杠JS22801	towel holders for bathrooms	70	3	4.2857%	$0.66	$1.98	$0.00		0.00	
Nov 29, 2020	Dec 24, 2020	JS22801 黑色单杠 自动广告活动 - 6/	黑色单杠JS22801	towel rack black	423	8	1.8913%	$0.72	$5.79	$0.00		0.00	

图 2-49　整理后的广告数据分析

至此我们初步根据展现量、点击量、花费等筛选后留下的关键词，图表中标注了颜色的词，是相对更好的词，比如这里的关键词：towel rack，black towel bar，matte black towel holder，matte black towel rack，modern black towel bar 等，接下来，我们要把这些关键词，挑选后用于优化对应的手动广告。

（三）广告数据分析

我们以上面打了颜色的关键词为例，然后挑选表格里面花费较多但是没有出订单的关键词，深入分析广告数据的指标，表格删除掉个别分析意义不大的列，进行细微调整，如图 2-50 所示。

广告组名称	客户搜索词	展现量	点击率(CTR)	每次点击成本(CPC)	花费	7天总销售额(¥)	广告成本销售比(ACOS)
黑色单杠JS22801	24 black towel bar	20	10.0000%	$0.71	$1.42	$0.00	
黑色单杠JS22801	24 in towel rack	49	2.0408%	$0.75	$0.75	$0.00	
黑色单杠JS22801	bathroom black towel holder	14	14.2857%	$0.64	$1.28	$0.00	
黑色单杠JS22801	towel rack	2289	1.0048%	$0.69	$15.87	$129.96	12.2114%
黑色单杠JS22801	black towel bar	379	1.0554%	$0.73	$2.93	$31.99	9.1591%
黑色单杠JS22801	black towel rack	395	1.7722%	$0.65	$4.55	$0.00	
黑色单杠JS22801	matte black towel holder	14	7.1429%	$0.74	$0.74	$31.99	2.3132%
黑色单杠JS22801	matte black towel rack	99	6.0606%	$0.92	$5.51	$161.94	3.4025%
黑色单杠JS22801	modern black towel bar	22	18.1818%	$0.71	$2.84	$31.99	8.8778%
黑色单杠JS22801	towel rack black	423	1.8913%	$0.72	$5.79	$0.00	

图 2-50　JS22801 整理后的广告表格

比如，关键词 towel rack，展现量为 2289，点击率达 1%以上，花费 USD15.87，带来 USD129.96 的 7 天总销售额，这个关键词虽然比较大，但不属于精准的长尾词，因此这个关键词的广告数据不错，可以在广告里，加大力度。

又如 matte black towel holder 和 matte black towel bar 这两个关键词，这两个词的广告成本销售比 ACOS 比较低，只有 2.3132%和 3.4025%，但这两个关键词属于比较精准的长尾流量词，符合我们这款产品的 matte black 颜色。ACOS 是通过将广告支出总额除以广告销售总额计算得来的。比如，你花了 2 美元在广告投放上，而通过广告获得的销售额是 25 美元，那么你的 ACOS 为 8%。基于这两个关键词的 ACOS 低，我们可以调高这两个关键词在广告里面的出价，带来更多的曝光和订单。

（四）根据广告数据的关键词优化产品

进入亚马逊后台的产品编辑页面，根据前面的广告数据筛选出的关键词，可以优化后台产品的Search Term，即搜索关键词，如图2-51所示。五点描述及A+页面里面的文字描述，都可以埋词带来更多的流量，这里建议产品标题不要做太大的调整，因为标题改动得太多会极大地影响排名。

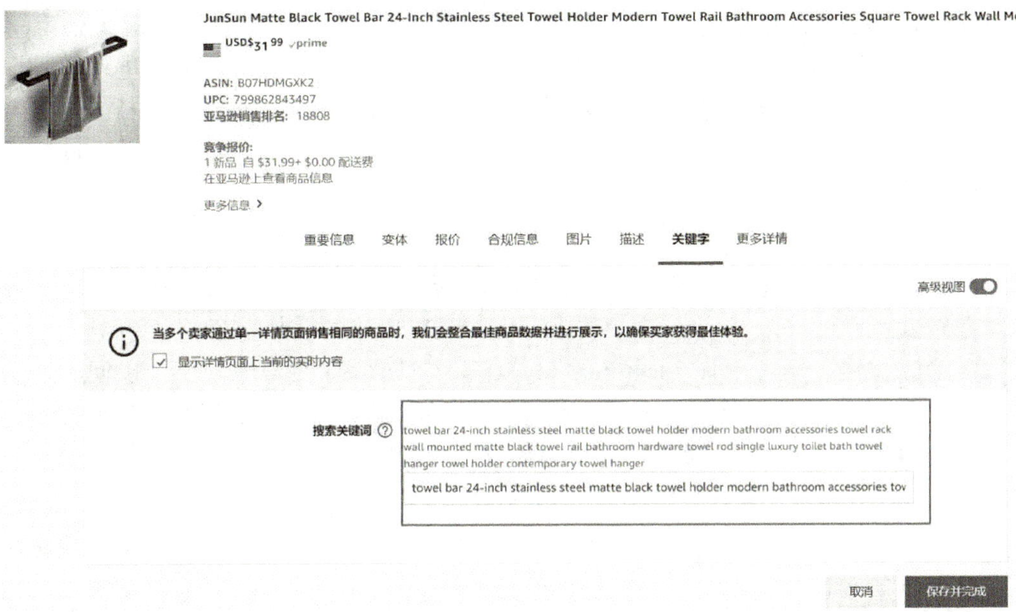

图 2-51　JS22801 Search Term

（五）总结广告运营数据

我们卖家需要懂得后台广告各种相关数据的意义，而不能对数据进行单独分析，每一种广告数据都需要跟其他数据综合起来，才能完整地反映Listing的销量和状态。

如果一个产品ACOS很低，但综合花费和总计销量都很可观的情况下，根据现有库存，我们可以提高竞价。提高竞价之后30分钟到2个小时左右，再去前台用该关键词搜索一下，看下这个关键词搜索出来的该Listing的位置。综合1周左右去看下具体的效果。

如果关键词的点击量很大，但贡献的销量不高，这里就需要看下关键词是否精准，同时用该关键词去前台搜索，查看具体原因，有可能是功能场景细节图等没有让客户产生购买的欲望，或者是这个关键词跟我们产品本身不相关。

曝光有了，贡献的销量也有了，但是ACOS很高，这个时候我们就要结合后台的综合转化率和产品排名以及Review去做一些分析了，这时主要看排名和Review情况。我们可以适当降低关键词的竞价，看下关键词Listing的位置等，再等待两天后去看下数据的变化情况。

操作思考

通过以上操作，完成了亚马逊后台的广告数据分析，请在此基础上思考并回答以下问题：

如果商品广告的几个关键词花费很高，并且是和我们产品精准相关的长尾流量词，那么我们可以用哪些方法进行优化？

2

职业技能训练

技能训练任务1：

随着国内跨境电商热潮的兴起，很多传统制造业工厂都想转型在亚马逊平台上开设店铺，但是在进入新的平台及行业前，需要先全面了解行业的发展状况，避免进入红海行业或处于衰退期的行业。某公司是传统外贸公司，主营户外用品 Men Sports Shoes，请你为该公司分析该子类目（运动男鞋）在亚马逊平台上面的市场容量、销售前景以及子类目的行业集中度，分析该公司是否还有进驻该子类目的商机？

技能训练任务2：

某传统玩具工厂近期在亚马逊平台上开了一家新店铺（北美站），销售teaching toys（教玩具），在正式上传Listing之前，需要先去了解teaching toys［比如益智类玩具（education toys）、3D DIY拼图、学习玩具（learning toys）等类似产品］的竞争对手，以便后期制定更有针对性的竞争战略。请分组在亚马逊前端（www.amazon.com）上识别教玩具类目的竞争对手，包括头部卖家、头部品牌及其销量、评论、五点描述等，为该公司初步识别竞争对手。

技能训练任务3：

某服装外贸公司在前期的亚马逊平台运营过程中，已经上传了几款产品（夏季女士连衣裙），以图2-52所示这款连衣裙［8个颜色的变体，均码（One Size）］为例，该产品Listing显示其是该工厂店铺目前排名第二的产品，目前Review积累了23个。

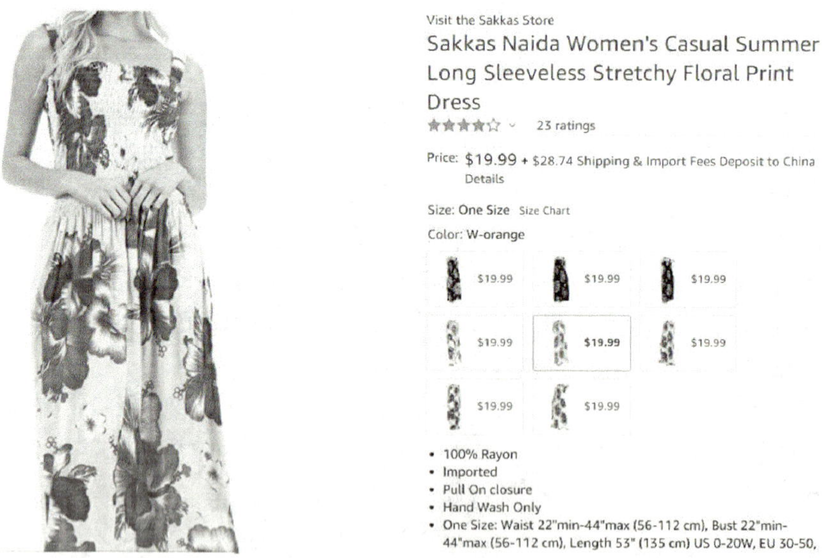

图 2-52　连衣裙页面

请分组去亚马逊前端，寻找一款类似的女士连衣裙，分析对应产品的表现数据，包括访客数、产品浏览量、转化率等指标，分析并挖掘它的热销词、热搜词、流量词等，以便后期优化产品，提升产品的曝光量、点击率和转化率。

工作领域三　店铺视觉优化（速卖通）

工作任务一　产品主图优化

【任务目标】

- 掌握产品主图及营销图的要求，以及图片的作用。
- 能够结合产品数据，发现产品主图及营销图存在的问题，并做出相应优化。

【思维导图】

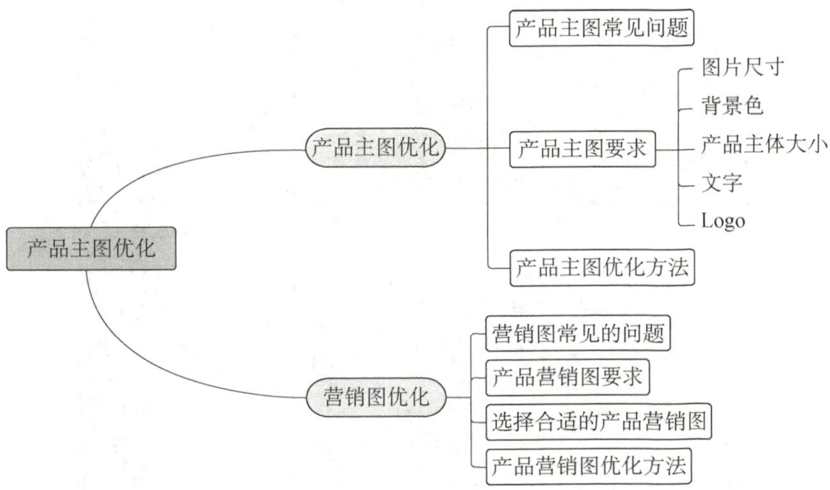

【知识回顾（回答问题）】

1. 速卖通产品主图的要求有哪些？
2. 速卖通产品营销图的要求有哪些？
3. 速卖通产品主图优化的方法有哪些？
4. 速卖通产品营销图优化的方法有哪些？

工作子任务一　找出产品主图存在的问题

业务背景

在店铺上架产品过程中，我们需要按照产品上新页面各模块的要求上传图片、完善信息，才能够做到优质上新。而上新的质量，也会影响到产品的各项数据以及后期的推广效果，所以优质上新是店铺推广运营的基础。

某速卖通女装店铺，最近上架了 3 款新款连衣裙（见图 3-1 到图 3-3），但是产品的点击率都不高，运营人员发现产品的主图存在问题，请观察图 3-1 所示的产品主图 1，指出其中存在的问题。

图 3-1　主图 1：图片大小 3MB，图片尺寸 600 像素 × 600 像素

图 3-2　主图 2：图片大小 2MB，图片尺寸 800 像素 × 800 像素

图 3-3　主图 3：图片大小 3MB，图片大小 800 像素 × 800 像素

操作分析

产品主图不清晰、不美观，一方面会导致上传的产品质量不佳，影响产品的展示效果；另一方面，也会降低买家购买产品的欲望，影响产品下单转化率。本任务要求找出产品主图的缺陷，进而做出优化。

操作示范

步骤 1：确认速卖通主图上传要求。

根据任务需求，要确认产品第一张主图存在的问题，我们需要先确定速卖通平台对产品主图的具体要求。

（1）主图的规格要求：图片格式只支持 JPG、JPEG、PNG，且大小不超过 5MB；图片像素要求不低于 800 像素×800 像素，宽高比例为 1∶1（建议 1000 像素×1000 像素）或 3∶4（建议 750 像素×1000 像素），同一组图片尺寸必须保持一致；不要在产品图片上添加除产品外的其他信息，如水印等信息；切勿盗图。

（2）图片背景色：图片要求纯色背景，最好是白色或者浅色底；如果店铺已经形成统一风格，可以使用风格化背景色，但是要求无杂乱背景，不影响产品展示。

（3）Logo 放置：需要有英文 Logo，商标所有人可将品牌 Logo 放置于主图左上角，且 Logo 不宜过大，大小约为主图的 1/10，且整店主图 Logo 最好保持统一。

（4）文字：图片上不能出现多余文字，严禁出现汉字，不得包含促销、夸大描述等文字说明，该文字说明包括但不限于秒杀、限时折扣、包邮、×折、满×送×等；如遇 6.18、双十一等大型平台促销活动，平台会提供主图设计模板，可以按照平台模板要求设计主图促销信息布局。

（5）产品主体：主图主体数量不宜过多，主体要清晰，产品主体大小占图片比例 70% 以上。

（6）边框水印：不允许加边框和中文水印，可以添加水印，水印必须是浅色的且不能够影响产品展示。因为速卖通平台有图片保护规则，所以遇到被盗图的情况，可以通过速卖通后台举报。

3

（7）拼图问题：主图不允许出现九宫格，建议不要出现任何形式的拼图，尤其是产品多色使用多宫格的展示方式。但拍照造型需要在一张图片中出现多个产品是可接受的，但建议不要出现拼图。如果是多SKU产品，可以在SKU图片处上传产品颜色图、款式图，平台会通过其他方式实现买家端的展示。

步骤2：根据产品要求找出图片存在的问题。

了解了图片要求后，对比主图要求及产品主图确认产品主图的问题。找出图片存在的问题，写入表 3-1。

表 3-1　主图问题表

主图	主要问题
1	图片尺寸为600 像素×600 像素，上传之后图片模糊；图片背景色杂乱，导致图片不够美观；图片存在拼图现象且产品主体不够大，买家搜索到产品并查看时小图会影响买家查看
2	产品颜色与背景色接近，无法突出产品，且背景较杂乱，不够美观；产品主体过小；产品平铺图无法凸显产品特点，抓不住买家眼球
3	图片存在拼图现象，且产品花色过多，图片看起来让人眼花缭乱，影响买家观感；产品主体过小，会影响买家查看；图片P图痕迹严重，影响图片美观度

步骤3：总结优化建议，进行图片优化。

汇总图片存在的问题，并标注出优化需求，提交给美工团队，让美工团队帮助优化产品图片，如表 3-2 所示。

表 3-2　主图优化建议

主图	优化建议
1	调整图片尺寸到800 像素×800 像素或者重新拍图，避免图片模糊；产品本身颜色较浅，所以图片背景可以选用略深一些的背景色，避免杂乱背景以及背景色与产品颜色接近的问题；拒绝产品拼图，图片多颜色可以用SKU图展示；调整产品主体大小，产品主体要占到图片70%左右
2	首图可以选择模特图，尽可能凸显产品特点；调整图片背景，避免杂乱背景以及背景色与产品颜色接近的问题；调整产品主体大小，产品主体要占到图片 70%左右
3	拒绝产品拼图，图片多颜色可以用SKU图展示；如果没有模特图，可以用产品实拍图代替，不要全部使用PS手段，导致产品图片失真

工作子任务二　营销图选择及优化

业务背景

速卖通上线了产品营销图功能，营销图有特定的透出渠道，对于产品展示及流量获取有很大的影响。速卖通某骑行用品店铺近期计划针对店铺产品设计营销图，并逐步完成产品营销图布局。针对某款骑行眼镜产品，店铺美工给出了三张设计好的营销图（白底图），如图 3-4 所示，请帮助运营人员查看三张营销图，确定三张营销图哪张更适合，并给出理由。

操作分析

营销图有特定的透出渠道，对于产品十分重要，所以需要选择优质的营销图。营销图需要结合营销图的基本规范及设计要求，同时参考自身产品的卖点来进行筛选。题目中营销图采用的是白底图，所以要确认白底图的基本规范及设计要求并完成图片筛选。

3

（1）750px×1000px　　（2）800px×800px　　（3）800px×800px

图 3-4　某款骑行眼镜产品营销图

操作示范

步骤 1. 确定白底图的基本规范。

营销图中的白底图要求图片格式为 JPG、JPEG、PNG；图片的宽高比为 1∶1；图片背景一定要为纯白色/或全透明；同时图片尺寸不小于 800px×800px。

步骤 2. 确定白底图的设计要求。

营销图中的白底图在设计上要求：

- 图片背景必须为纯白色或全透明。
- 产品主体需居中正面展示，与四边保持一定间距，建议不小于 50px。
- 允许表达多 SKU、套装、配件等产品属性信息，需保证产品主体清晰可识别。
- 不允许出现品牌 Logo、水印、任何形式的边框及促销牛皮癣等信息。
- 不允许出现敏感类目、违禁品、政治敏感、宗教敏感等产品信息。

步骤 3. 查看美工给出的图片，确认是否存在问题。

通过对图片的观察，可以看出图 3-4 所示白底图中图（1）出现了品牌 Logo 及边框，且图片大小不符合 800px×800px 的要求；图（2）出现了较多的促销信息，导致产品主体过小；图（3）符合营销图中白底图的基本规范及设计要求，所以展示效果更好，应该选择图（3）作为营销图。

操作思考

通过以上操作，完成了产品主图优化，请在此基础上思考并回答以下问题：

如果上架的产品是1688 选品的，可以直接将1688 的图片下载下来，在产品上架时直接上传吗？

工作任务二　产品详情页优化

【任务目标】

- 熟悉产品详情页结构，能够根据详情页结构给出优化建议。

- 能够独立完成详情页页面设计及优化方案。
- 能够结合店铺问题优化产品详情页结构。

【思维导图】

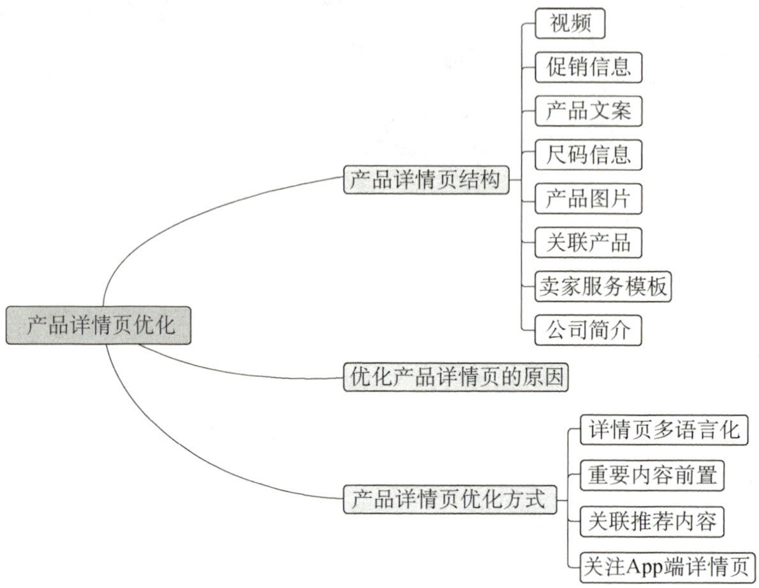

【知识回顾（回答问题）】

1. 速卖通产品详情页有哪些组成部分？
2. 速卖通产品详情页优化方法有哪些？

工作子任务一 确认详情页语言优化方向

业务背景

客户的国家来源分析是对下单客户来源国家进行的分析，从而确认店铺下单客户主要来自哪些国家，客户最多的国家是哪个，从而确认自己店铺的市场在哪个区域，进而有针对性地提供满足该区域客户需求的产品或服务，为店铺优化提供方向，最终达到提升店铺销量的目的。

速卖通某女装店铺的运营人员计划做多语言详情页，但是不确定除了英语以外还需要设置什么语言，请帮助店铺运营人员通过客户国家来源分布，确认店铺客户来源国家的分布及所占比例，并给出合理建议。

操作分析

该任务要求帮助确认店铺客户的国家来源，所以需要先找到查看客户国家来源分布的入口，通过客户国家来源分析出客户主要来源国家以及所占比例。

操作示范

步骤1：找到查看店铺客户国家来源分布的位置。

首先登录店铺后台，进入“营销活动”页面，在左侧的导航栏中找到“客户管理与营销”板块，进入“客户管理”，点击“人群分析”，下拉可以看到“人群分析因子”，选择“国家/地区”因素，从而确定出自己店铺的客户群体主要集中在哪些国家，如图3-5所示。

图3-5　设置人群分析因子

步骤2：查看各个国家客户具体占比。

确定店铺的客户群体主要集中在哪些国家，除英语国家以外，其他语言国家如果占比较高，那这种情况下可以考虑从店铺的爆款、日常出单款和主推款开始，对店铺产品的详情页进行语言优化，做到详情页多语言化，填写表3-3。

表3-3　各国家客户具体占比排名情况表

占比第一国家	客户所占比例	占比第二国家	客户所占比例	占比第三国家	客户所占比例	占比第四国家	客户所占比例
俄罗斯	38.12%	意大利	10.06%	美国	8.09%	西班牙	4.99%

步骤3：查看各国家客户占比数据，给出优化建议。

从搜集的信息中可以看出，俄罗斯客户占比较大，占到了38.12%，远高于其他国家，考虑到俄罗斯客户的母语是俄语，且部分俄罗斯客户英语水平较差，我们可以对店铺的爆款产品布局俄语详情页，观察产品数据，确认多语言详情页的效果。

工作子任务二　发现详情页问题，并提出优化建议

业务背景

速卖通某骑行用品店铺，近期需要上架一款骑行眼镜，美工设计了产品的详情页，如图 3-6 所示，提交给运营人员检查，请帮助运营人员检查详情页，并确认详情页存在的问题。

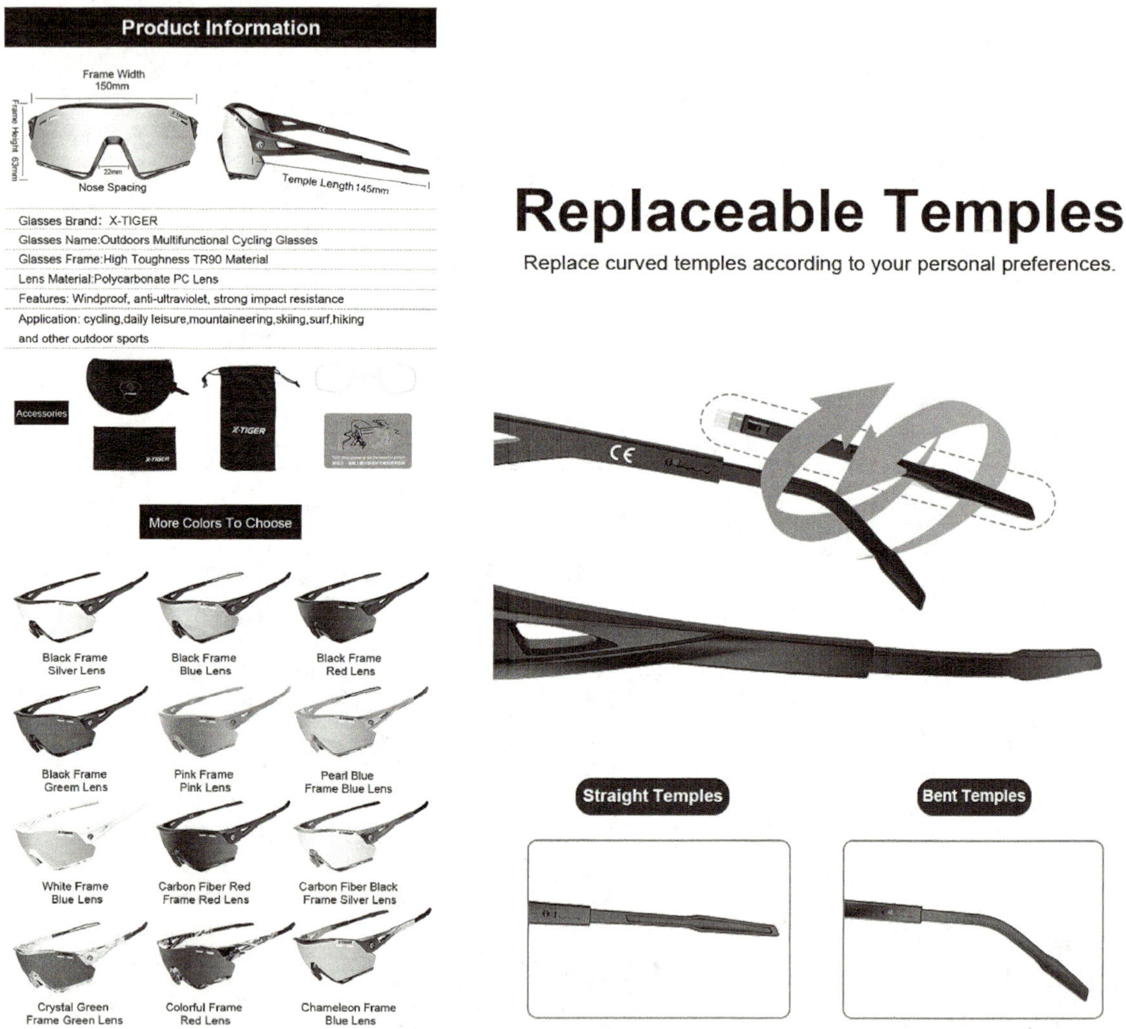

（1）详情页 1　　　　（2）详情页 2

图 3-6　一款骑行眼镜详情页

操作分析

3

该任务要求对详情页进行检查，确认详情页是否存在问题，如果存在问题，需要给出优化的方案，所以需要掌握详情页的设计要求及优化方法。

操作示范

步骤 1. 确认详情页的设计要求。

速卖通的详情页由视频、促销信息（海报）、产品文案、尺码信息、产品图片、关联产品、卖家服务模板（支付方式、物流时效、售后保证、五星好评等）、公司简介等模块组成，各个模块要求不同。通过对美工提交的详情页图片的观察可以看出，该详情页展示了产品文案、尺码信息、产品图片模块，在产品文案、尺码信息及产品图片展示上都比较清晰。

步骤 2. 根据详情页优化技巧确认详情页设计是否合理。

根据详情页优化技巧，详情页最好可以做到图文分离，一方面文字的加载速度比图片快，另一方面图文分离让文字部分可以直接翻译，方便非英语国家查看产品相关信息。从图片上可以看出，该详情页将文字直接设计在图片上，这样图片上的文字不能够直接被翻译，不利于非英语国家的买家查看产品信息。

步骤 3. 根据发现的问题提出解决方案。

建议将与产品信息相关的文案用文字表述，而不是直接展示在图片上，这样方便非英语国家买家直接通过网页翻译了解产品相关信息，做到图文分离。

操作思考

速卖通虽然是全球性交易平台，但是由于店铺推广方式和主营产品不同，店铺的客户的国家来源会呈现出多样化分布，而这些国家之中，也会有主次之分。这里的“主”就是那些客户占比高的国家，“次”就是那些客户占比很低的国家。实际上，我们不可能抓住每一个客户，但是如果我们抓住了绝大部分客户，那么店铺的转化率和订单量就会有很大的提升。所以，详情页的多语言化会成为店铺详情页的趋势。多语言的详情页，不仅可以让非英语国家的买家更方便地了解产品的情况，减少买家售前上线咨询，减轻客服工作量；还可以让买家感受到店铺的专业和用心，增强买家的信任感，促进买家下单。

职业技能训练

技能训练任务 1：

在店铺上架产品过程中，我们需要按照产品上新页面各模块的要求上传图片，完善信息。而上新的质量，也会营销到产品的各项数据及后期的推广效果，所以优质上新是店铺推广运营的基础。

速卖通某玩具店铺，助理最近上架了一款魔方产品，但是运营检查上新产品的时候，发现产品主图存在很多问题，助理上传的 5 张主图，如图 3-7 所示。

观察 5 张主图，指出其中问题并给出优化建议。

技能训练任务 2：

速卖通某玩具店铺运营人员计划取消英语详情页，全部用俄语详情页来代替，理由是俄罗斯是速卖通最大的海外市场，请帮助确认该店铺运营人员的做法是否正确。

（1）主图第一张　尺寸 750px×1000px

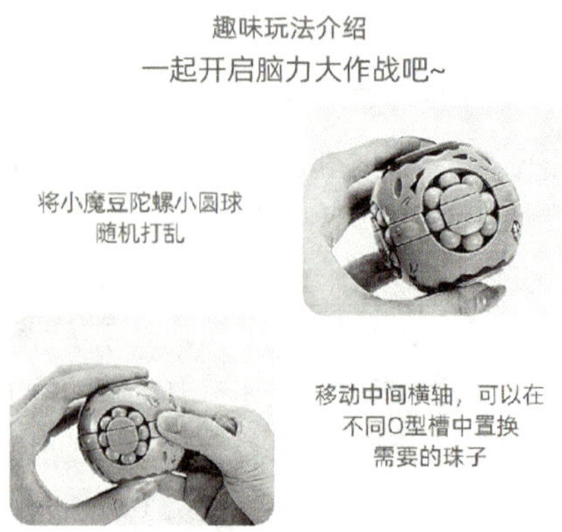

（2）主图第二张　尺寸 750px×1000px

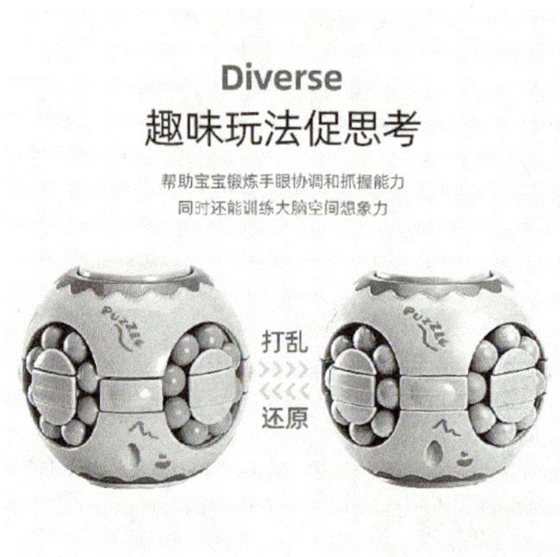

（3）主图第三张　尺寸 750px×1000px

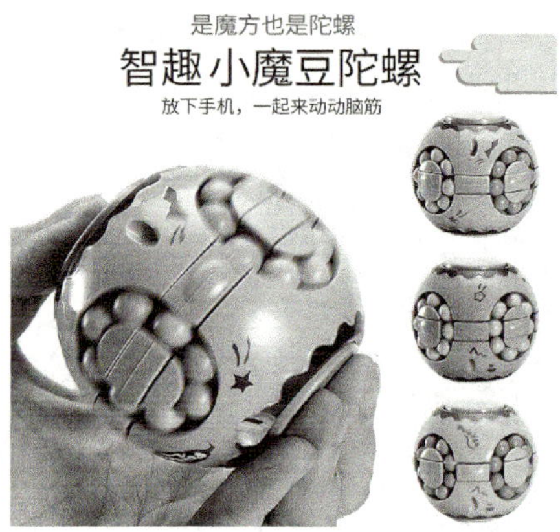

（4）主图第四张　尺寸 800px×800px

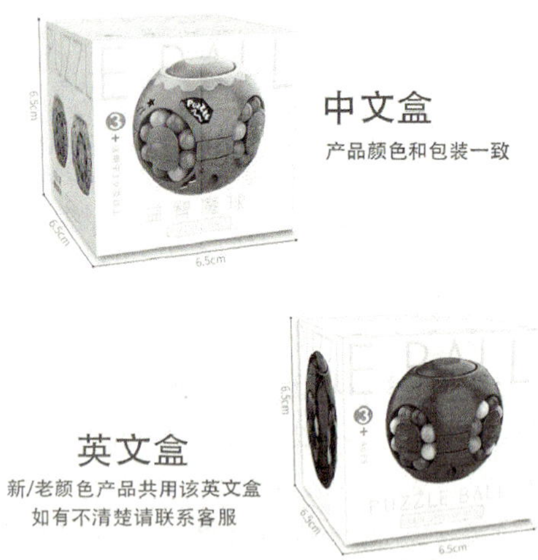

（5）主图第五张　尺寸 750px×1000px

图 3-7　产品 5 张主图

工作领域四　店铺视觉优化（亚马逊）

工作任务一　产品主图优化

【任务目标】

- 能够结合数据对主图做出优化。
- 能够优化产品的对比关联图片。

【思维导图】

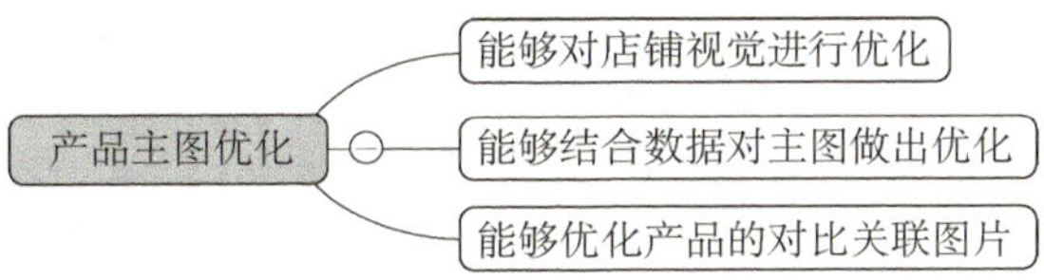

【知识回顾（回答问题）】

1. 店铺视觉优化包括哪些方面的内容?
2. 亚马逊的主图图片要求是什么?
3. 亚马逊主图的视频要求是什么?

工作子任务一　优化产品主图

业务背景

对于电子商务而言，无论是国内电子商务还是国外电子商务，其归根结底就是“卖图片”。图片是作为运营者需要去解决的一个关键问题。因为图片的作用不是单纯地提高卖家的曝光率和点击率，更重要的是提高其转化率。很多时候产品描述写得再好也不如一张图片给买家带来的直观体验强。

操作分析

小张所在的工厂是做卫浴产品的，在进行了一系列的调研后，他认为公司的这款纸巾架很有可能市场前景很好，于是他打算先通过主图的优化来提高产品的曝光率，并且通过分析同行业的竞品来优化自己店铺的产品图片，同时测试图片优化后的运营数据，以便及时对图片做出调整与优化。

操作示范

（一）进入产品的主页

图 4-1 所示为这款纸巾架的产品首页。

图 4-1　Toilet Paper Holder 的亚马逊前端图片

（二）对竞品主图的要素进行最基本的统计

在产品首页找到“Best Sellers Rank”，找到该类目下面排名前 100 的竞品，如图 4-2 所示，点击“Toilet Paper Holders”。

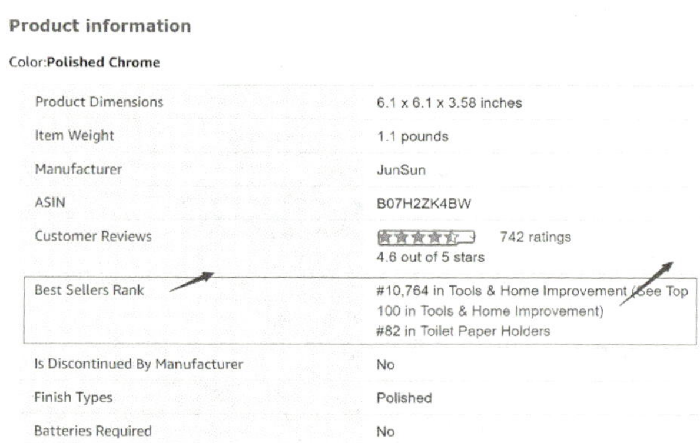

Product information

Color:**Polished Chrome**

Product Dimensions	6.1 x 6.1 x 3.58 inches
Item Weight	1.1 pounds
Manufacturer	JunSun
ASIN	B07H2ZK4BW
Customer Reviews	742 ratings 4.6 out of 5 stars
Best Sellers Rank	#10,764 in Tools & Home Improvement (See Top 100 in Tools & Home Improvement) #82 in Toilet Paper Holders
Is Discontinued By Manufacturer	No
Finish Types	Polished
Batteries Required	No

图 4-2　Toilet Paper Holder 的 BSR100

（三）找到位于第 60 位的与公司同款的竞品

位于第 60 位的与公司同款的竞品如图 4-3 所示。

图 4-3　Toilet Paper Holder 的竞品

（四）对比公司产品主图与竞品主图

从主图的效果来看，公司主图画面更加清晰，内部结构展示得更加具体，而竞品的主图在拍摄时有背光，影响了其内部结构的展示。主图中不能有太多的干扰元素，我们可以通过拍摄、精修展示出产品的质感。要提高转化率，我们首先得提高客户的购买欲，接下来再对辅图做出对比与优化。

（五）优化不同角度的主图图片

亚马逊上除了可添加一张主图外，还可以添加6张辅图，或者5张辅图、一个视频。辅图的优化可以遵循以下公式：功能图+特写图+细节图+尺寸图+场景图+包装图，进行合理配置，尽可能从多种场景、多个角度来展现产品。

1. 公司和竞品的辅图都包括了细节图，如图4-4所示。

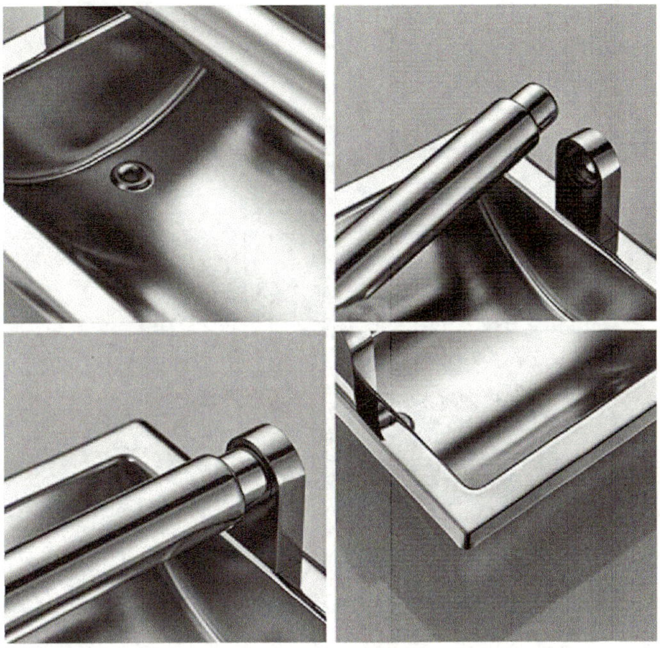

图4-4　细节图

2. 功能图，如图4-5所示。

图4-5　功能图

3. 内部结构图或者尺寸图，如图 4-6 所示。

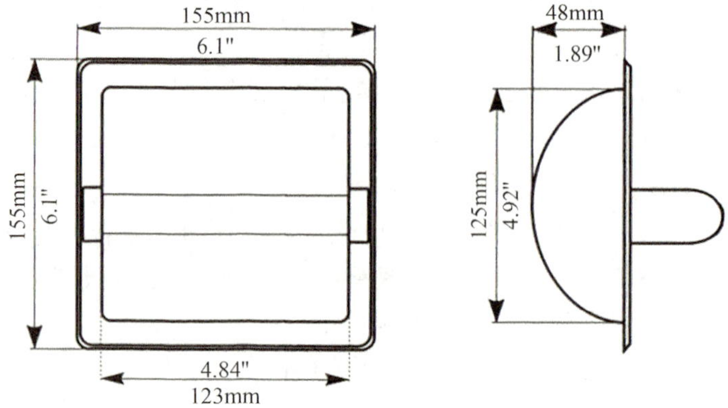

图4-6　内部结构图（尺寸图）

4. 全部产品配件图，如图 4-7 所示。

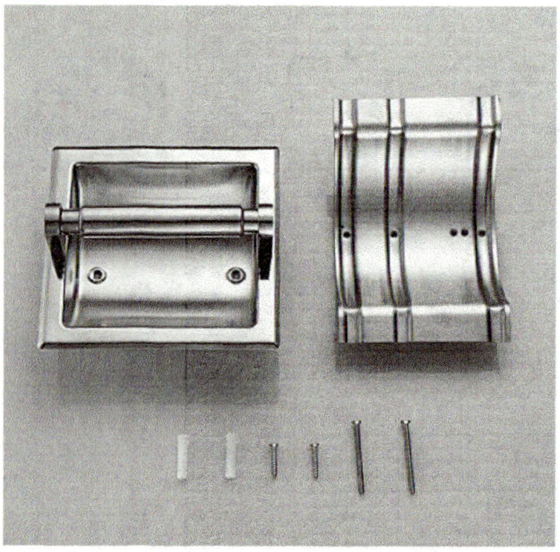

图4-7　全部产品配件图

（六）优化（添加）主图视频

然而，仔细观察，我们产品和竞品的最大不同是它在最后一张辅图那里添加了一段时长59秒的视频，详细地介绍了该产品的配件构成、安装流程，并收获了32个赞，如图4-8所示。

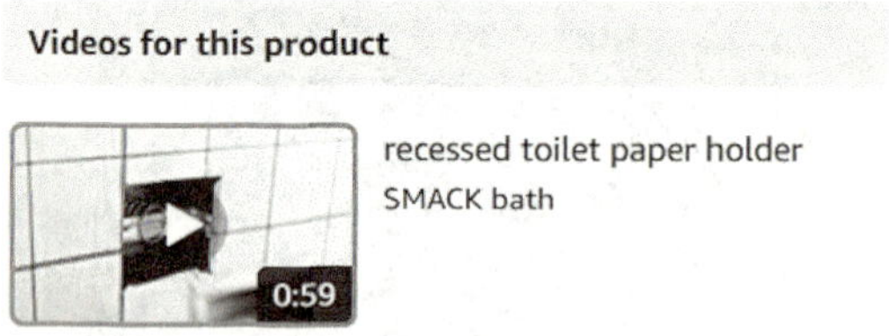

图4-8　竞品的主图视频

由此看来，竞品的主图视频为它的引流带来了很大的帮助，尤其是对一些安装复杂的产品，通过视频的讲解可以更加直观地让买家消除购买顾虑，使其积极下单，从而提高转化率。亚马逊辅图可以展示细节、其他侧面或搭配图等，辅图应该对产品做一个不同侧面的展示、产品使用的展示，或对在主图中没凸显的产品特性做补充，尽可能地利用视频更加立体地展现产品卖点。

操作思考

通过以上操作，已经找到了竞品的图片，请在此基础上思考并回答以下问题：

1. 请你分析主图在优化的时候需要注意哪些方面？
2. 如何找到竞品？
3. 辅图优化的策略是什么？

工作子任务二　优化产品的对比关联图片

业务背景

在前面的任务中，我们已经对产品视觉设计中最基本的主图和辅图进行了优化与设置，然而，单纯的图片在视觉冲击上还不够。小张通过观察竞品的产品页面，发现在产品详情页上都有不同产品间的对比推荐，非常具有视觉冲击感，同时，也可以帮助买家顺利地找到店铺的其他产品，引来点击率。他也想通过该栏目功能对产品的视觉进行优化。

操作分析

对比推荐是A+页面中一个重要的编辑模块。A+页面更重视视觉效果，其目的是帮助客户快速确定产品的卖点，使用图像能更容易传达这一信息。对比推荐使我们可以在产品详情页上获得更多资源。我们可以使用比较图表将买家定向到我们的其他Listing，因为这些链接是可点击的。无论我们的产品有尺寸、颜色变体，还是目录中有其他任何产品，只需将它们添加到比较表中，就可以增加交叉销售的机会。小张将通过A+页面的对比推荐模块进一步优化产品的视觉营销方案。

操作示范

（一）找到A+页面的后台

进入卖家后台，在广告栏目中找到A+页面，如图4-9所示。

图4-9　A+页面

（二）开始创建

点击“开始创建A+商品描述”，如图4-10所示。

图 4-10　创建 A+商品描述

（三）添加模块

点击“添加模块”，选择标准比较图，如图 4-11 所示。

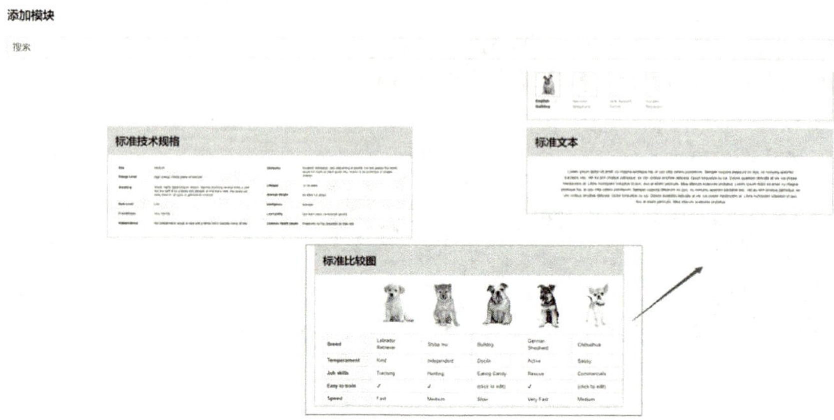

图 4-11　选择标准对比图

（四）添加对比产品的图片

在图 4-12 所示的页面中添加对比产品的图片。

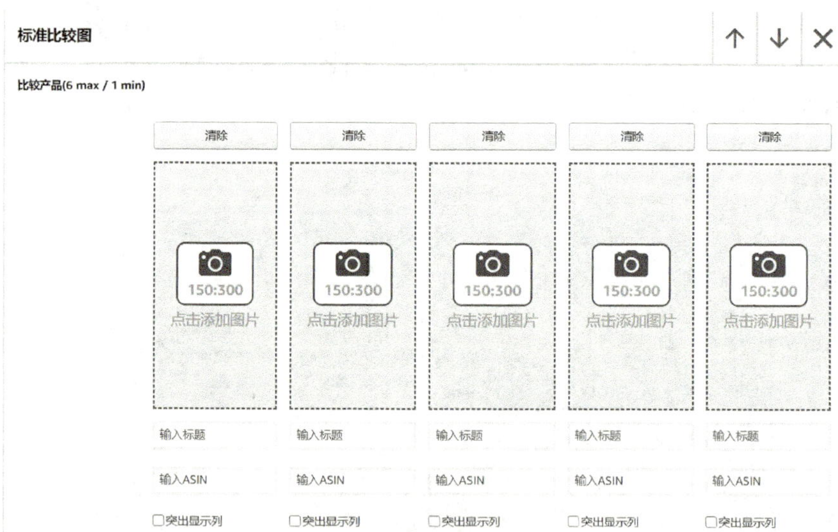

图 4-12　添加对比产品的图片

如图 4-12 所示，在“标准比较图”栏目中选择对比产品的图片，该栏目最多可以添加 6 个产品进行对比，最少 1 个产品进行对比。每个图片根据输入的 ASIN 码进行匹配，图片大小是 150 像素×300 像素，这里选择的 6 个图片，卖家可以根据实际情况进行选择。

（五）编辑比较指标

输入可以对比的比较指标，如各种产品的颜色对比、材质对比、安装方式对比等，如图 4-13 所示。对比项最多 10 个，最少 1 个，根据产品的实际情况添加指标数量。

比较指标(10 max / 1 min)

×	Color	Gray	Bronze	Bronze	Gray	Gray
×	Wall-mounted	✓	✓	✓	✓	✓
×	Material	304 stainless steel	304 stainless steel	304 stainless steel	304 stainless steel	304 stainless steel
×	输入指标	(none)	(none)	(none)	(none)	(none)

添加指标

图 4-13　编辑比较指标

（六）发布对比推荐

最后完成店铺内产品的对比图，效果图如图4-14所示。这里的对比编辑就可以实现不同产品直接的关联推荐，也可以给买家带来一定程度的视觉冲击。

	Towel Holder	Robe Hook	24 inch Towel Bar	3-Pieces Set	4-Pieces Set
Wall-Mounted	✓	✓	✓	✓	✓
Color	Matte Black	Matte Black	Matte Black	Matte Black	Matte Black
Stainless Steel	✓	✓	✓	✓	✓

图 4-14　发布对比推荐

优化店铺内产品的关联推荐既实现了视觉的优化设计，又帮助推荐了其他产品链接，每个对比图都是可以点击打开的，卖家不要忽略每一个推荐产品的机会。

操作思考

通过以上操作，完成了产品的关联推荐优化，请在此基础上思考并回答以下问题：

1. 关联推荐的意义是什么？
2. 如何完善产品Listing的视觉设计方案，有什么方法？

工作任务二　产品详情页优化

【任务目标】

- 能够利用关键词对产品标题进行优化。
- 能够抓取卖点优化五点描述。

- 能够对A+页面进行优化。

【思维导图】

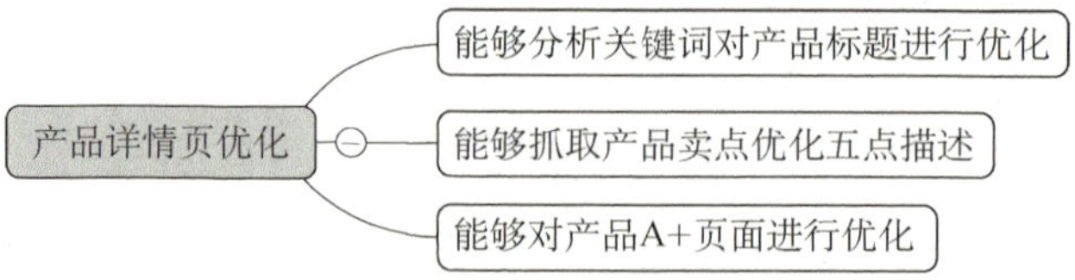

【知识回顾（回答问题）】

1. 优化亚马逊的产品关联图片有哪些技巧？
2. 亚马逊的主图如何优化？

工作子任务一　优化产品标题

业务背景

某传统卫浴工厂近期在亚马逊平台上开了一家新店铺（北美站），销售不锈钢卫浴产品，一个产品就会有一个亚马逊详情页页面，它提供买家有关产品的资讯，包括亚马逊标题、图片、描述、价格等。一个详情页中，标题的权重非常大，空洞的标题对于卖家而言没有任何意义。小张深知详情页标题的重要性，如果标题中用词不准确、关键词不聚焦，那么产品的直观印象就会大打折扣，导致产品点击率不忍直视。于是，小张想通过埋词、重点布局产品核心关键词来对产品标题进行优化。

操作分析

标题不是关键词的简单堆砌，卖家在优化标题之前，要深度了解自己产品的性能与卖点，通过亚马逊平台选择几款销量较好的同类产品进行分析，找到标题中的核心关键词和产品特性词，并且根据自身产品和竞品的同质化与差异化，保留核心关键词，去除同质化严重的特性词，增加能体现自身产品特色的特性词。

操作示范

一般来说，一个好的标题，应该包含品牌名（也就是商标，防止被别人跟卖）、核心关键词（最直接的搜索流量来源）等，优质的亚马逊标题必须符合产品所面对的消费群体以及受众的搜索习惯和语法习惯；好标题的主体部分，一定是简洁清晰地表达“我要销售什么”，让消费者一眼看去就有很清晰的认识，知道该产品是什么产品。这样的标题，消费者点击进入的转化率也会更高。在满足亚马逊规则的前提下，能够激发买家点击欲望的标题、能打消买家的购买顾虑促使买家购买的标题、能迎合亚马逊算法促进曝光量提升的标题都是好标题。

（一）了解标题构成要素

产品标题包括品牌名、关键词、产品功能属性、适用范围、颜色。而标题中的关键词在整个产品 Listing 中的权重是最大的，在标题中自然植入 1～3 个与产品高度相关的优质关键词，将会使产品销售潜力极大化。对于亚马逊卖家来说，我们的产品标题都要把品牌词放在第一位。比如：JunSun Brushed Nickel Recessed Toilet Paper Holder Wall Toilet Paper Holder Recessed Toilet Tissue Holder Stainless Steel Toilet Paper Holder-Rear Mounting Bracket Included。

（二）关键词反查

关键词反查是一个用于查询 ASIN 核心流量词的工具，也就是可以用来找到给 ASIN 带来搜索流量的关键词。我们可以用这个工具反查竞品流量词，用于优化 Listing 和广告关键词，也可以反查自己的流量词以获取精准的流量并提高转化率。

市面上有很多第三方的数据抓取平台。比如我们可以借助卖家精灵（其中一个数据抓取第三方平台）实现关键词反查。选择对应站点，输入竞品的 ASIN 码，以美国站“B07432BM7F”为例，竞品的查找方法前面已经涉及，这里不再赘述。然后点击“反查流量词”按钮。选定需要研究的竞品，如果有变体请确保使用子体 ASIN 查询。我们就得到了给这个 ASIN 带来流量的所有关键词。反查出的流量词是由它们给 ASIN 带来的流量权重大小从高到低排列的。流量词旁边展示的是每个关键词所对应的月搜索量以及流量权重。查询结果如图 4-15 所示。

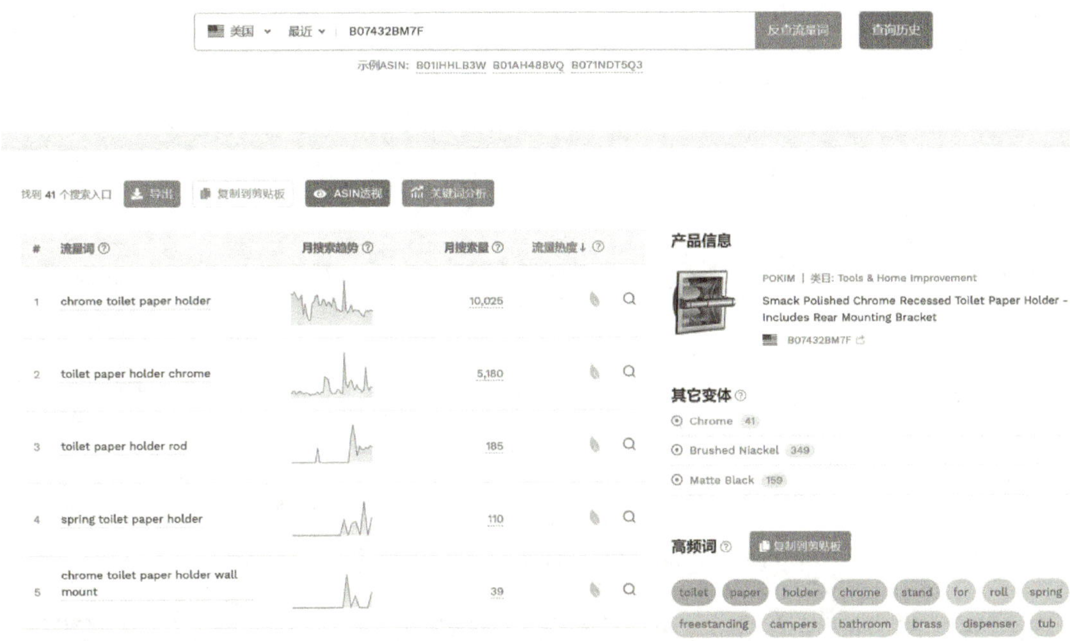

图 4-15　反查竞品的流量关键词

点击该关键词，还可以显示该关键词上个月在亚马逊站内的搜索总量，点击搜索量还可查看该关键词的搜索量等趋势。

（三）确定热搜索词

由此确定月搜索量最多的几个关键词，如图 4-16 所示，将其复制并保存到 Word 文档。

页面的右侧两个板块分别是：其他变体、高频词。前面有提到过查询流量词需要按照子体来查询，所以对于变体多的 ASIN 而言，需要反查所有变体的流量词。点击其中一个变体 Brushed Nickel，得到该变体下的热搜词和高热度词，点击不同的变体名称，就可得到相应变体的流量词。同理，将这些词复制并保存到 Word 文档，如图 4-17 所示。

4

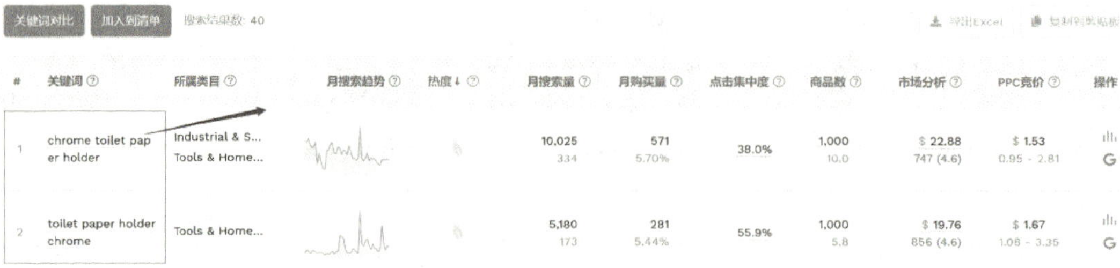

图 4-16　确定热搜索词

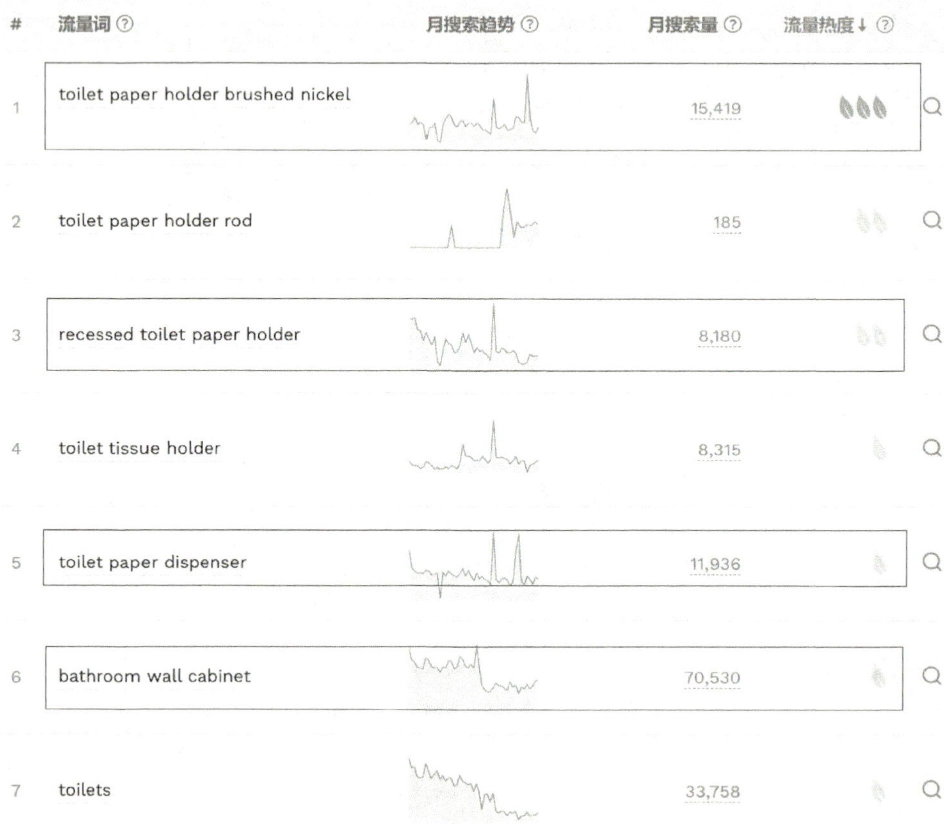

图 4-17　不同变体的热搜词

高频词是从关键词反查结果中提取出来的最小单位词语，这些词是最核心的关键词，可用于优化 Listing，尤其是 Search Term 里面的关键词。复制这些高频词用于优化标题和五点描述，如图 4-18 所示。

（四）优化标题

根据亚马逊标题字符数不超过 200 的规定，选取刚才复制的关键词，将标题优化为“JunSun Brushed Nickel Recessed Toilet Paper Holder Wall Toilet Paper Holder Recessed Toilet Tissue Holder Stainless Steel Toilet Paper Holder-Rear Mounting Bracket Included”。

备注：亚马逊标题的优化是一个长期持续的过程，但是因为随着产品的运营，很多关键词已经被亚马逊收录，所以卖家在优化产品的过程中，不能对产品的标题做太大的改动，不然会对产品的排名有很大的影响。

图 4-18 高频词

（五）定期跟踪

卖家要定期跟踪该 Listing 的转换率，定期优化标题。运营人员要根据 SKU 建立对应的标题优化跟踪记录表，比如 1 个月、3 个月，定期根据高曝光、高转化的数据，优化对应的标题，如图 4-19 所示。

2021.6.23 更新优化记录

1、JS22231 原来的标题：

JunSun Polished Chrome Recessed Toilet Paper Holder Tissue Paper Roll Holder All Stainless

高曝光词：recessed toilet paper holder recessed toilet roll holder wall toilet paper holder toilet paper recessed toilet tissue holder toilet paper roll holder recessed paper holder toilet paper bracket toilet paper holder chrome stainless toilet paper holder

改成：

JunSun Mirror **Polished** Recessed Toilet Paper Holder Wall Toilet Paper Holder Recessed Toilet Tissue Holder Toilet Paper Bracket Stainless Toilet Paper Holder Paper Roll Holder All Stainless Steel

图 4-19 标题的定期跟踪记录

操作思考

通过关键词反查操作，完成了纸巾盒 Toilet Paper Holder 的标题优化，请为该公司的另外一款品牌为 JUNSUN 的 tissue box（见图 4-20）撰写标题。

图 4-20 正方形的 tissue box

工作子任务二 优化 A+页面

业务背景

买家在进行网购时越来越关注视觉感，除了主辅图能为买家展现产品的多方面优势外，

A+页面作为一种图文并茂的描述页面，能够给买家做更加详细且直观的产品展示，促使买家更快地下单。小张已经对详情页的标题进行了优化，但是转换率始终不是很高，老板建议他制作A+页面，并通过一段时间的运营对A+页面进行优化，以提高产品的转换率。

操作分析

所谓A＋页面就是图文版产品详情页，通过它可以使用额外的图片和文本进一步完善产品描述部分。A＋页面对Amazon“页面转化率”产生了深远影响。A+页面中的文字和图像关键词会被作为搜索引擎对象。卖家需要先掌握制作A+页面的方法，然后通过对比前后的A+页面效果，来深入进行优化，以提升产品的转化率，降低跳失率。

操作示范

（一）模块选择

进入A+页面，路径如图4-21所示。

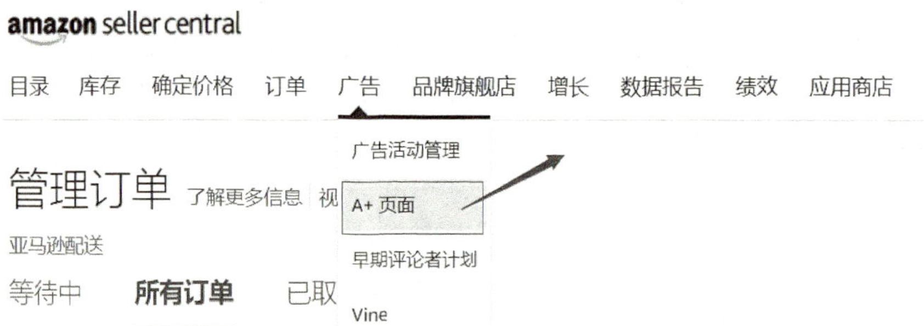

图4-21　A+页面的位置

选择要创建的A+内容类型，如图4-22所示，根据需求，我们选择“创建增强型商品描述”。

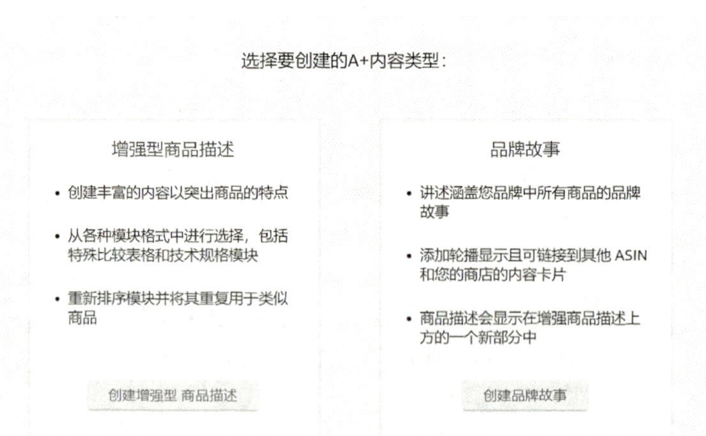

图4-22　选择A+内容类型

亚马逊A+页面设置了17个模板供卖家选择（见图4-23），样式多样，最多可以选择使用5种模块，组合形式丰富，可添加更多内容。5种模块应尽可能全都使用，并且采用不同的模块来增加视觉冲击感。

图4-23　部分A+模板

（二）组合模块

A+页面首张图可以使用“标准公司徽标”，有助于提高品牌的知名度。A+页面是宣传品牌的重要利器，A+页面通常从大横幅的品牌Logo开始，清晰的高质图片更能引起买家的注意。图片尺寸为600像素：180像素，如图4-24所示。

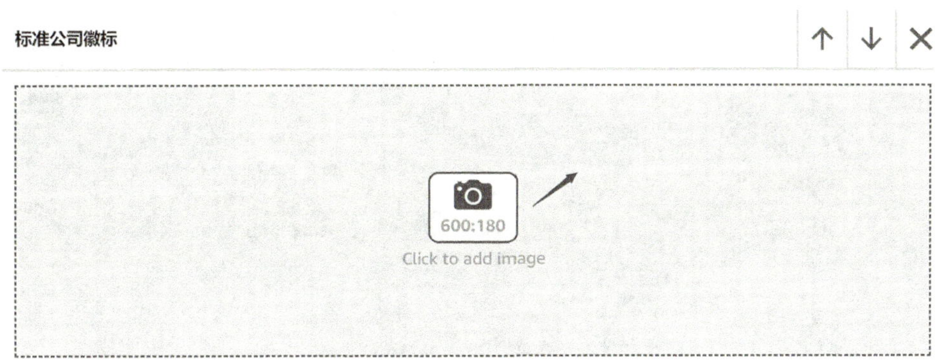

图4-24　A+首页图

或者在首张图片中使用“带文本的标准图片标题”模块，大幅图片模块可以增强视觉效果。大幅图片可以用于顶部以吸引买家眼球，配合简单的文字说明，引发买家阅读兴趣。在关键词编辑中可以将关键词埋在图文编辑中，如将“Recessed toilet paper holder”核心关键词刻意埋进去，A+页面的文字就可以被搜索到，引来流量。大图的尺寸为970px×600px，如图4-25所示。

接着，可以选用“标准四个图片和文本”，便于展示产品完整信息，四列式的排版可以放入图片、品牌介绍、产品规格/包装等内容，便于消费者全面地了解产品。通过三个或四个图文结合的板块，图文并茂地展示产品的主要卖点、设计细节、功能以及安装步骤等，并且为每一幅图片添加相应的文字说明，A+页面的文字是检索对象，可以增加产品被搜索到的概率。如图4-26所示，在进行文字描述时添加关键词“stainless steel”“BRUSHED NICKEL FINISH”等。

最后，可用表格形式来对比不同产品的图片和主要特性。在突出产品信息的同时，免去了消费者自己找来找去互相对比的麻烦，更能为店铺的其他产品带来流量。在对比图中最多可以添加6个需要对比的产品，需上传对比产品图片、标题和ASIN码，如图4-27所示。

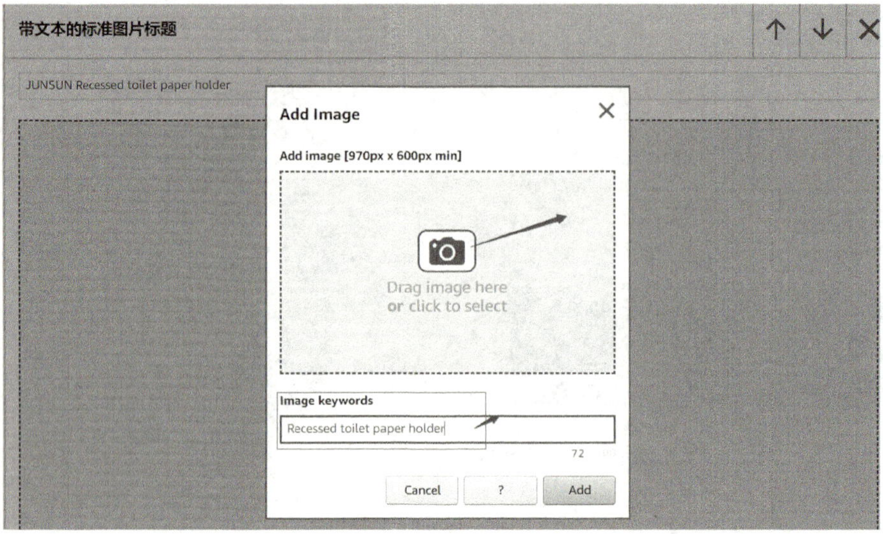

图 4-25　A+首页图 2

图 4-26　A+的标准图

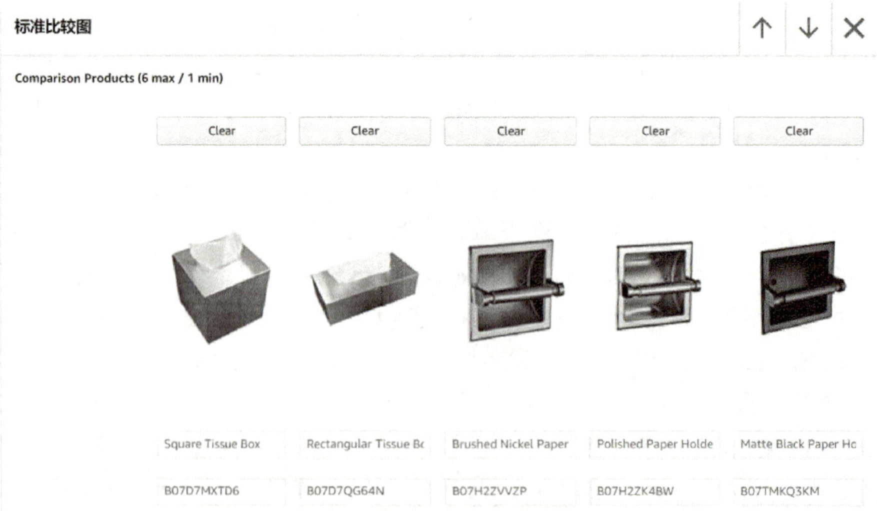

图 4-27　A+的标准比较图

（三）应用 ASIN 码

将编辑好的A+产品描述应用到需要的产品中，输入该产品的ASIN码，如图 4-28 所示。

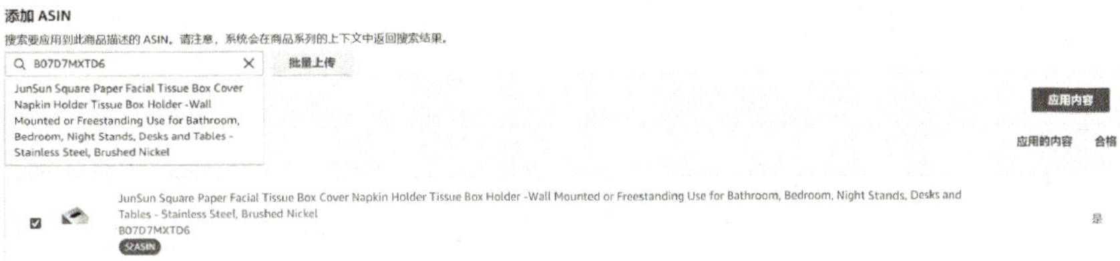

图 4-28　应用 ASIN 码

（四）查看效果

查看优化的 A+页面整体颜色搭配是否协调、是否能给买家带来统一的感官体验、图片中文字数和大小是否适中、是否便于阅读。A+页面的模板选择可以多元化，最好采用大幅图、标准四个图片和文本，使用场景、比较图相结合的形式，给买家打造完整的阅读体验。

（五）优化首页横幅图片

设置首页横幅图片的目的是引起客户的注意。当客户上下滚动 Listing 时，你需要一些可以阻止其滚动的东西。就像网站上的首页横幅图片会吸引访问者进一步浏览该网站一样，A+页面中的首页横幅图片会让客户对你所提供的产品感兴趣。当他们快速浏览你的 Listing 时，他们会看到一张非常醒目的大图，是整个页面中最大的图像。我们需要测试不同的首页横幅图片，选择数据最好的图片，以延长客户的停留时间，提升客户的关注度，如图 4-29 所示。

图 4-29　首页横幅图

操作思考

通过以上操作，完成了 A+页面的优化，请在此基础上思考并回答以下问题：

1. A+页面的优化策略有哪些？
2. A+页面的有效性如何体现？

工作子任务三　优化五点描述

业务背景

在对产品详情页进行优化的过程中，小张学会了查找关键词对标题等进行优化的方法，但是部门经理觉得该产品详情页的五点描述太过于繁冗，突出不了该产品的卖点，想要小张

4

对五点描述进一步优化，以提高产品的转化率。小张觉得标题和 A+页面都做了很好的优化，产品的图片也非常有吸引力，五点描述只要有就行了，不是特别重要，自己英语也不是很好，怕做不出优质的五点描述。

操作分析

五点描述即Bullet Points，亚马逊在比较前端的位置允许卖家填写5个卖点，就是向客户充分展示你的产品的优点。卖点既要简洁、明快，又能最大限度地展示产品特性且有吸引力等特点。卖点，能够让买家一眼看去就被吸引住，从而决定进一步浏览和了解你的产品详情。大多数消费者在购买产品时看重的就是产品本身的用处、性能、优点、材料等，Bullet Points能够第一时间传递给消费者这些信息，以使产品脱颖而出，帮助消费者迅速了解你产品的优点。亚马逊可以写5条Bullet Points，那么卖家就要充分利用这5点来突出产品的卖点，尽可能多地去展示你的产品的优点。

操作示范

在产品页面中，标题是表现产品相关性能的要素，但是标题可表达的内容毕竟有限，卖家需要更充足的空间来展示产品的优点及卖点。而这正是五点描述的用处所在。那么既然这么重要，我们该如何优化产品的五点描述呢？总体来说，就是看五点描述怎么写，可以迅速抓住买家的眼球，让买家快速阅读和理解产品，从而达到吸引买家继续浏览进而购买的目的。

五点描述优化的好处如下：

① Bullet Points字数不多，阅读非常方便，而且简单易懂，方便买家快速了解产品。

② Bullet Points更像是一个摘要，方便买家快速浏览，迅速地知道这个产品的功能、用处及特别之处。

③ Bullet Points就是产品的卖点，让买家一眼看去就被吸引住，是促进销售的关键。

④ Bullet Points具有以条款解释产品详情的性能。

⑤ Bullet Points可以展示买家有可能会产生疑惑的重要部分。

（一）抓取卖点

打开我们需要优化的Listing页面，在首页会看到亚马逊的选择，Amazon’s Choice旁列出了该产品的亮点，即chrome bathroom towel bar，这是亚马逊帮我们指出了这款产品的卖点，在五点描述中务必使用该卖点，如图4-30所示。

图4-30　抓取卖点

（二）对比竞争对手的五点描述

如图4-31所示，在该产品页面进入BSR，查找Bath Towel Bars中排名前100的竞品。没有找到和我们相似的同款产品，于是选择该类目下的TOP1，学习其五点描述并挖掘相关关键词。如图4-32所示，在五点描述中，每个Bullet Points保持一个卖点，且用小圆点和大写字母凸显出来。使用了towel bar、Hardware Pack等关键词在每个描述中进行埋词，以增加产品被搜索到的概率。但是，也可以看出竞品的五点描述文字太多，不够精练。

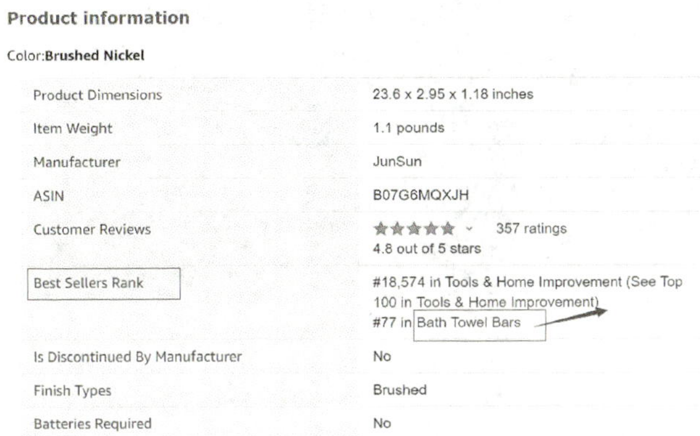

图4-31　Bath Towel Bars-BSR100

图4-32　竞品的五点描述

（三）关键词筛选

我们借助卖家精灵工具对关键词进行筛选，利用卖家精灵下的关键词监控来完成关键词筛选。复制我们产品的ASIN码，添加产品，粘贴ASIN码，即可以对我们的产品关键词进行监控，如图4-33所示。

如图4-34所示，虽然towel bar、towel holder、bathroom rack、bathroom towel rack等关键词的搜索量很高，但是坑位都很低，排名不在前300位，也不在前20页，如果在标题或者在五点描述中用诸如此类的关键词，可能会得不到很好的转化率。

因此，我们需要对该款产品的竞品关键词进行分析，如图4-35所示。竞品的关键词，如towel bar 18 inch、moen shower handle replacement、towel rack brushed nickel、brushed nickel towel holder、18 inch towel bar brushed nickel，虽然搜索量不大，但是却占据了非常前面的坑位。好坑位也就意味着曝光量大，被消费者看到的次数多，进入卖家产品详情页面的流量就多，且进入的流量更为精准有效。我们可以考虑用一些精准关键词对使用的广泛关键词进行优化。

4

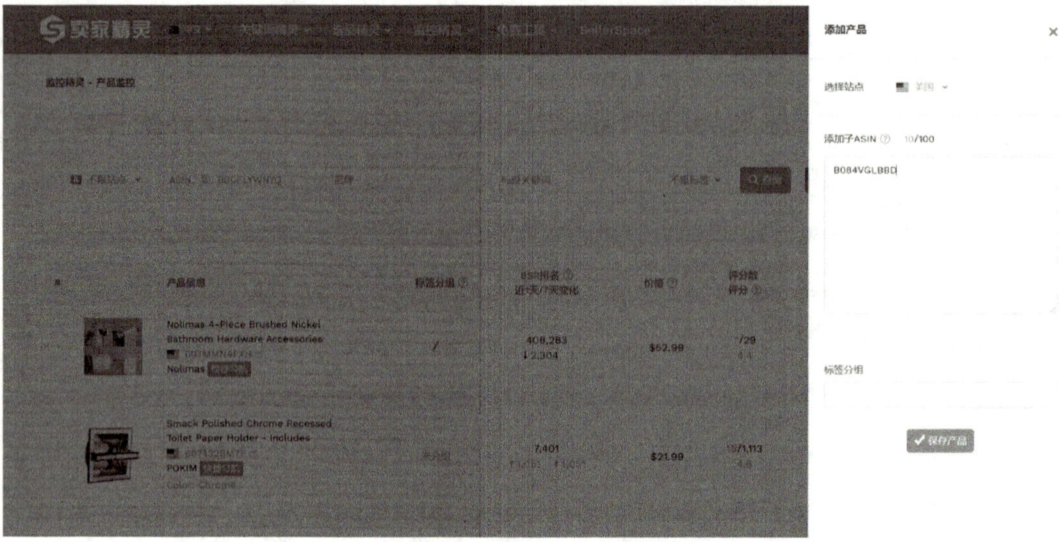

图 4-33　关键词筛查

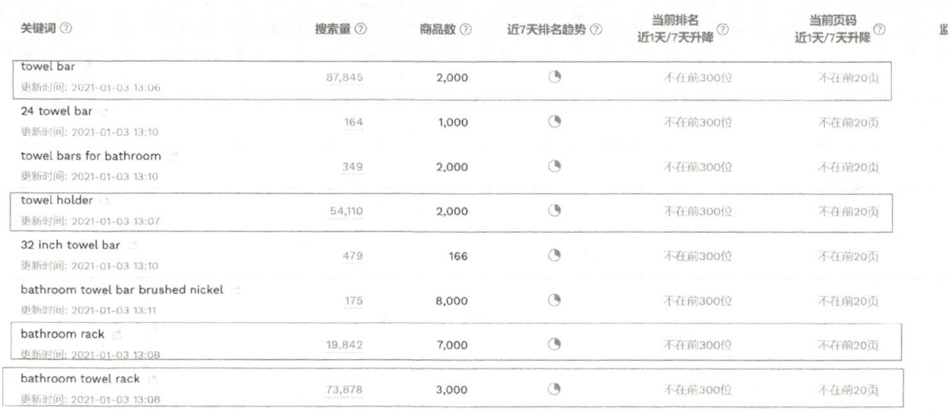

关键词	搜索量	商品数	近7天排名趋势	当前排名 近1天/7天升降	当前页码 近1天/7天升降
towel bar 更新时间：2021-01-03 13:06	87,845	2,000		不在前300位	不在前20页
24 towel bar 更新时间：2021-01-03 13:10	164	1,000		不在前300位	不在前20页
towel bars for bathroom 更新时间：2021-01-03 13:10	349	2,000		不在前300位	不在前20页
towel holder 更新时间：2021-01-03 13:07	54,110	2,000		不在前300位	不在前20页
32 inch towel bar 更新时间：2021-01-03 13:10	479	166		不在前300位	不在前20页
bathroom towel bar brushed nickel 更新时间：2021-01-03 13:11	175	8,000		不在前300位	不在前20页
bathroom rack 更新时间：2021-01-03 13:08	19,842	7,000		不在前300位	不在前20页
bathroom towel rack 更新时间：2021-01-03 13:08	73,878	3,000		不在前300位	不在前20页

图 4-34　监控关键词

BSR排名　评分数　价格　销量监控　关键词监控

关键词	搜索量	商品数	近7天排名趋势	当前排名 近1天/7天升降	当前页码 近1天/7天升降	监控天数
towel bar 18 inch 更新时间：2021-01-03 13:23	36	782		87	第2页第39位	0天
moen shower handle replacement 更新时间：2021-01-03 13:24	279	356		112	第3页第16位	0天
bathroom accessories set brushed nickel 更新时间：2021-01-03 13:25	57	2,000		不在前300位	不在前20页	0天
spring loaded towel bar 更新时间：2021-01-03 13:24	37	112		不在前300位	不在前20页	0天
over shower door towel rack 更新时间：2021-01-03 13:24	145	956		不在前300位	不在前20页	0天
bathroom hardware set brushed nickel 更新时间：2021-01-03 13:24	1,289	678		不在前300位	不在前20页	0天
plastic towel bar 更新时间：2021-01-03 13:23	126	N/A				0天
towel rack brushed nickel 更新时间：2021-01-03 13:25	371	961		110	第7页第14位	0天
towel rods 更新时间：2021-01-03 13:24	N/A	1,000		不在前300位	不在前20页	0天
brushed nickel towel holder 更新时间：2021-01-03 13:24	206	2,000		143	第3页第47位	0天
24 inch bathroom vanity with sink 更新时间：2021-01-03 13:24	155	68		不在前300位	不在前20页	0天
18 inch towel bar brushed nickel				20	第1页第20位	

图 4-35　关键词的坑位

（四）五点描述的话术优化

每个Bullet Points保持一个卖点，写多了会稀释产品特色，显得不够突出。亮点尽量写在句首，当作该点描述的小标题。小标题能够第一眼就抓住买家的眼球，小标题中的全部字母要大写，或者用分隔符（-）、大括号（【】）等与后面具体的描述分隔开来，让买家一眼就注意到每一点的特性或描写的方面。最后埋入精准关键词，五点描述优化完成。

总体来说，五点描述的优化是一个需要卖家不断探索、不断调整的过程。卖家需要不断积累经验，提升自己的实战运营能力。

操作思考

通过以上操作，完成了五点描述关键词的筛选和卖点的抓取，请在此基础上思考并回答以下问题：

1. 什么样的五点描述才能提升产品的转化率？
2. 如何对比竞争对手的五点描述？

职业技能训练

技能训练任务1：

随着国内跨境电商热潮的兴起，很多传统制造业工厂都想转型在亚马逊平台上开设店铺。现在有一家做教玩具的工厂，开始在亚马逊平台上面销售玩具。图4-36所示是该公司上传的一款木制算盘，运营了一段时间，访客量、点击量、订单量都比较少。团队成员经过初步讨论，认为大部分的原因是主图造成的。请你对于该主图进行分析并做出优化。

图4-36 木制算盘的主图

技能训练任务2：

现在有一家做卫浴的工厂，开始在亚马逊平台上面销售五金挂件。该公司上传了一款四件套，运营了一段时间，访客量、点击量、订单量都比较少。团队成员经过初步讨论，认为其大概率是由标题造成的。请你对于该标题进行分析并做出优化。

原标题如下：

MINI MI 2018 NEW Cabinet Bathroom Roll Double Paper Holder Wall-Mounted Kitchen Waterproof Stainless Steel Toilet Paper

技能训练任务3：

请分组讨论图4-37所示产品A+页面的对比推荐图，有无缺点？如何优化？对比推荐图应选择同款的产品还是不一样的产品？

技能训练任务4：

图4-38所示的户外运动女鞋是在亚马逊前端销售排名前10的一款产品，好评也有1547个，请你对于该主图进行分析，有哪些地方值得我们学习？

4

	Towel Holder	Robe Hook	24 inch Towel Bar	3-Pieces Set	4-Pieces Set
Wall-Mounted	✓	✓	✓	✓	✓
Color	Matte Black	Matte Black	Matte Black	Matte Black	Matte Black
Stainless Steel	✓	✓	✓	✓	✓

图 4-37　卫浴四件套

图 4-38　户外运动女鞋主图

技能训练任务 5：

某户外运动女鞋是在亚马逊前端销售排名前 10 的一款产品，图 4-39 所示的是该款产品部分的 A+页面，请你讨论分析下其 A+页面？

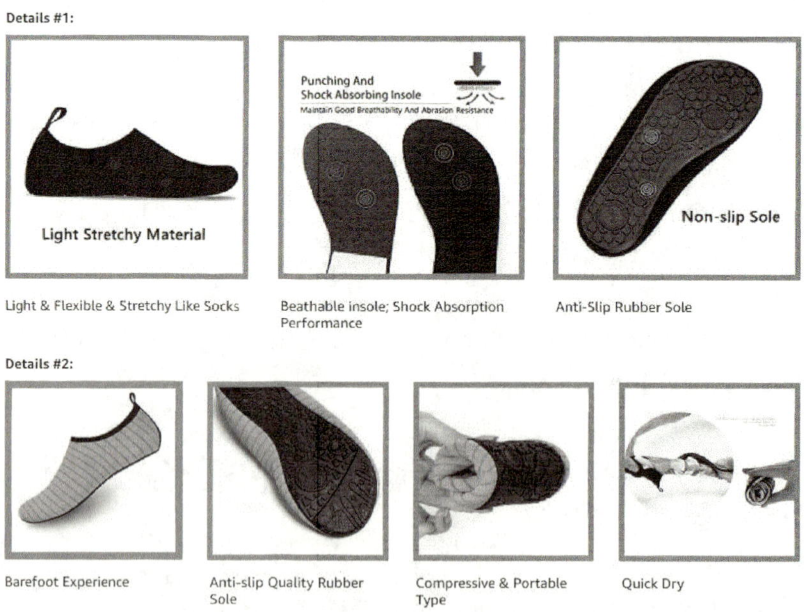

图 4-39　户外运动女鞋 A+页面

工作领域五　店铺产品企划

工作任务一　产品布局与打造

【任务目标】

- 熟悉产品发布组成部分，能够根据产品发布流程，独立发布产品。
- 能够结合店铺实际情况，对店铺产品品类、款式、价格进行布局。
- 能够结合影响价格的因素，运用定价方法完成产品定价。
- 能够结合产品，采集关键词数据，拟定产品标题。
- 能够完成产品测款。

【思维导图】

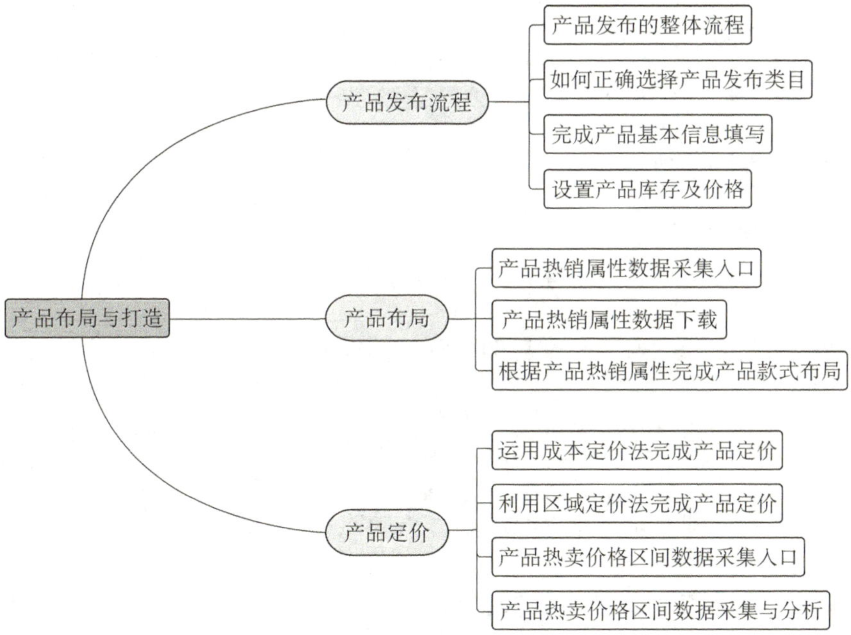

【知识回顾（回答问题）】

1. 速卖通产品发布有几个组成部分？
2. 速卖通产品布局的内容和作用是什么？
3. 速卖通产品标题如何撰写？

4. 产品定价的方法有哪些？
5. 速卖通产品测款的方法有哪些？

工作子任务一　完成产品发布

业务背景

店铺在运营过程中，产品上架是基础操作，优质的产品上新，给店铺运营打牢了坚实的基础，从而在后期产品推广和店铺运营上，可以做到事半功倍。

速卖通某店铺经营女装类目，主要以女士短袖为主，现在店铺的运营人员想要上传一款女士短袖，产品信息如图 5-1 所示。

图 5-1　女士短袖产品信息

请帮助运营人员完成上架产品类目的选择、产品基本信息填写以及价格与库存信息的填写，并且保存修改。

操作示范

产品上架需要先找到产品发布入口，选择正确的类目，然后进行产品发布信息填写。

步骤 1：找到产品发布入口。

在速卖通后台“商品”板块下找到“发布商品”按钮，点击“发布商品”进行产品上架，如图 5-2 所示。

步骤 2：选择正确的类目。

因为产品是女士短袖，女士短袖属于女装行业，所以我们可以在产品发布页面进行类目筛选，先找到一级类目“女装”，然后找到二级类目“上衣、T 恤”，最终找到短袖子类目“T 恤”，如图 5-3 所示。

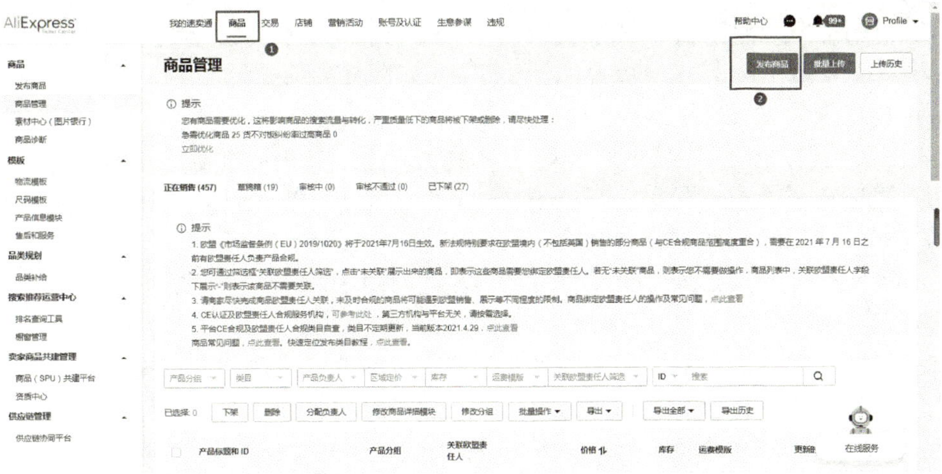

图 5-2　产品发布入口

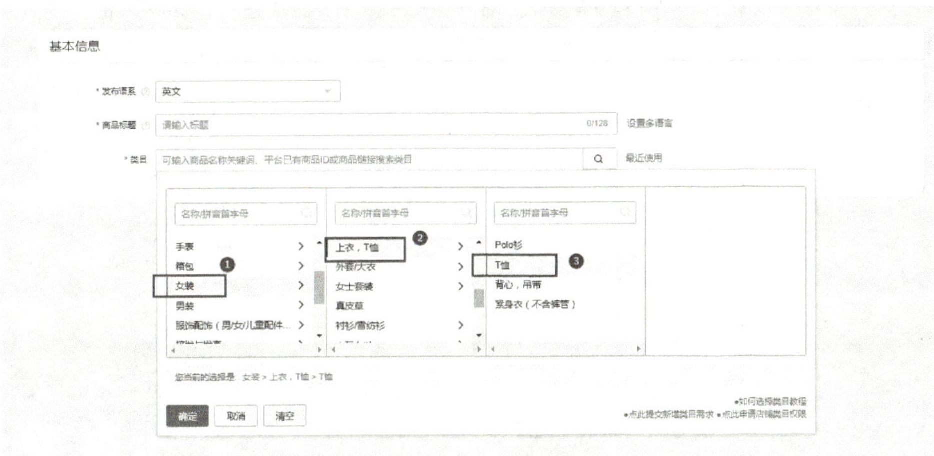

图 5-3　选择正确的类目

步骤3：完成图 5-4 所示的产品信息的填写。

（1）品牌：因为产品信息中没有提到品牌，图片中也没有展示品牌信息，所以品牌可以选择“NONE（AE 存量）”。

（2）袖型：图片展示产品衣袖是常规形状，并不是荷叶边、灯笼袖等形状，所以袖型选择“常规”。

（3）面料类型：产品信息中说明短袖为纯棉材质，所以面料类型选择“棉麻”。

（4）产地：产品信息中标注了短袖产地为中国。

（5）季节：短袖是适合夏季穿的，所以季节选择“夏季”。

（6）材质：产品信息中说明短袖为纯棉材质，所以材质选择“棉”（cotton）。

（7）上衣长度：上衣长度有“SHORT（SHORT）”“常规（Regular）”“long（Long）”“加长款（X-Long）”“超短款（Super-short）”几种分类，产品信息中已经说明产品的常规长度，所以上衣长度选择“常规（Regular）”。

（8）装饰：从图片上可以看出，短袖的胸口处有刺绣的小熊图案，所以装饰选择“刺绣”。

（9）袖长：从产品图片中可以看出该产品是短袖，所以袖长选择“SHORT（SHORT）”，即短袖，而“half（half）”是“五分袖”的意思。

（10）尺码描述：从产品信息中可以看出，该短袖尺码与描述一致。

（11）图案文化：从图片上可以看出，短袖上的图案是小熊涂鸦，根据图案文化的分类，我们可以选择“童话”。

（12）图案类型：从图片上可以发现，短袖上的图案是小熊涂鸦，但整件短袖上有格子图案，所以可以选择“卡通图案（Cartoon）”或者“格子（Plaid）”。

（13）型号：产品信息中展示的型号为H071。

（14）板型：从产品信息中可以发现，该短袖的板型为宽松型，所以选择“LOOSE（LOOSE）”。

（15）风格：从产品的图片中我们可以看出该短袖偏童话风格，但是因为没有该选项，所以我们可以挑选相对合适的，如“休闲（Casual）”。

（16）受众年龄：可以选择“18～35（Ages 18～35 Years Old）”。

（17）领型：从产品图片上可以看出，短袖属于圆领，所以选择“圆领（O-Neck）”。

（18）添加自定义属性：可以根据自己对产品的理解再增加一些对产品的描述，如产品颜色：白色、卡其；产品尺码：S-2XL；或者产品特点：有超大码等，让买家对产品有更多了解。

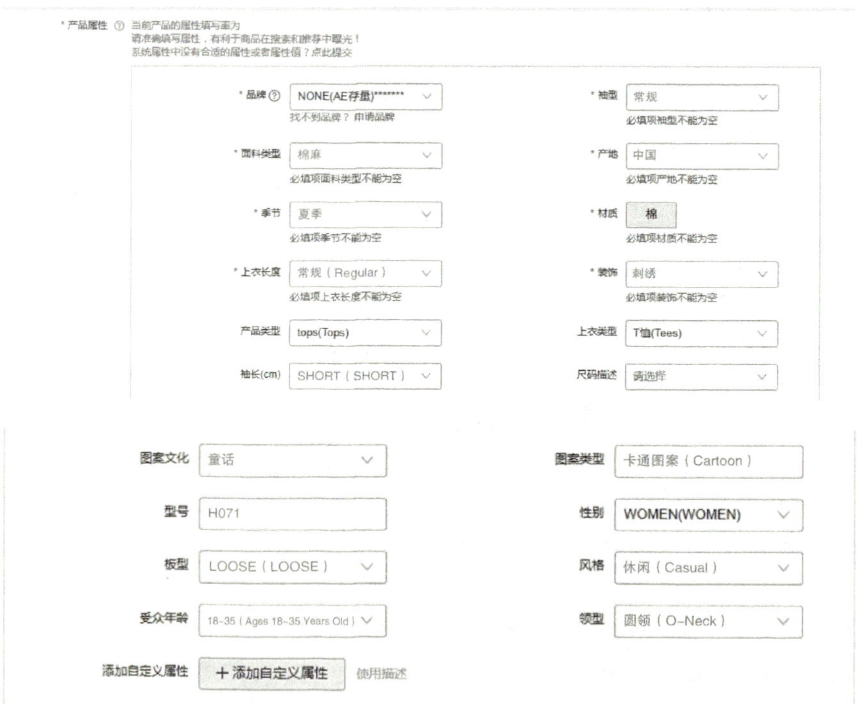

图 5-4　产品基本信息

步骤4：完成价格与库存信息填写。

在图 5-5 和图 5-6 所示页面中完成价格与库存信息的填写。

（1）最小计量单元：衣服是按件销售的，所以最小计量单元选择“件/个（piece/pieces）”。

（2）销售方式：可以选择“按件出售”。

（3）颜色：从产品信息中可以看出，该短袖有两个颜色，一个是白色；另一个是卡其色，所以选择这两个颜色。

（4）尺寸：产品信息中已经标注，短袖尺码从 S 到 2XL，所以，尺寸里面应该勾选“S/M/L/XL/XXL”复选框。

（5）发货地：从产品信息可以看出，该产品没有海外仓，所以发货地默认是中国，无须选择。

（6）零售价（USD）及库存数量：从产品信息中可以看到，产品的零售价为 USD23.39，库存每种颜色 350 件，产品编码可以填写“H071”。

（7）区域定价：产品未说明需要设置区域定价，所以无须设置。

（8）批发价：该产品不支持批发价，所以无须勾选“支持”复选框。

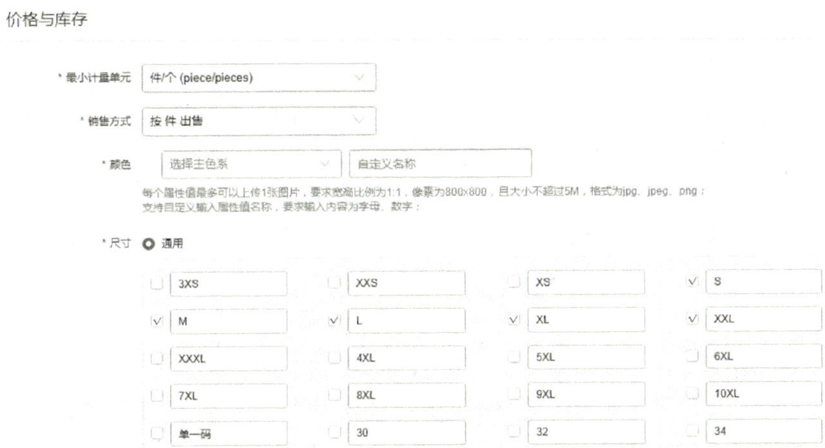

图 5-5　设置产品价格与库存信息截取部分（1）

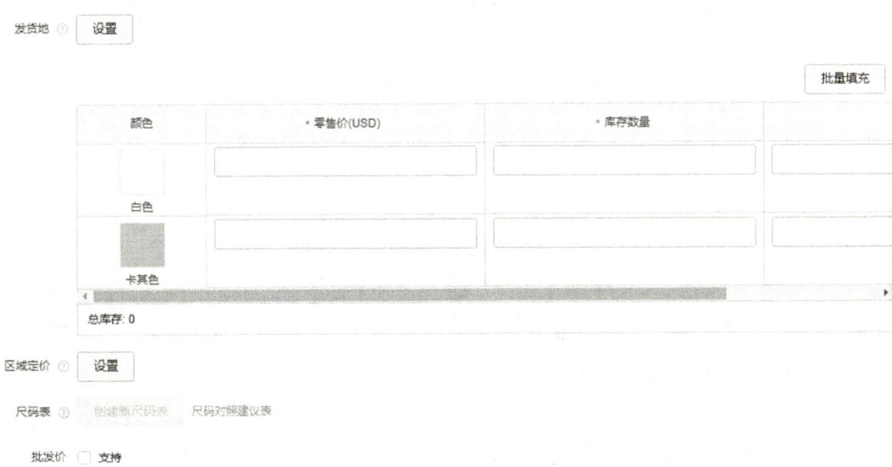

图 5-6　设置产品价格与库存信息截取部分（2）

步骤 5：编辑完上述信息，点击“保存”按钮，将产品存至草稿箱。

操作思考

1. 产品上架过程中，关于产品的描述需要依据产品实际情况选择和填写吗？
2. 产品上架过程中，必填属性是否必须要填写？

工作子任务二　完成产品热销属性数据下载

业务背景

店铺运营过程中，我们不仅要提升店铺的销量，还要关注店铺的健康发展。一个健康的店铺，要有一定数量的店铺产品，要做到定期上架新品，还要能够合理布局店铺产品结构。

速卖通某女装店铺，近期准备布局10款不同材质的女士短袖，但是短袖材质有很多，运营人员不确定应布局10款材质一样的短袖，还是应布局不同材质的短袖；也不确定什么材质的短袖在速卖通平台更受欢迎。所以现在运营人员不确定上架什么款式的短袖，以及如何分配10款短袖的材质，请帮助运营人员确定短袖热卖的材质，以及不同材质的短袖应该上架的数量。

操作分析

本任务要求帮助运营人员确定短袖热卖的材质，以及不同材质的短袖应该上架的数量，实际上就是要确认短袖的热销属性（也称为热卖属性），然后根据短袖的热销属性来确定短袖热卖的材质，并且根据不同材质进行产品数量布局，即进行产品款式布局。

操作示范

步骤1：确认任务要求。

根据题干，我们可以看出该任务要求确认短袖的热卖材质，并且确定不同材质的短袖的上架产品数量，总共上架10款短袖。为了完成该任务，需要下载短袖的热销属性，然后在热销属性中找出热销材质，并根据各个材质的成交指数确定不同材质的短袖的上架数量。

步骤2：找到热销属性下载入口。

热销属性下载路径：速卖通后台—生意参谋—返回数据纵横—选品专家，然后选择正确的类目（即行业）女装—上衣、T恤—T恤，“国家”选择“全球”，“时间”选择“最近30天”，如图 5-7 所示。

步骤3：下载产品相关热销属性。

可以在该页面直接下载，或点击“t-shirt”红色圆圈进入更详细信息页面，找到TOP热销属性，点击“下载”按钮，这样所有的热销属性都会按照属性名被分类排列好，以便进行热销属性数据分析，如图 5-8 和图 5-9 所示。

步骤4：对产品热销属性进行分析。

为了方便分析，在属性名和属性值后面各插入一列，将属性名和属性值翻译成中文。找出其中属性名为材质的属性值，并对这些属性值按照成交指数从大到小降序排列，找出最热卖的短袖材质，如图 5-10 所示。

步骤5：确认产品热销材质，并确定产品上架数量。

从分析结果可以看出，短袖最热卖的材质是棉，第二热卖的材质是聚酯纤维（涤纶），这两种材质的短袖成交指数最高，且接近。氨纶材质的短袖成交指数比棉、涤纶材质的短袖要低很多，但是比莫代尔材质和莱卡材质的短袖成交指数要高很多。所以短袖的热卖材质是棉和涤纶。五种材质的短袖的总成交指数为370810，可以用棉材质短袖的成交指数比总的成

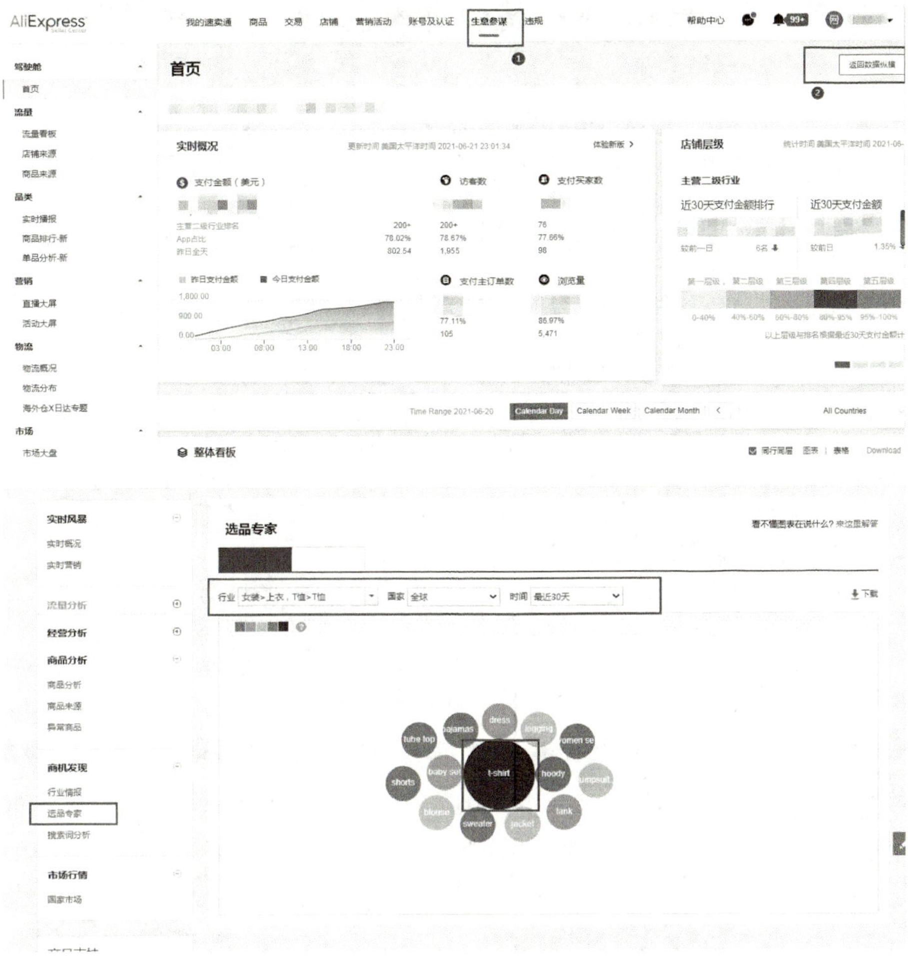

图 5-7　找到热销属性下载入口

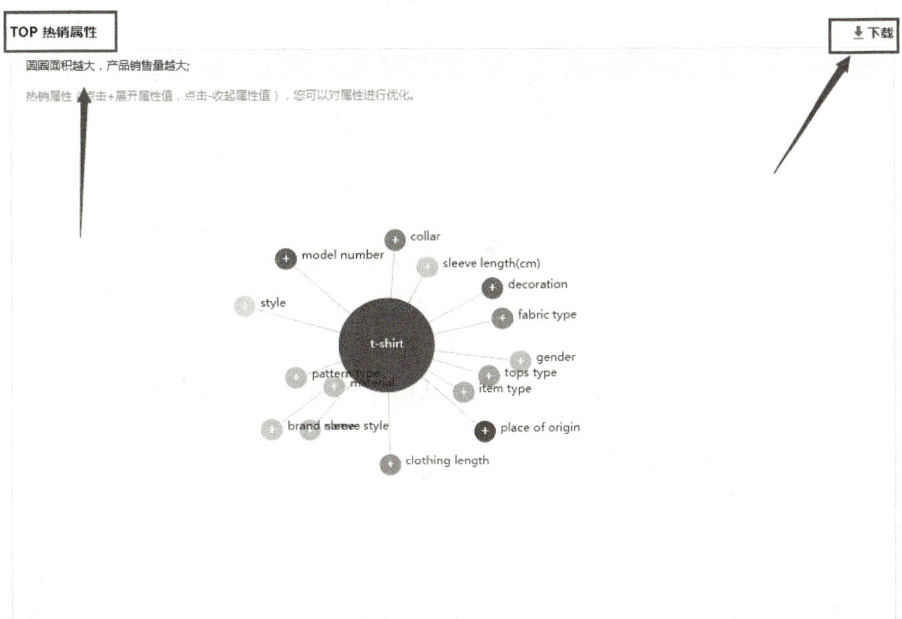

图 5-8　TOP 热销属性图表

行业	国家	商品关键词	属性名	属性值	成交指数
女装>上衣，T恤>T恤	全球	t-shirt	material	cotton	154643
女装>上衣，T恤>T恤	全球	t-shirt	material	polyester	144396
女装>上衣，T恤>T恤	全球	t-shirt	material	spandex	59461
女装>上衣，T恤>T恤	全球	t-shirt	material	modal	7771
女装>上衣，T恤>T恤	全球	t-shirt	material	lycra	4539
女装>上衣，T恤>T恤	全球	t-shirt	pattern type	solid	70058
女装>上衣，T恤>T恤	全球	t-shirt	pattern type	print	65738
女装>上衣，T恤>T恤	全球	t-shirt	pattern type	letter	38338
女装>上衣，T恤>T恤	全球	t-shirt	pattern type	cartoon	14475
女装>上衣，T恤>T恤	全球	t-shirt	pattern type	striped	9810
女装>上衣，T恤>T恤	全球	t-shirt	gender	women	233197
女装>上衣，T恤>T恤	全球	t-shirt	gender	men	27
女装>上衣，T恤>T恤	全球	t-shirt	tops type	tees	233222
女装>上衣，T恤>T恤	全球	t-shirt	item type	tops	233218
女装>上衣，T恤>T恤	全球	t-shirt	clothing length	regular	185808
女装>上衣，T恤>T恤	全球	t-shirt	clothing length	short	37412
女装>上衣，T恤>T恤	全球	t-shirt	clothing length	long	9780
女装>上衣，T恤>T恤	全球	t-shirt	collar	o-neck	185584
女装>上衣，T恤>T恤	全球	t-shirt	collar	v-neck	18013
女装>上衣，T恤>T恤	全球	t-shirt	collar	turtleneck	13464
女装>上衣，T恤>T恤	全球	t-shirt	collar	slash neck	5616
女装>上衣，T恤>T恤	全球	t-shirt	collar	stand	2478
女装>上衣，T恤>T恤	全球	t-shirt	sleeve style	regular	223209
女装>上衣，T恤>T恤	全球	t-shirt	sleeve style	batwing sleeve	5036
女装>上衣，T恤>T恤	全球	t-shirt	sleeve style	flare sleeve	1640
女装>上衣，T恤>T恤	全球	t-shirt	sleeve style	puff sleeve	1362
女装>上衣，T恤>T恤	全球	t-shirt	sleeve style	butterfly sleeve	824
女装>上衣，T恤>T恤	全球	t-shirt	decoration	none	189337
女装>上衣，T恤>T恤	全球	t-shirt	decoration	hollow out	9792
女装>上衣，T恤>T恤	全球	t-shirt	decoration	appliques	7710
女装>上衣，T恤>T恤	全球	t-shirt	decoration	lace	5402

图 5-9　TOP 热销属性详细信息

行业	国家	商品关键词	属性名	属性名	属性值	属性值	成交指数
女装>上衣，T恤>T恤	全球	t-shirt	material	材质	cotton	棉	154643
女装>上衣，T恤>T恤	全球	t-shirt	material	材质	polyester	聚酯纤维（涤纶）	144396
女装>上衣，T恤>T恤	全球	t-shirt	material	材质	spandex	氨纶	59461
女装>上衣，T恤>T恤	全球	t-shirt	material	材质	modal	莫代尔	7771
女装>上衣，T恤>T恤	全球	t-shirt	material	材质	lycra	莱卡	4539

图 5-10　按材质成交指数从大到小排序

交指数，约为0.41，所以可以布局4款棉材质的短袖；同理可以确定，涤纶材质的短袖可以布局3款，氨纶、莫代尔、莱卡材质的短袖可以各布局一款，如图 5-11 所示。

属性名	属性值	成交指数	布局产品数
材质	棉	154643	4
材质	聚酯纤维（涤纶）	144396	3
材质	氨纶	59461	1
材质	莫代尔	7771	1
材质	莱卡	4539	1

图 5-11　根据材质布局产品

操作思考

1. 进行产品布局只是为了增加产品数量吗？
2. 产品布局可以完全依靠运营人员的经验进行，还是需要以数据分析结果为依据？

工作子任务三　完成产品定价

业务背景

5

产品定价是产品运营过程中非常重要的环节，合理的产品定价不仅能够避免在运营过程中出现损失，还能够吸引买家下单。速卖通常用的定价方法有成本定价法、竞争定价法、营销活动定价法，还有可以灵活搭配使用的区域定价法。

速卖通上某女装店铺，要上架一款裙子，如图 5-12 所示，运营人员统计了产品的包邮运费、成本、利润率、平台佣金等影响价格的因素后，想以俄罗斯为基准国，运用成本定价法计算产品在俄罗斯的销售价格，因为前期店铺的推广预算有限，暂时不考虑产品的推广成本。请帮助运营人员完成产品定价。

裙子	成本	重量	俄罗斯无忧标准运费	国内运费	平台佣金	利润率	折扣	汇率
	35元	0.35kg	56.5元/KG，挂号费16.5元	0	8%	50%	35%	6.4

图 5-12　影响裙子价格的因素

操作分析

本任务要求运用成本定价法帮助运营人员计算俄罗斯市场的裙子销售价格，所以要确定影响裙子价格的因素。通过运营人员给出的信息，还需要计算俄罗斯无忧标准物流方式的国际运费，然后计算俄罗斯市场的裙子销售价格。

操作示范

步骤1：确定价格的影响因素。

通过运营人员给出的信息可知，影响该产品价格的主要因素有产品的成本、运费（国内运费及国外运费）、平台佣金、利润率、折扣及汇率。

步骤2：计算俄罗斯运费。

从表格中可以看到，如果使用无忧标准的物流方式发往俄罗斯，运费为 56.5 元/kg，挂号费为 16.5 元，而产品包装后的重量为 0.35kg，所以运费为 0.35×56.5+16.5，最终运费为 36.275 元。

步骤3：运用成本定价法计算产品定价。

成本定价法的计算公式为标价=成本（美元）×（1+利润率）/（1−折扣率）/（1−8%），其中产品成本为 35 元，国际运费 36.275 元，平台佣金为 8%，运营期望利润率 50%，汇率按 6.4 计算，产品销售时要设置 35%的折扣，掌握这些数据后，用成本定价法来计算，该产品的最终定价为（35+36.275）/6.4×（1+50%）/（1−35%）/（1−8%）=27.93 美元。

操作思考

1. 判断：产品定价是完全独立的，只需要考虑自身需求，无须参考其他因素。
2. 区域定价法的主要功能是什么？

工作任务二　售后问题处理

【任务目标】

- 能够根据纠纷响应流程及纠纷实际情况同意或拒绝纠纷，并提出新的解决方案。
- 能够查看仲裁进程，及时响应仲裁。

5

- 能够及时回应PayPal纠纷。
- 能够积极应对恶意纠纷，正当维护自身合法权益。

【思维导图】

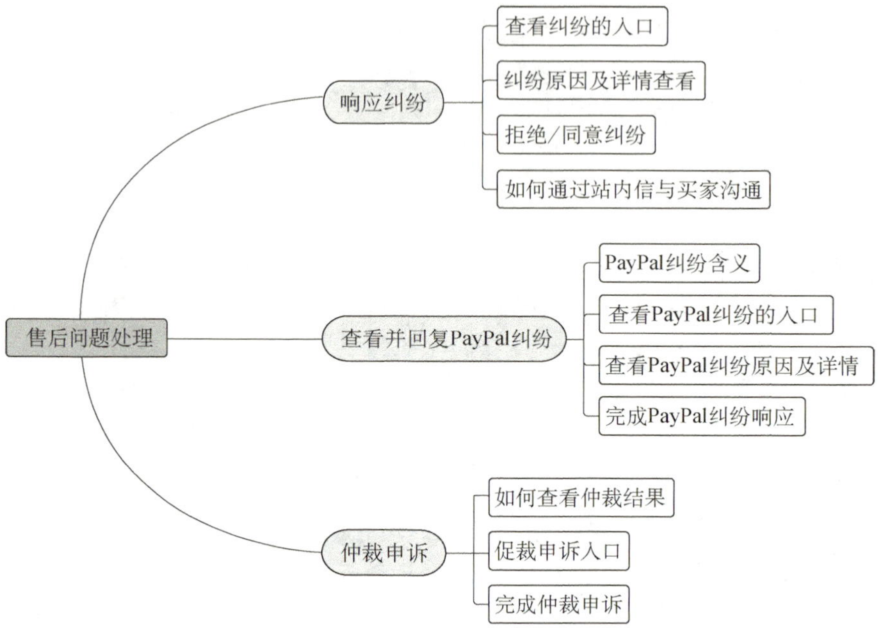

【知识回顾（回答问题）】

1. 速卖通纠纷的一般处理流程是什么？
2. 速卖通纠纷的退货退款流程是什么样的？
3. 什么样的纠纷可以称为恶意纠纷？
4. 如何响应PayPal纠纷？

工作子任务一　响应纠纷

业务背景

速卖通上的纠纷一般是因为买家对产品、卖家服务、物流配送速度不满意或者没有收到包裹而产生不满，从而引发的。卖家要积极查看纠纷，并及时响应，避免因为没有及时响应纠纷而导致响应超时，产生损失。

速卖通某服装服饰店铺运营人员，在巡店时发现有买家以海关扣关为由发起了纠纷，等待卖家响应，运营人员计划先查看订单的物流状态，如果物流信息未显示海关扣关，运营人员计划先拒绝买家纠纷，然后通过站内信联系买家确认发起纠纷的具体原因。

操作分析

5

从该任务中可以发现，目前纠纷的状态是买家发起纠纷，等待卖家响应的阶段，在该阶段卖家需要在买家发起纠纷后的5天内响应纠纷，所以要及时查看并及时响应。已经确认买家发起纠纷的原因是海关扣关，所以需要确认订单的物流状态是否是海关扣关。如果物流信息未显示海关扣关，那可能是买家误发起纠纷或者买家因为其他原因需要发起纠纷，所以需要在拒绝买家纠纷之后，联系买家确认真实原因。

任务操作

步骤1：查看订单物流状态。

在速卖通后台找到需要响应的纠纷订单，查看纠纷并找到订单号，然后进入查看该订单的具体物流信息，如图5-13所示。

图5-13　找到需要响应的纠纷订单

点击“查看详情”，进入订单页面，可以在页面上直接查看物流信息，如图5-14所示。

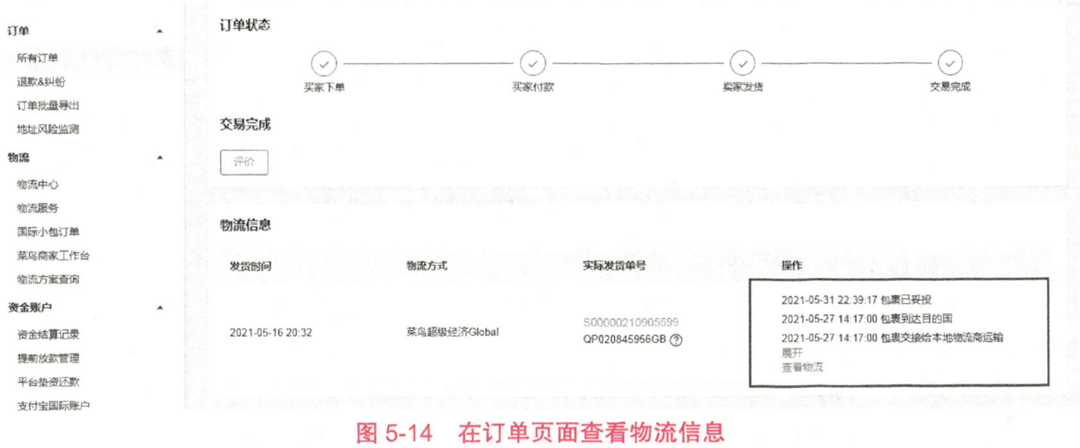

图5-14　在订单页面查看物流信息

可以点击“查看物流”查看更详细的物流信息，如图5-15所示。

或者进入交易页面，找到“退款&纠纷”板块，然后找到状态为“买家已提起纠纷，等待您确认”的纠纷，点击查看，如图5-16所示。

5

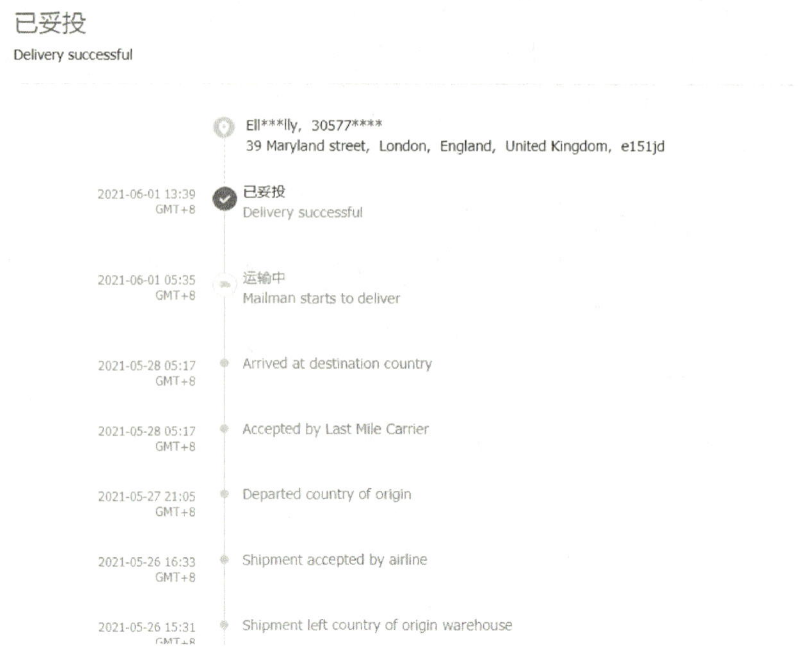

图 5-15　查看详细物流信息

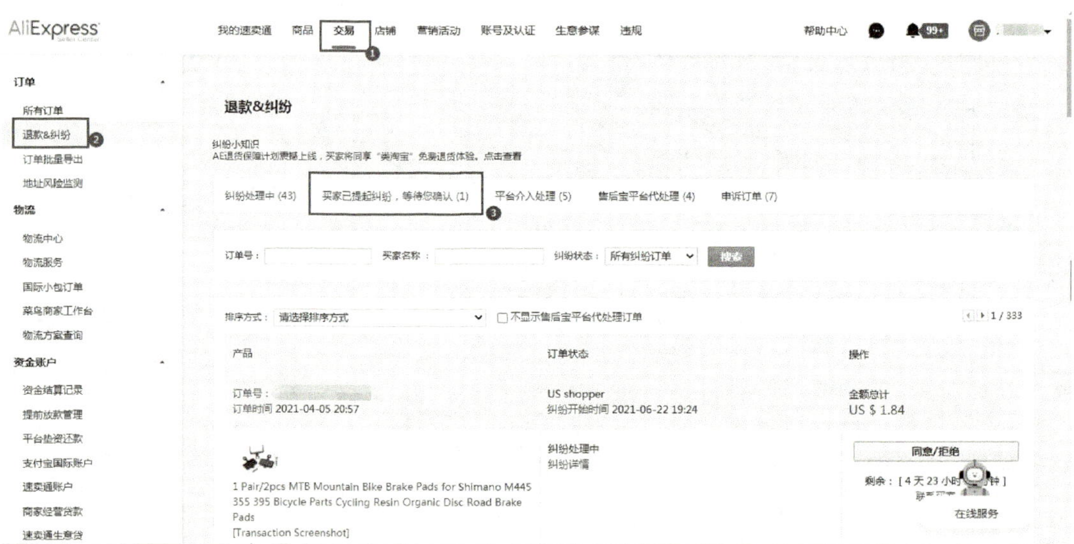

图 5-16　在“退款&纠纷”板块查看纠纷订单

步骤2：拒绝买家纠纷，并提出新的解决方案。

因为买家发起纠纷的原因是海关扣关，但是物流信息显示包裹已经妥投，所以买家发起纠纷的原因与物流实际情况不相符，这种情况下，需要先拒绝买家发起的纠纷，然后确认买家发起纠纷的真实原因，帮助买家解决问题，如图 5-17 所示。

步骤3：给买家站内信留言，确认发起纠纷真实原因并安抚买家情绪。

通过站内信给买家留言，给买家发送物流信息截图，让买家确认是否收到产品。建议买家尝试联系当地的物流配送服务商，确认包裹状态。同时，告知买家如果有任何问题可以随时联系，安抚买家情绪，如图 5-18 所示。

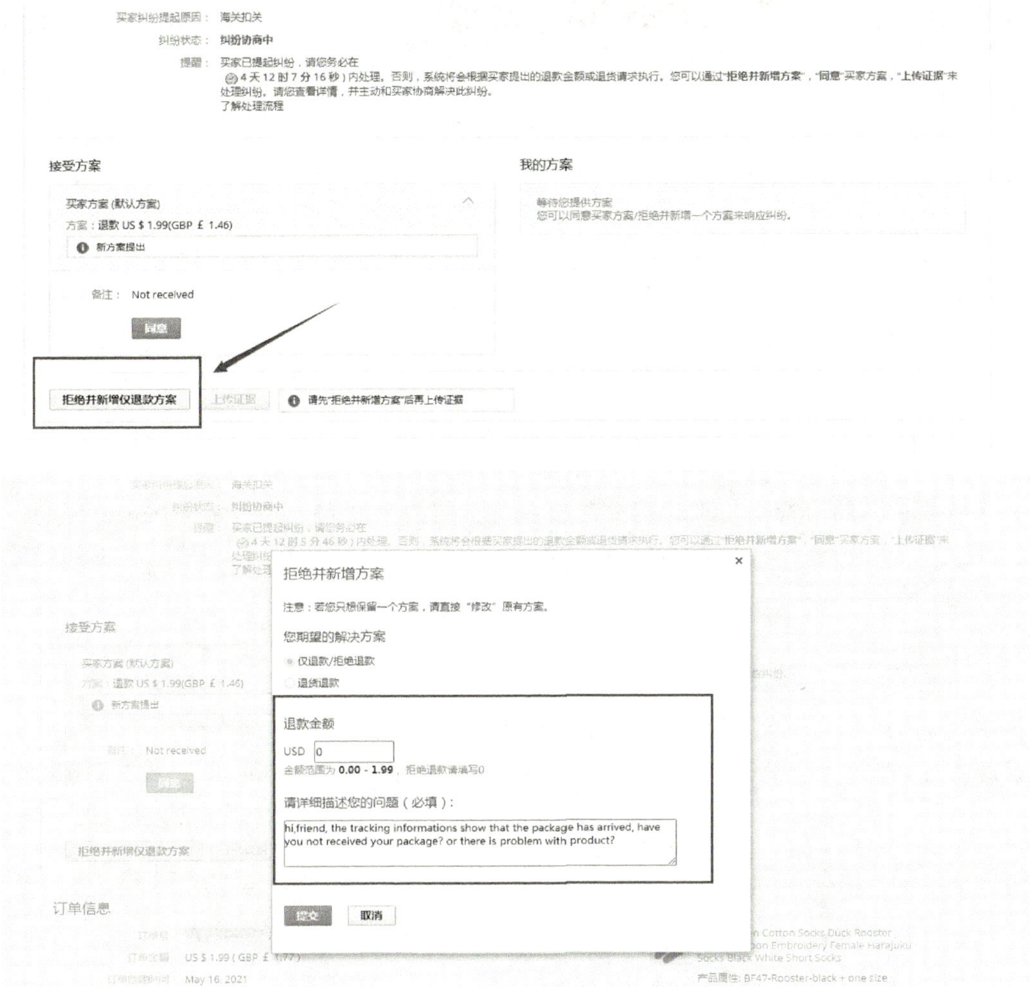

图 5-17　拒绝买家纠纷

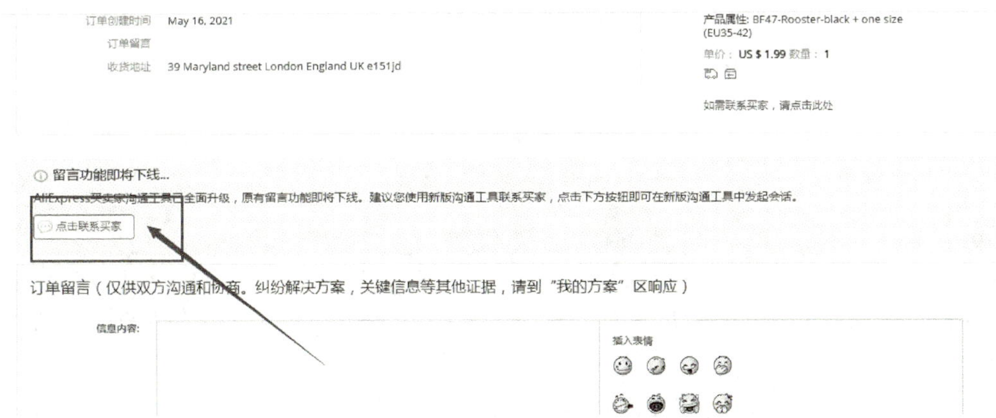

图 5-18　给买家站内信留言

操作思考

1. 如果买家发起纠纷后，卖家未在5天内响应，会发生什么？
2. 拒绝买家纠纷方案后是否还能与买家达成一致？

工作子任务二　查看并回复PayPal纠纷

业务背景

PayPal纠纷/拒付是买家使用PayPal方式支付订单之后，后续因产品、物流、服务等方面的问题，在PayPal侧发起的纠纷或拒付。因为纠纷/拒付发生在PayPal侧，所以无法直接在速卖通平台处理，需要进入平台查看拒付通知，按照通知指引进行举证和处理。

某服装服饰店铺，运营人员收到平台的拒付通知，说有买家在PayPal提出了纠纷，需要及时处理。请帮助运营人员确认买家发起PayPal纠纷的原因，并帮助运营人员积极响应PayPal纠纷。

操作分析

该任务要求帮助运营人员确认买家发起PayPal纠纷的原因，并且响应PayPal纠纷。首先需要通过平台的拒付通知找到发起PayPal纠纷的订单，确认纠纷原因，然后根据纠纷原因提交相关证据。

操作示范

步骤1：找到查看平台发送的拒付通知入口。

在速卖通后台，找到平台通知的图标，点击进入，找到“拒付通知”，如图5-19所示。

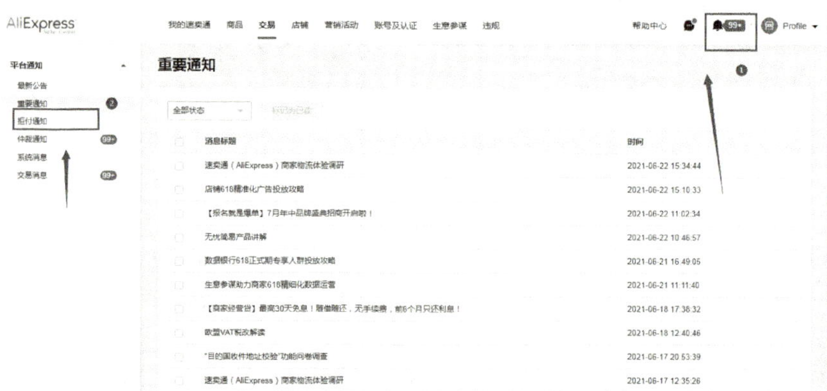

图 5-19　找到拒付通知

步骤2：进入拒付通知页面，查看有关买家发起PayPal纠纷的信息。

在该页面可以查看到PayPal纠纷的判决结果、拒付通知、买家发起PayPal纠纷导致订单被冻结的信息等。需要帮助运营人员查看因买家在PayPal发起纠纷而被冻结的订单的详细情况，如图5-20所示。

步骤3：点击通知，查看买家发起PayPal纠纷的具体原因。

点击通知可以进入详情页面，在该页面可以查看买家发起纠纷的具体原因是未授权交易，订单金额USD1.9，如图5-21所示。因为买家发起纠纷的原因是未授权交易，针对未授权交易类型的PayPal纠纷，卖家可以提供的证据有服务交付记录（包含服务内容、交付时间、用户信息等）、交易凭证/订单明细（交易ID、用户姓名等），所以可以提供订单页面的交易记录。

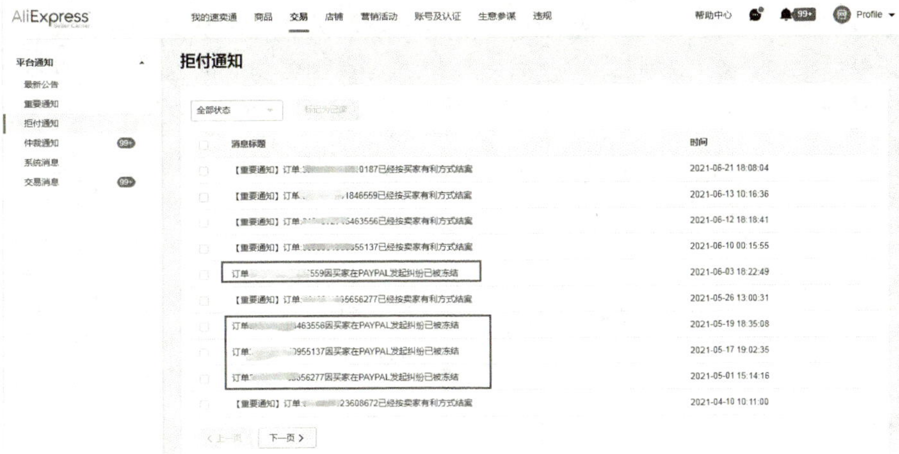

图 5-20　查看被冻结订单的详情

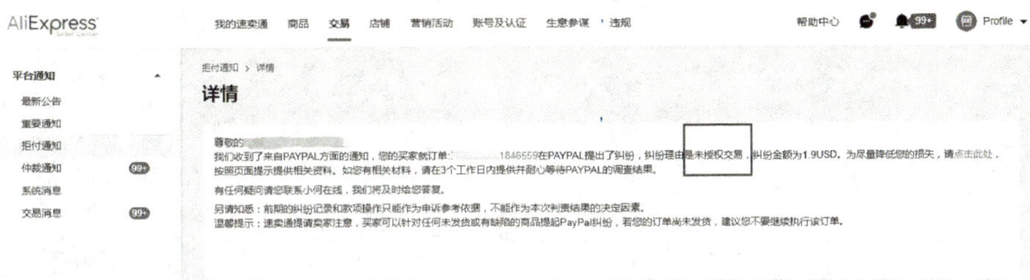

图 5-21　查看纠纷原因

步骤4：根据纠纷原因搜集证据，及时回复PayPal纠纷。

为了减少买家单方面举证获得退款的情况，所有纠纷订单均需要卖家在收到通知后6天内提供举证。因为买家发起纠纷的原因是未授权交易，可以查看该笔订单的资金情况以及物流状态，如图5-22所示。

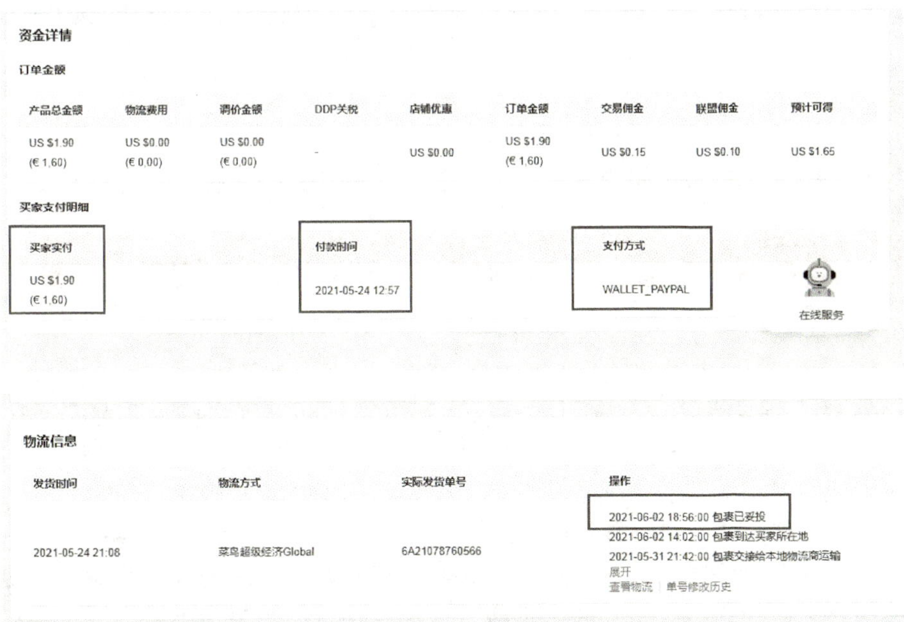

图 5-22　查看该笔订单的资金情况以及物流状态

如该笔订单，买家在2021-5-24支付了订单，并且卖家已经发货，且物流显示2021-6-2包裹已经妥投，说明买家已经收到了产品。搜集到对自己有利的证据后，可以点击通知中的“点击此处”按钮，对PayPal纠纷进行响应及提交相关证据，如图5-23和图5-24所示。

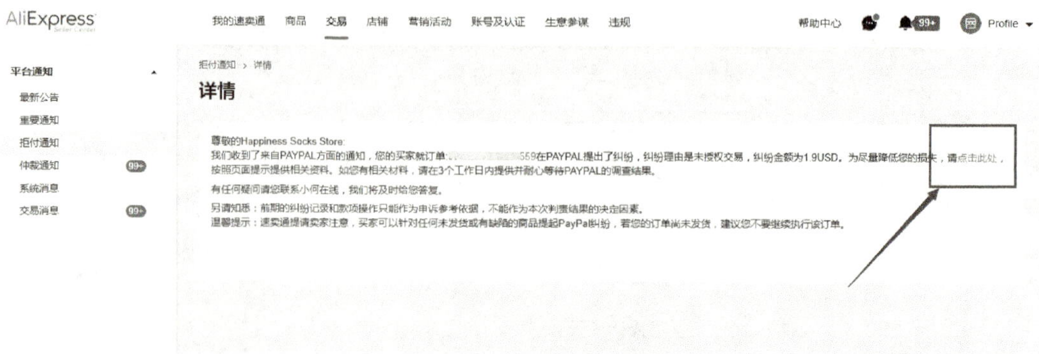

图 5-23　响应 PayPal 纠纷

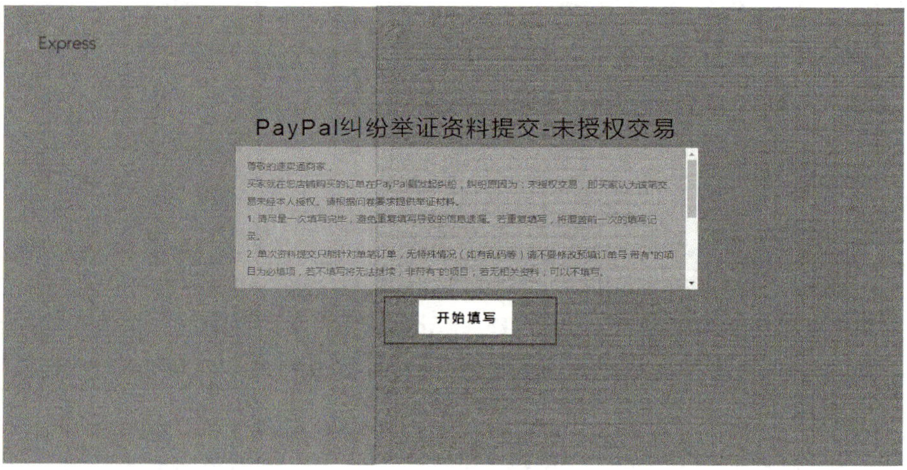

图 5-24　提交相关证据

操作思考

是否只要买家发起PayPal纠纷，卖家就没有任何办法赢得纠纷？

工作子任务三　对仲裁结果不满意，提交申诉，查看申诉结果

业务背景

目前，处理速卖通纠纷有系统的规则，在纠纷处理的过程中，买卖双方无法达成一致时，平台会介入处理，但是对于平台的处理结果，可能不能让买卖双方都满意，所以可能会出现卖家对仲裁结果不满意的情况，这种情况下，卖家为了维护自身权益，有权利对仲裁结果提交申诉，让仲裁团队重新审核该问题。

速卖通某运动及娱乐店铺，近期有一个纠纷，买家发起纠纷的原因是型号与描述不符，平台介入处理之后，判责型号与描述不符纠纷成立，由卖家出资，因为在聊天记录中已经与买家达成了部分退款的协议，所以运营人员对全额退款的处理结果不满意，现在想要对仲裁

结果提出申诉，请帮助运营人员解决该问题。

操作分析

该任务中，卖家对平台处理结果不满意，这种情况下，在平台判责后的7天内，卖家可以提起申诉，让仲裁专员重新审核仲裁并判责。所以要先找到纠纷申诉入口，然后提起申诉。

操作示范

步骤1：找到对应纠纷订单。

从任务中，可以了解到该纠纷已经结束，卖家对处理结果不满意。所以进入速卖通后台的交易页面，可以看到“退款&纠纷”，点击“退款&纠纷”进入后，可以按纠纷状态进行筛选。因为纠纷已经结束，所以“纠纷状态”选择“纠纷已结束”，然后进行搜索，找到该笔订单，如图 5-25 所示。

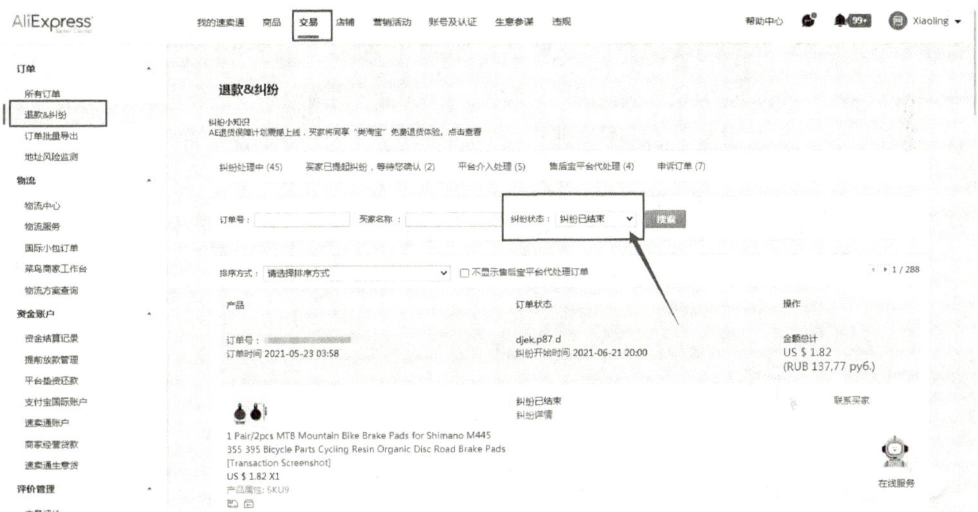

图 5-25　找到对应纠纷订单

步骤2：点击“纠纷详情”，进入纠纷页面查看详细情况。

进入纠纷详情页面后，可以查看到平台判定的问题及仲裁的具体解决方案，如图 5-26 和图 5-27 所示。

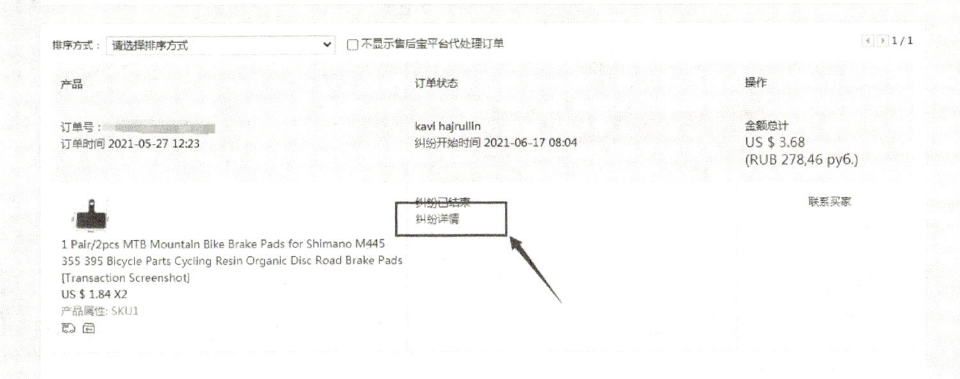

图 5-26　点击“纠纷详情”

5

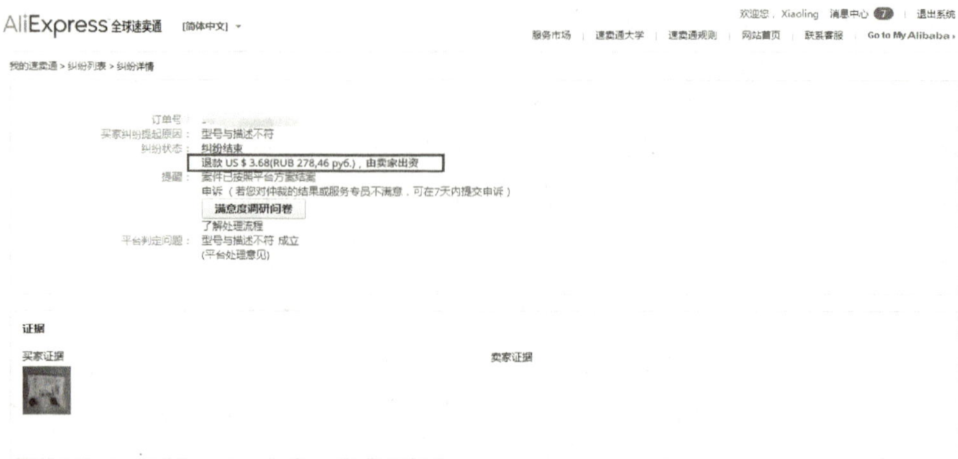

图 5-27　查看平台仲裁结果

步骤3：点击“申诉”按钮，对仲裁结果提起申诉。

因为卖家对处理结果不满意，所以这种情况下可以点击“申诉”按钮，进行申诉。在打开的页面中需要选择是对仲裁结果不满意还是对服务专员不满意。从任务中可以看出，是对仲裁结果不满意，所以选择“对仲裁结果不满”，然后填写描述。需要清晰简要、明确地描述您不满意的原因。而运营人员的不满主要是因为已经与买家达成部分退款一致，平台却判责全额退款，所以不满意。只需要描述该问题，并建议服务专员查看聊天记录即可，如图 5-28 所示。

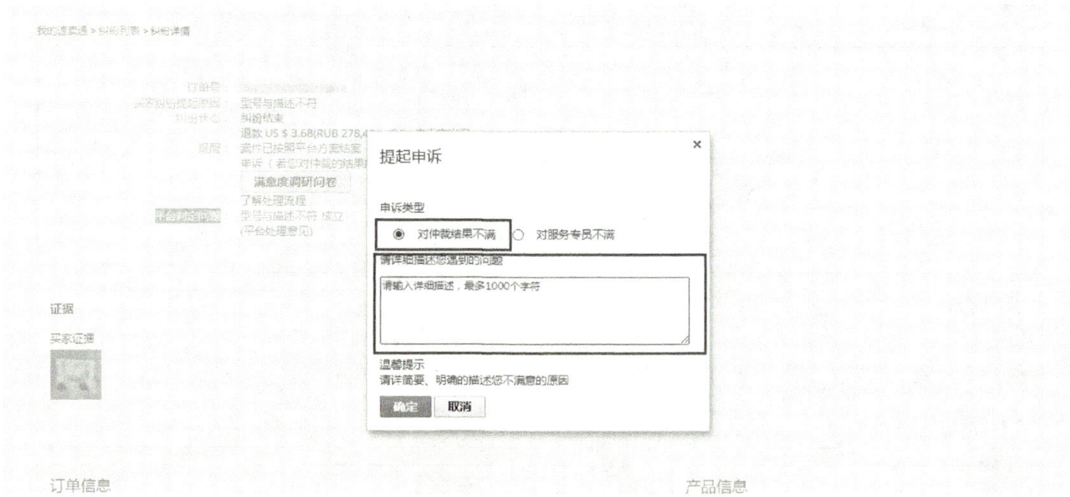

图 5-28　描述申诉详情

工作子任务四　处理退货退款纠纷

业务背景

速卖通平台的纠纷，如果买卖双方在纠纷中达成一致，要退货退款，按照平台退货退款的流程，买家需要在达成一致后的 10 天内，将货物退回，并且填写退货运单号，否则系统将结束纠纷，付款给卖家。

速卖通某女装店铺，交付了一件货值较高的连衣裙，虽然连衣裙质量很好，但是买家觉得产品颜色自己不喜欢，所以发起了纠纷，并且与卖家达成了退货退款一致意见，现在订单等待买家退货。但是买家联系运营人员，表示如果可以不退货，卖家补偿部分退款，会给订单留好评，并且自己INS上有8000多个粉丝，可帮助在INS上推广卖家的连衣裙，请求卖家帮助解决。运营人员第一次遇到退货退款纠纷，虽然运营人员能够接受买家的方案，但不太清楚该如何帮助买家取消退货，请帮助运营人员解决该问题。

操作分析

该任务中，我们可以看到目前纠纷的状态是达成退货退款一致意见，等待买家退货，这种情况下，买家请求帮助，表示不想退货，只想要部分退款补偿。如果买家不能或者不想退货，只有卖家帮助点击纠纷页面“放弃退货”按钮，之后买家才可以不用退货。

操作示范

步骤1：找到退货退款订单。

进入速卖通后台交易页面，找到“退款&纠纷”板块。进入该页面查找等待买家退货的订单，如图5-29所示。

图5-29　找到退货退款订单

步骤2：查看退货退款状态，确认解决方案。

点击查看纠纷详情，可以查看到目前退货退款的状态，如图5-30所示。

从详情页中可以看到，买家退货剩余时间只有4天20小时左右，所以如果买家不能够在4天20小时内退货并填写退货运单号，那么系统将放款给卖家。

步骤3：确认跟买家达成一致，帮助买家取消退货。

因为买家提出新的方案：补偿部分退款给订单留好评并且帮助在INS上推广产品，并且运营人员对该方案表示认可。所以可以通过站内信联系买家，跟买家确认推广内容，并且跟买家协商，等买家发送推广内容后，帮助取消退货，如图5-31所示。

图 5-30 查看退货退款状态

图 5-31 通过站内信联系买家

取消退货需要在该纠纷页面，点击“放弃退货”按钮。点击“放弃退货”按钮后，买家无须退货，系统退款给买家，纠纷结束，如图 5-32 至图 5-34 所示。

图 5-32 点击“放弃退货”按钮

5

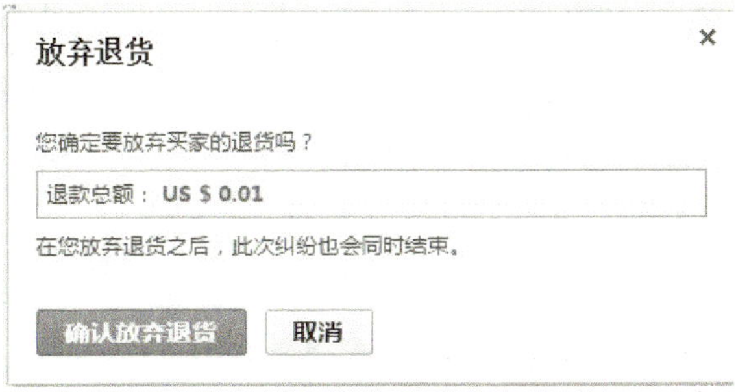

图 5-33　“放弃退货”提示

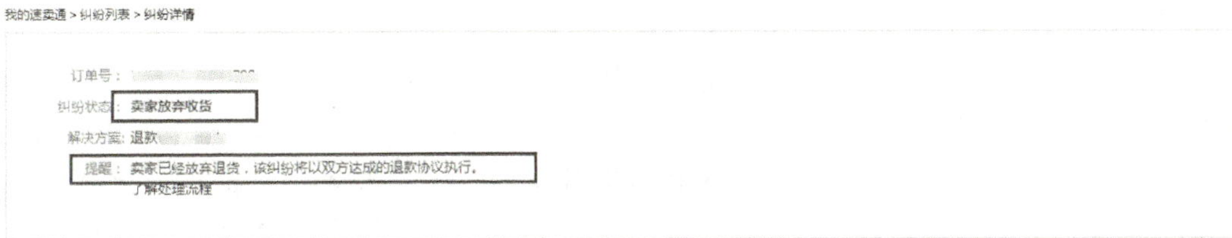

图 5-34　结束纠纷

工作任务三　产品及数据优化

【任务目标】

- 能够根据产品实际情况，制订提升产品排名的方案，优化产品排名。
- 能够结合产品需求，优化产品标题、主图、详情页等。
- 能够通过观察产品数据，发现产品问题。

【思维导图】

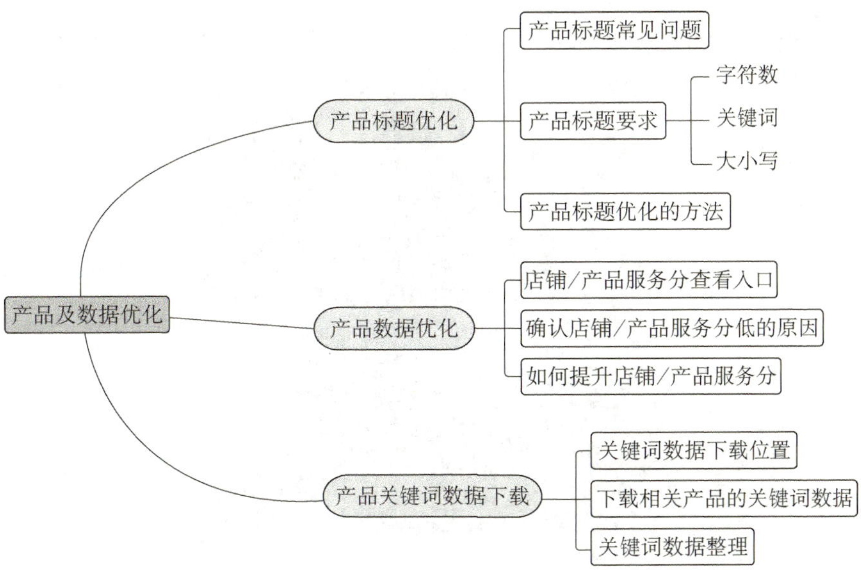

【知识回顾（回答问题）】

1. 影响速卖通产品排名的因素有哪些？
2. 提升产品排名的方法有哪些？
3. 标题优化技巧有哪些？
4. 产品的重要数据有哪些？如何优化这些数据？

工作子任务一　完成产品标题优化

业务背景

标题的重要性不言而喻，买家都是通过搜索关键词来搜索产品的，标题关键词尤为重要。

速卖通某女装店铺的店长发现，店铺的产品上架之后，曝光率比较低，而且使用了一系列推广手段之后，产品的订单量也没有明显提升，经过分析发现，产品的标题存在很大问题，所以要求运营人员对图 5-35 和图 5-36 所示产品的标题进行问题分析。

图 5-35　产品 1

标题 1：Summer New Style Printed Pleated Dress High-Waisted Loose Dress Multiple Colors

图 5-36　产品 2

标题 2：JAPANESE COLLEGE HIGH-WAIST DRESS SHOW THIN BLACK DRESS FAIRY DRESS PARTY LOLITA DRESS LOLITA DOLL

操作分析

本任务要求根据标题拟定的要求和重点，对产品标题存在的问题进行分析，因此，我们需要了解产品标题拟定的要求，包括字符限制、字母大小写、关键词、属性等方面，要全面分析产品标题。产品的标题，不仅能够传递产品信息，让买家可以初步了解产品信息，引导买家点击产品；而且当买家用关键词搜索产品时，标题里面的精准词不仅能够让买家搜索到卖家的产品，还可以提高买家的下单转化率。同时，在我们后期推广产品的过程中，产品标题的相关性可以帮助我们更好地推广产品，所以，标题对于一个产品至关重要。我们在拟定产品标题的时候，要注意产品标题拟定的要求和重点。

操作示范

分析产品标题存在的问题的操作步骤和关键节点如下。

步骤 1：观察产品标题的字数。

速卖通的标题由 128 个字符组成，建议充分利用这 128 个字符；同时，要注意买家在搜索产品时，由于信息折叠，买家的搜索结果页面仅能展示部分标题，所以标题前部分字符一定要仔细斟酌。

标题 1 只有 79 个字符，标题 2 只有 98 个字符，所以两个标题字符数都过少，还有好多与产品相关的且有搜索人气的关键词没有出现。

步骤 2：观察产品标题单词大小写。

有的卖家在写标题时会通篇使用小写字母，让人读了找不到重点，也看不出句子、段落的分割；而有的卖家，又会在标题中全部使用大写字母，其实很多以英语为母语的人，读通篇都是大写字母的文字也是很吃力的，更别谈跨境电商客户群本身大部分是非英语母语国家的人了。建议标题中，每个单词的第一个字母大写，其他字母小写，产品描述中，除了要重点强调的字词外，每句话只在第一个单词的首字母大写。

标题 1 单词首字母大写，看起来清晰明了；而标题 2 所有字母都大写，看起来不够美观，而且可读性差。

步骤 3：观察标题里面的关键词词频。

标题里面的关键词要做到不堆砌。标题关键词堆砌不仅不能帮助提高产品排名，反而有可能会被平台查处而导致降权处分。而且标题中牢记要防止虚假描绘，一是速卖通平台有算法能够监测此类的做弊产品；二是虚假的描绘也会影响产品的转化状况，导致纠纷，因小失大。

步骤 4：观察标题描述是否符合产品。

写标题时切记不要虚假描述，一方面是因为虚假描述会导致产品标题与产品不相符，从而影响产品转化率；另一方面是因为虚假描述会导致纠纷问题增加，而且可能会导致产品被处罚。

步骤 5：观察标题的语法。

切记不要直接复制他人产品标题，也不要直接将产品标题从中文翻译成英语。

根据步骤 1 至步骤 5 完成表 5-1。

表 5-1　标题问题分析

标题	存在问题
1	标题1只有79个字符，标题字符过少，不利于覆盖关键词搜索流量；一些与产品相关且有搜索人气的关键词没有出现，如形容材质的Polyester等；而且标题没有突出产品特点及属性，不能让买家充分了解产品；标题中的loose含有宽松的意思，但是从图片可以看出，裙子是修身款式的，所以产品描述与实际不相符
2	标题2只有98个字符，标题字符过少，不利于覆盖关键词搜索流量；dress这个单词出现了4次，有关键词堆砌的嫌疑，且词频过高不利于提高搜索流量；整个标题全部大写，不美观，且可读性较差

操作思考

通过以上操作，完成了产品标题优化，请在此基础上思考并回答以下问题：

产品的标题可以只用热搜词堆砌出来吗？

工作子任务二　查看店铺/商品服务分，提升店铺/商品服务分

业务背景

速卖通某女装店铺，近几个月来，店铺某款产品流量一直没有提升，产品的排名也在下降，主管要求运营人员确认产品排名下降的原因。运营人员排查了其他影响产品排名的原因，如商品的信息描述质量、商品与买家搜索需求的相关性、商品转化能力等，均未发现较大的问题，这时运营人员想到一个可能的原因：商品服务分。查看之后，运营人员发现商品的服务分从95分降到了84.03分。请帮助运营人员确认商品服务分下降的主要原因，并提出优化建议。

操作分析

商品服务分是平台评估卖家商品品质和服务的一个重要指标，且越来越重要。商品服务分由成交不卖率（10分）、未收到货物纠纷提起率（15分）、货不对版纠纷提起率（15分）、DSR商品描述（30分）、DSR卖家服务（15分）及DSR物流（15分）组成。而商品的服务分低，不利于商品曝光，会导致商品销量下滑、排名下降。所以在该任务中，我们需要帮助运营人员找到查看商品服务分的位置，并且确认造成商品服务分下降的主要原因，最后提出优化建议。

操作示范

步骤1：找到查看商品服务分的位置。

进入速卖通后台，可以看到导航栏中的“店铺”，点击进入“店铺”板块，可以查看到“店铺表现”，点击“店铺表现”下的“商品服务分”可以查看到店铺所有商品的服务分表现。可以通过商品ID搜索，或者自主查询，找到想要查看服务分的商品，如图5-37所示。

步骤2：找到商品，查看商品服务分得分详情。

找到任务中提到的商品，点击商品右侧的“查看得分详情”，进入查看更详细的商品服务得分情况，如图5-38和图5-39所示。

步骤3：确认商品服务得分低的主要原因。

查看之后可以发现，评分较低的是货不对版纠纷提起率、DSR商品描述以及DSR卖家

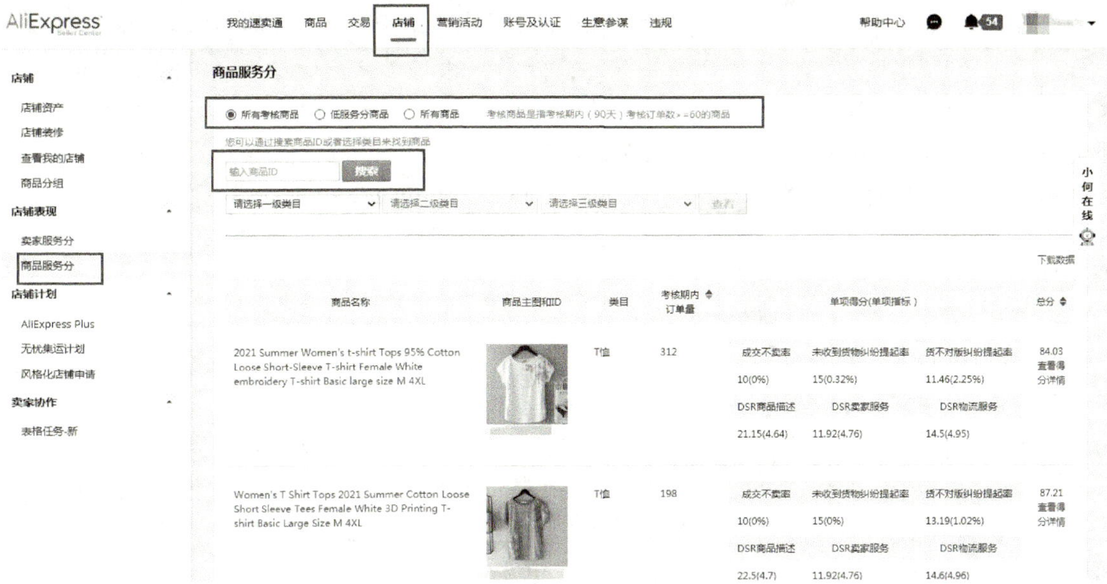

图 5-37　找到查看商品服务分的位置

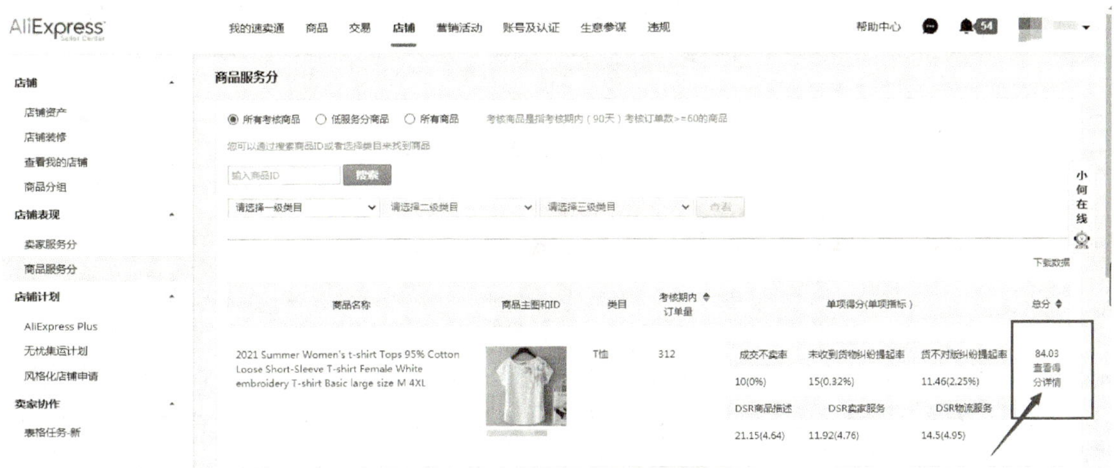

图 5-38　点击“查看得分详情”

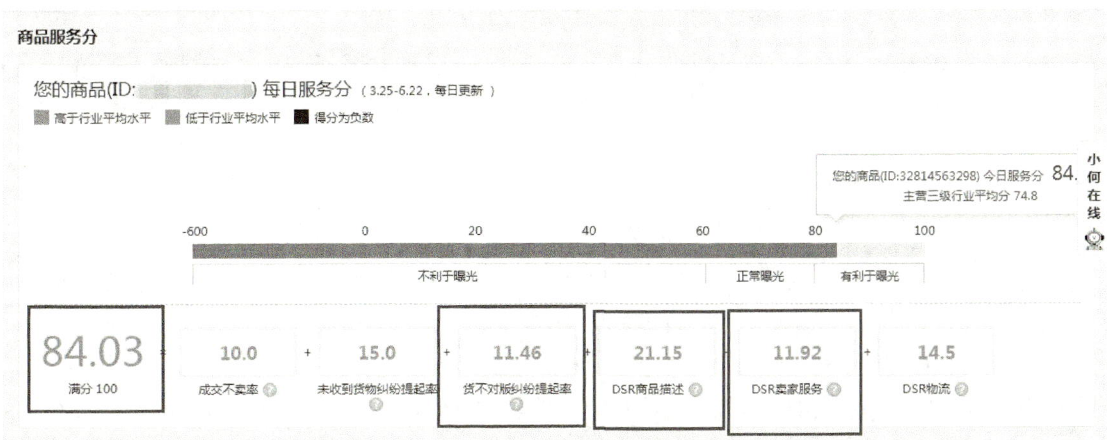

图 5-39　商品服务分详情

服务。货不对版纠纷是买家因对收到的产品不满意提交的纠纷，不满的原因可能是产品质量不符、产品与描述不符等，而DSR商品描述评分是买家对卖家在交易中提供的商品描述的准确性做出的评价，如果提起货不对版纠纷的订单增多，就意味着更多的买家对商品不满意，那货不对版纠纷提起率变高的同时，DSR商品描述评分就会降低；DSR卖家服务评分则是买家对卖家在交易中提供的沟通质量及回应速度（Communication）做出的评价。因为有纠纷存在，买家会觉得这是一次不好的购物体验，加上在纠纷过程中产生的沟通问题，很有可能导致买家给出很低的卖家服务评分。

步骤4：总结问题，提出优化建议。

商品服务分降低的主要原因是货不对版、DSR商品描述以及DSR卖家服务三个方面的评分下降，为了提升商品评分，可以做如下操作。

优化商品描述：商品信息如实描述，不能出现虚假描述的情况，以免误导买家，拉高买家期望；商品描述信息应尽量准确完整，让买家在购买前，对商品有比较全面的认识。

重视发货环节：做好商品描述之后，在发货之前，要对商品的发货环节尤其重视，一方面要在发货前做好质检，避免发送次品、坏品；另一方面要注意商品包装。

加强客户服务：强化客服技能，注重客服态度。一方面要做到及时回复；另一方面要做到主动服务。

操作思考

商品服务分及店铺服务分对商品及店铺的影响有哪些？

工作子任务三　产品关键词数据下载

业务背景

速卖通某女装店铺，运营助理需要上传一款连衣裙，运营人员要求运营助理先下载连衣裙的关键词数据，但是运营助理不知道在哪里下载相关关键词数据。请帮助该运营助理找到下载产品关键词数据的位置，并进行数据下载。

操作分析

该任务要求帮助运营助理下载产品关键词数据，通过任务信息可以发现，产品是连衣裙，所以需要帮助运营助理找到下载产品关键词数据的位置，并下载连衣裙的关键词数据。

操作示范

步骤1：确定下载关键词数据的位置。

产品关键词数据的下载路径：速卖通后台—生意参谋—市场—选词专家，通过该路径可以找到下载产品关键词数据的位置，如图 5-40 所示。

步骤2：设置筛选条件，下载连衣裙关键词数据。

因为任务要求下载连衣裙的关键词数据，所以行业部分设置筛选条件：女装—连衣裙，选择“全部国家”，时间维度设置为“最近 30 天”。设置完条件之后，点击下载关键词数据，如图 5-41 所示。

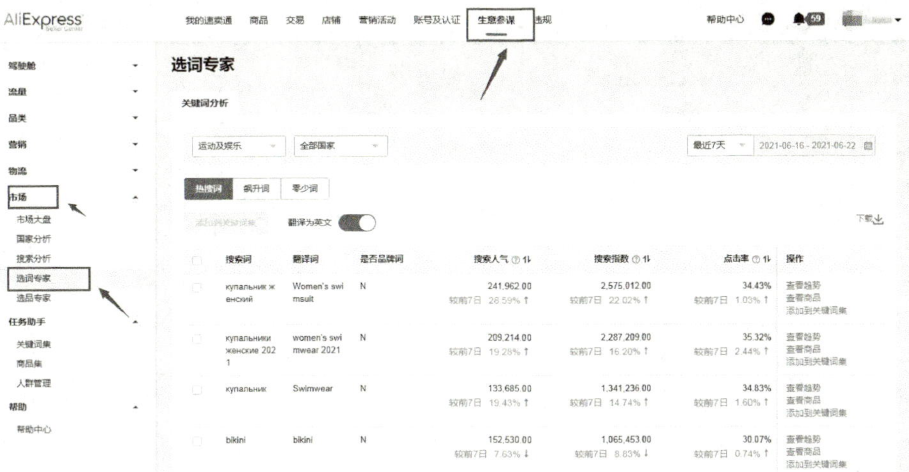

图 5-40　找到下载产品关键词数据的位置

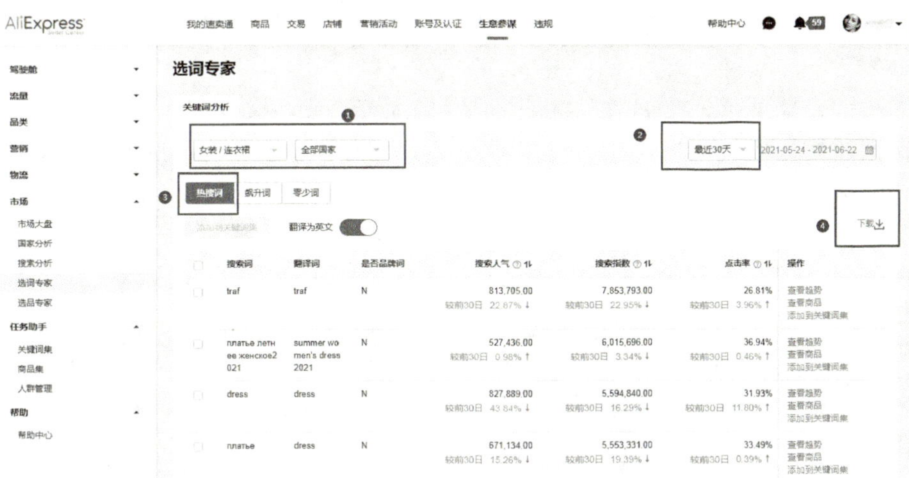

图 5-41　设置筛选条件

步骤3：分析关键词数据，进行筛选。

下载下来的关键词数据较多，所以需要保留有用的数据，剔除不需要的数据，如图5-42所示。

搜索词	翻译词	统计时间	成交订单数	曝光商品数	曝光卖家数	曝光卖家数	Top3热搜	竞争指数	供应度	点击率	是否品牌原	搜索人气	曝光商品数	搜索指数	支付转化率	搜索指数	点击次数
traf	traf	2021-06-	3042	0.19	57378	0	FR,BE,ES	2.6222	9.4	0.2681	N	813705	539415	7853793	0.0016	-0.39	520479
платье ле	summer v	2021-06-	1520	0.38	583433	0	RU,UA,BY	14.8934	3.42	0.3694	N	527436	1994434	6015696	0.001	-0.01	550770
dress	dress	2021-06-	2721	0.06	2501566	0	US,GB,NL	31.7025	2.65	0.3193	N	827889	6634165	5594840	0.002	-0.14	443094
платье	dress	2021-06-	1082	-0.34	524232	0	RU,UA,BY	11.8146	3.83	0.3349	N	671134	2008399	5553331	0.0008	-0.44	461259
платье ле	Summer (	2021-06-	1460	-0.1	494027	0	RU,UA,BY	12.7713	3.44	0.3655	N	523486	1697577	5146796	0.0011	-0.17	467011
robe femi	Dress wo	2021-06-	3392	0.46	625743	0	FR,BE,CH	15.3186	2.86	0.3049	N	459144	1788219	4084174	0.0033	0.03	309880
vestidos	Dresses	2021-06-	1176	-0.06	755575	0	ES,BR,MX	20.1339	2.85	0.2858	N	419568	2149657	3516990	0.0013	-0.01	250492
robe	robe	2021-06-	2087	-0.07	464590	0	FR,BE,CH	12.774	3.06	0.3174	N	437230	1420689	3417076	0.0025	-0.07	270351
zara wom	zara wom	2021-06-	665	1.74	369623	2	FR,RU,ES	8.0695	2.58	0.2915	N	464909	953697	3259603	0.0008	0.48	236966
dresses fc	dresses fc	2021-06-	1750	-0.08	1947361	0	US,GB,CA	46.5035	2.26	0.3006	N	370740	4392624	3061636	0.0023	-0.11	229629
summer c	summer c	2021-06-	2259	-0.01	1559143	0	GB,US,NL	39.4345	2.28	0.3426	N	353247	3550842	2825280	0.0032	-0.15	241724
Платья	Dresses	2021-06-	352	-0.14	235961	0	RU,UA,BY	19.0907	4.75	0.3217	N	229346	1120835	2686572	0.0005	-0.42	215899
vestido d	Dress wo	2021-06-	1551	-0.18	661357	0	ES,MX,CL	25.0924	2.79	0.3042	N	287919	1845295	2666186	0.0023	-0.15	202618
robe femi	Women's	2021-06-	2234	0.61	433438	0	FR,BE,CH	19.3041	2.84	0.2871	N	249191	1230421	2460596	0.0036	1.11	176662
vestidos r	dresses w	2021-06-	1617	0.63	289914	0	ES,BR,MX	14.2549	3.02	0.3209	N	240435	876973	2234156	0.0029	1.21	179474
robes	Dresses	2021-06-	1058	-0.05	365363	0	FR,BE,CH	19.7129	3.37	0.2994	N	244157	1231345	2232627	0.0019	-0.16	167334
robe long	Long dre:	2021-06-	1880	0.45	274145	0	FR,BE,CH	10.7083	2.94	0.3411	N	294527	805382	2223306	0.0034	0.19	189838
vestidos (	casual wo	2021-06-	1180	-0.05	656454	0	ES,MX,BR	27.6638	2.55	0.2949	N	236215	1672333	2151776	0.0022	-0.12	158875
vestidos (	Party dre:	2021-06-	309	-0.01	588748	0	ES,MX,BR	28.4343	2.44	0.2909	N	196731	1434169	1958784	0.0006	0.38	142787
купальни	women's	2021-06-	926	-0.31	47103	0	RU,UA,BY	0.7309	1.68	0.28	N	424692	78985	1861610	0.002	-0.3	130726
сарафань	Women's	2021-06-	414	0.03	291445	0	RU,UA,BY	21.0355	2.96	0.3379	N	159538	862184	1743001	0.0009	-0.07	147770
maxi dres	maxi dres	2021-06-	852	0.36	1301886	0	US,GB,NL	44.6453	2.12	0.3377	N	242002	2764346	1691111	0.002	0.39	143324
y2k	y2k	2021-06-	564	-0.01	100225	0	US,GB,FR	2.6666	2.13	0.2693	N	313719	213493	1673422	0.0013	-0.12	113115
vestido	Dress	2021-06-	463	0.04	498585	0	BR,ES,MX	25.5724	2.7	0.2963	N	205722	1348178	1653430	0.0011	0.42	122976
bodycon	bodycon	2021-06-	924	-0.04	980554	0	US,GB,CA	36.1622	2.19	0.3599	N	231906	2146588	1437261	0.0026	-0.09	130041
midi dres	midi dres	2021-06-	456	0.34	1264234	0	GB,US,IT	49.7771	2.13	0.3141	N	211493	2697121	1431412	[illegible]	[illegible]	[illegible]
kpytomo	kpytomo	2021-06-	483	0.82	13884	0	FR,BE,ES	4.2501	12.32	0.3155	N	156633	171059	1325106	[illegible]	[illegible]	[illegible]

图 5-42　下载的关键词数据

首先需要剔除表格中的品牌词。在表格的标题行中插入筛选，在“是否品牌原词”列进行筛选，将其中“Y”的词全部剔除，如图 5-43 所示。

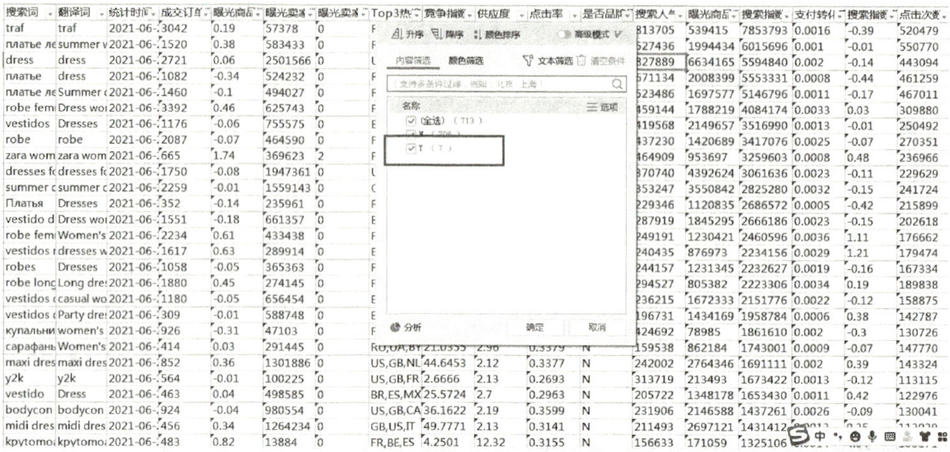

图 5-43　剔除表格中的品牌词

下载的关键词要用于标题编写，标题需要的是曝光，所以将表格中其他数据隐藏，只需要观察关键词的搜索人气数据，然后按搜索人气从高到低降序排列，找出其中搜索人气高且与产品符合的关键词使用，如图 5-44 所示。

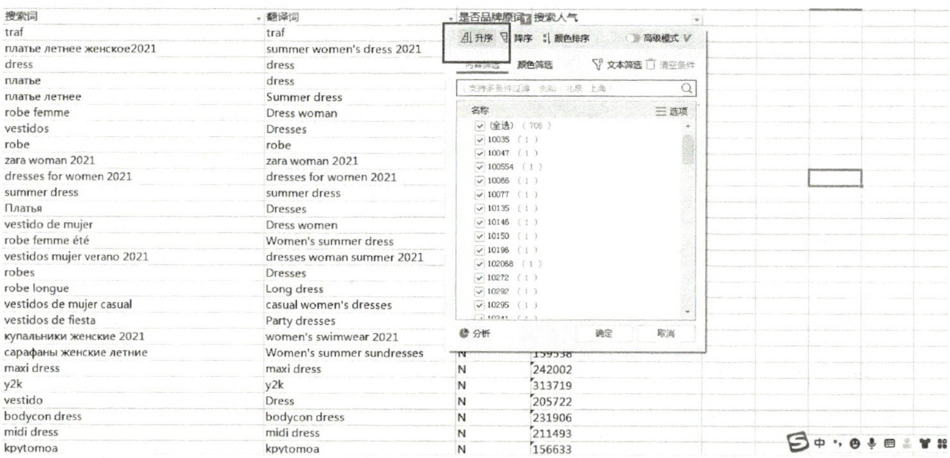

图 5-44　按搜索人气降序排列数据

要注意，一些搜索人气高，转化率也高，但是与产品相关性不高的关键词，建议先在百度上搜索相关关键词的含义，因为可能也是品牌词，只不过速卖通平台还没有收录，所以未识别到。

职业技能训练

技能训练任务 1：

速卖通某店铺经营孕婴童类目，主要销售儿童玩具，现在店铺的运营人员，想要上传一款儿童积木玩具，产品信息如图 5-45 所示。

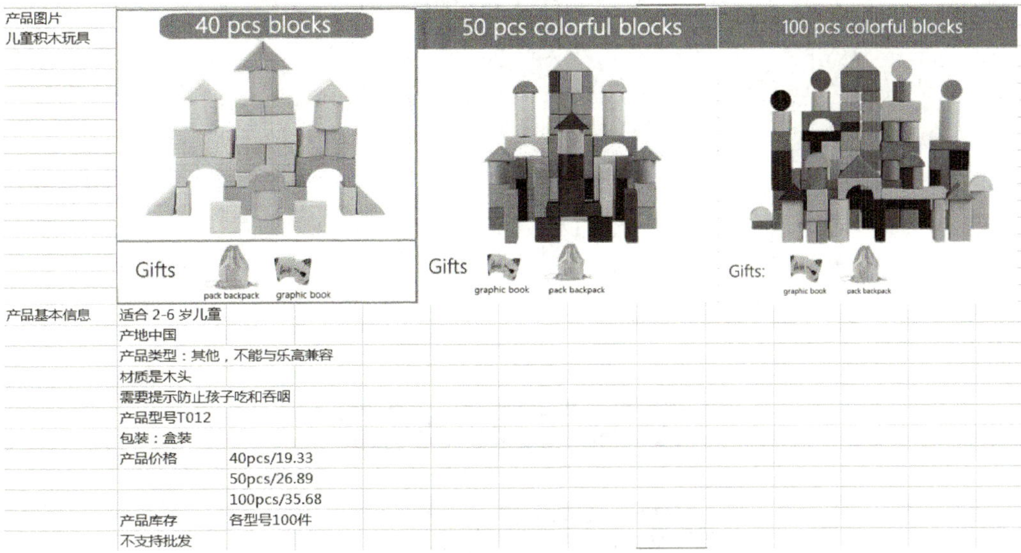

图 5-45　产品信息

请帮助运营人员，完成上架产品类目的选择、产品基本信息填写及价格与库存信息的填写，并且保存修改。

技能训练任务 2：

在店铺运营过程中，我们不仅要提升店铺的销量，还要关注店铺的健康发展。一个健康的店铺，要有一定数量的店铺产品，要做到定期上架新品，还要能够合理布局店铺产品结构。

速卖通某孕婴童店铺，主要经营儿童玩具，近期运营人员准备上架 10 款积木玩具，但是积木有不同的材质，如木头、塑料等。运营人员不确定上架什么材质的积木玩具更好。请帮助运营人员确定积木玩具的热销材质，以及适合不同材质的积木玩具应该上架的数量。

技能训练任务 3：

产品定价是产品运营过程中，非常重要的环节。合理的产品定价不仅能够避免在运营过程中出现损失，还能够吸引买家下单。速卖通常用的定价方法有成本定价法、竞争定价法、营销活动定价法，还有可以灵活搭配使用的区域定价法。

速卖通上某儿童玩具店铺，想要上架一款积木玩具，其他产品信息已经搜集完毕，产品定价也已经设置好，原计划主流国家全部包邮，但是运营人员发现，作为店铺的主流市场的西班牙无法包邮，因为西班牙的运费高很多。具体信息如图 5-46 所示。

积木玩具	包邮运费	重量	西班牙运费	汇率
	28元	0.35kg	51.83/KG，挂号费19.8	6.4

图 5-46　西班牙运费具体信息

运营人员计划通过区域定价法，设置西班牙国家包邮，请帮助运营人员完成产品西班牙区域定价。

技能训练任务 4：

珠宝、手表、服装、家居、假发、玩具、灯具、母婴等行业的店铺已经开通售后宝纠纷，如果买家发起纠纷时选择“货不对版”类纠纷理由，直接由平台介入核实处理，无须卖

5

家自行处理（假货、短装等纠纷仍需卖家配合举证）。

速卖通某玩具店铺，运营人员查看到有待处理的订单，但是进入纠纷处理页面之后，没有找到等待卖家确认的纠纷订单，运营人员猜测是纠纷订单进入了售后宝纠纷流程。请帮助运营人员确认原因，并查看纠纷具体情况。

技能训练任务 5：

产品标题的重要性不言而喻，买家都是通过搜索关键词来搜索产品的，标题关键词就显得尤为重要。速卖通某运动及娱乐店铺的运营店长发现，店铺的产品上架之后，曝光量比较低，点击率低，使用营销手段推广之后，产品没有多大起色，经过分析之后发现产品的标题存在问题，请你帮助店铺运营人员指出以下两个标题存在哪些问题。

产品 1：如图 5-47 所示。

图 5-47　产品 1

标题 1：Polarized Sports UV400 Lightweight Safety Men Fishing Driving Sunglasses Goggles Male Fishing Glasses

产品 2：如图 5-48 所示。

图 5-48　产品 2

标题 2：New York Jets Game Jersey - Stealth Black Any Name Any Number

技能训练任务 6：

速卖通某玩具店铺，店铺服务分一直很低，勉强及格，如图 5-49 所示，从而导致店铺及产品曝光量不高。运营人员想提高店铺服务分，请帮助运营人员确认店铺服务分低的主要原因，并提出优化建议。

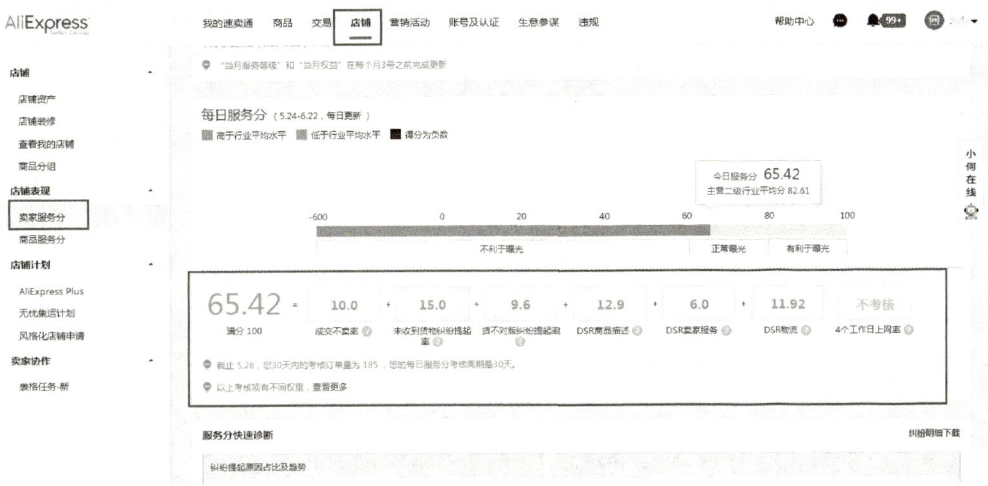

图 5-49　店铺服务分

工作领域六　设置站内营销平台活动（速卖通）

工作任务一　设置速卖通平台活动

【任务目标】

1. 能够在速卖通平台营销活动模块进行平台促销活动的设置。
2. 能够在速卖通平台营销活动模块进行频道活动的设置。

【思维导图】

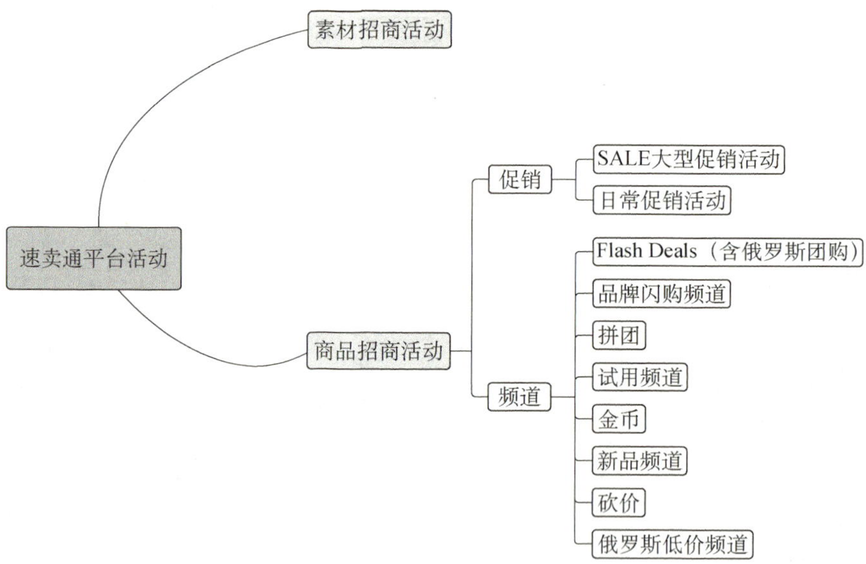

【知识回顾（回答问题）】

1. 思考线上线下营销活动的区别是什么。
2. 全球速卖通平台营销活动最低价规则如何理解？

工作子任务一　设置平台促销活动

业务背景

小王是一家跨境电商企业的运营专员，他们公司主要经营的产品是T恤衫，目前主要通过速卖通平台进行海外销售。

为了提升公司T恤衫产品的海外销量，通过参加速卖通平台营销活动可以获取更多流量和精准客户，速卖通平台的海外影响力肯定大于一个跨境店铺，所以小王目前准备参加平台活动，那么能够正确报名参加平台活动是他们要面临的工作任务。

操作分析

首先，我们来分析一下小王在速卖通平台参加营销活动的目的：第一，通过大规模平台促销活动突出品牌特色，提升品牌知名度；第二，通过平台促销活动大规模吸引客户流量。那么，小王的店铺能否参加平台营销活动、适合参加哪种活动、如何进行合理设置而保证自己不亏损又能盈利是下面我们需要探讨的问题。

操作示范

报名参加平台活动步骤如下。

步骤1：在“营销活动”→“平台活动”中选择平台活动类型进行报名，商品招商活动类型选择“促销”，在促销类型中选择“SALE 大型促销活动”，通过“可报名”进行筛选，如果有“大型促销活动”列出，可以选择性参加；如果没有，则可以选择“日常促销活动”，看有哪些日常促销活动可以参加，如图6-1所示。

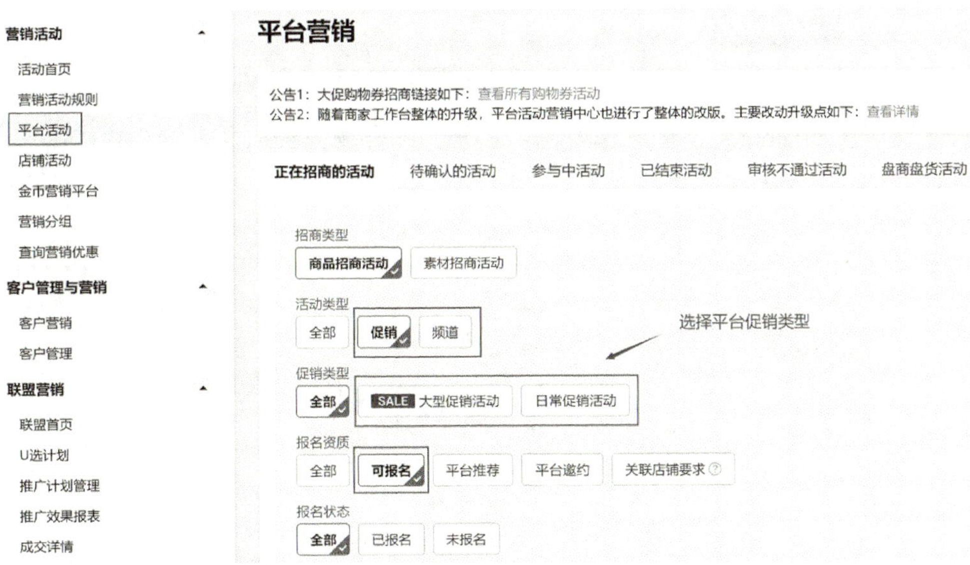

图6-1　速卖通平台活动设置

步骤2：选择适合自己店铺经营品类，并想要参加的活动，点击“立即报名”按钮。进入报名页面，先阅读活动介绍与招商规则，了解活动招商时间和展示时间，了解活动规则，如图6-2至图6-4所示。

图 6-2　速卖通平台活动可报名的活动列表

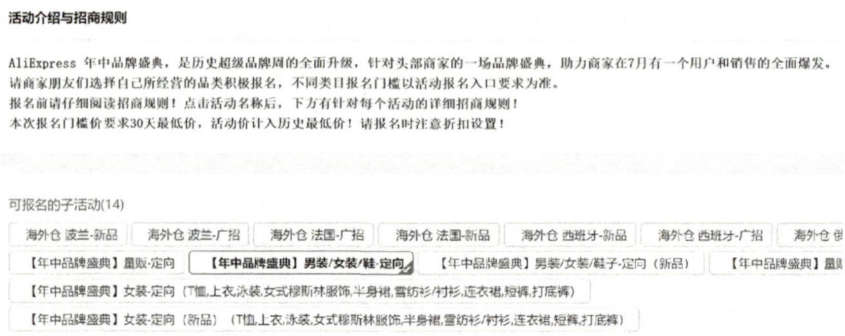

图 6-3　速卖通平台活动设置规则

图 6-4　了解活动招商时间和展示时间

查看当前店铺是否符合活动资质要求，店铺资质和商品资质是否符合要求，通过图 6-5 至图 6-7 所示页面查看，如果都符合要求，即可点击“立即报名”按钮进入报名页面。

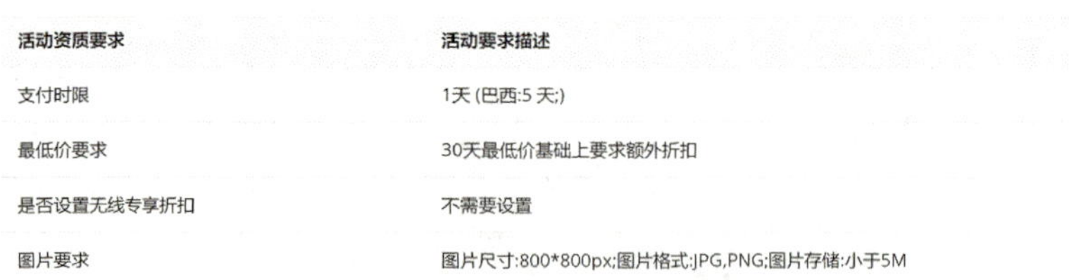

图 6-5　速卖通平台活动资质要求

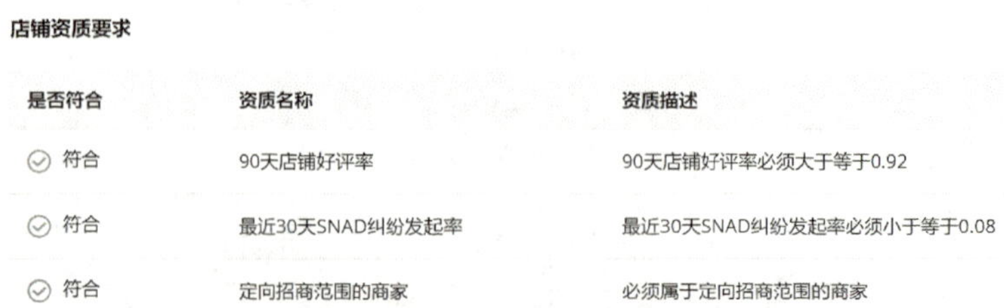

图 6-6　速卖通平台活动店铺资质要求

商品资质要求

资质名称	商品资质要求
近90天DSR商品描述分	近90天DSR商品描述分必须大于等于4.5
近30天销量（全球）	近30天销量（全球）必须大于等于1
5天上网率	5天上网率必须大于0.8
包邮区域	包邮区域必须属于英国|俄罗斯|西班牙|波兰|法国
二级发布类目	二级发布类目必须属于男装>衬衫|男装>棉服|男装>西服|男装>男士套装|男装>牛仔裤|男装>卫衣帽衫|男装>上衣，T恤|男装>外套/大衣|男装>短裤(外穿)|男装>毛衣（新）|男装>男式穆斯林服饰|男装>长裤（新）|男装>羽绒服/羽绒背心|女装>棉服|女装>休闲西装/正装西服|女装>假皮草及混合皮草|女装>假皮衣及混合皮衣|女装>女士套装|女装>连体裤|女装>牛仔裤|女装>长裤/九分七分五分裤|女装>毛衣|女装>卫衣帽衫|女装>外套/大衣|女装>女士套装|女装>真皮草|女装>大码女装|女装>真皮皮衣|女装>毛衣 女装>连体裤&连体短裤|女装>羽绒服/羽绒背心
一级发布类目	一级发布类目必须属于鞋子

图 6-7　速卖通平台活动商品资质要求

步骤 3：添加要报名活动的商品，设置活动基本信息（含折扣率、库存等），之后提交活动。确定活动协议后，进入选择商品与设置折扣页面，如图 6-8 至图 6-10 所示。

图 6-8　添加准备参与活动的商品

图 6-9　选择参加活动的商品

图 6-10　设置活动基本信息

操作思考

1. 在平台活动设置中，你认为哪些环节非常重要？
2. 在设置折扣率时，我们要同时考虑哪些问题？

工作子任务二　设置频道活动

业务背景

小王是一家跨境电商企业的运营专员，他们公司主要经营的产品是T恤衫，目前主要通过速卖通平台进行海外销售。小王想为新店铺快速打开海外市场销路，像俄罗斯、巴西、美国等跨境电商大市场，听说速卖通全球频道活动有着强大的功能，他想试着通过Flash Deals（含俄罗斯团购）、试用频道、金币等活动来打造新款、爆款、引流款，提升客流量、提高店铺曝光、提升客单价。掌握并合理选择速卖通频道活动的种类及规则，是跨境电商企业运营专员需要掌握的工作技能。

操作分析

跨境电商平台固定频道促销都有各自的特点，小王要结合自己产品特点，看看适合参加哪个活动，把握住每个活动的特点：

1. Flash Deals（含俄罗斯团购）是速卖通平台最大型的日常活动，是平台的爆品中心，在该活动中平台会拿出首焦、后台、行业楼层、搜索框、各站点顶通等多个黄金资源位，是打造爆款和帮助卖家品牌出海的有力工具。

2. 速卖通试用频道作为集用户营销、活动营销、口碑营销、商品营销为一体的营销导购平台，聚集了上百万个中国优质商品的试用机会以及全球两百多个国家或地区的千万消费者对各类商品最全面真实客观的试用体验报告，为消费者提供购买决策，是商家提升品牌价值与影响力的理想工具。

3. 速卖通金币是目前App端流量排名TOP 1的频道，这一工具为卖家获得流量，提升成交额，进行品牌传播提供服务，此外还能获得流量免费补贴，置换金币频道流量等益处，是值得一试的店铺工具。

了解每个频道活动规则和操作方法，合理利用各类频道提升店铺销量。

操作示范

（一）Flash Deals（含俄罗斯团购）

Flash Deals（含俄罗斯团购）是平台的爆品中心，帮助店铺打造爆品以及规模化拉新。Flash Deals主打限时特卖，需要根据预期售卖情况合理设置库存，通过前台进度条（当活动库存消耗30%后展示）刺激转化。当库存不足，活动期可进行添加。

报名参加平台活动步骤如下。

步骤1：在“营销活动”→“平台活动”中选择平台活动类型进行报名。商品招商活动类型选择“频道”，在促销类型中选择“Flash Deals（含俄罗斯团购）”“可报名”进行筛选，符合条件的活动出现在下面的表格里，如图 6-11 所示。

在Flash Deals（含俄罗斯团购）选择中，一定要注意活动主题是符合经营品类的，否则没有活动能报名。

步骤2：选择适合自己店铺参加的活动主题，点击“立即报名”按钮，进入报名页面，先要阅读活动介绍与招商规则，了解活动招商时间和展示时间，了解活动规则，每个活动支持的时限等都不太一样，如图 6-12 和图 6-13 所示。

活动名称	活动类型	招商时间	展示时间	报名状态	操作
新版Flash Deals（含俄罗斯团购）频道爆品团日常招商活动					
Flash Deals-主题团普货7月5日—Decoration & Souvenir主题	Flash Deals	2021-06-21 09:00:00 2021-07-01 00:00:00	2021-07-05 00:00:00 2021-07-11 23:59:59	未报名	立即报名
Flash Deals-主题团普货7月5日—Tasty European Cup主题-重大件	Flash Deals	2021-06-21 09:00:00 2021-07-01 00:00:00	2021-07-05 00:00:00 2021-07-11 23:59:59	未报名	立即报名
Flash Deals-主题团普货7月5日—at-home carnival主题-重大件	Flash Deals	2021-06-21 09:00:00 2021-07-01 00:00:00	2021-07-05 00:00:00 2021-07-11 23:59:59	未报名	立即报名
Flash Deals-主题团普货7月5日—Sports wears主题	Flash Deals	2021-06-21 09:00:00 2021-07-01 00:00:00	2021-07-05 00:00:00 2021-07-11 23:59:59	未报名	立即报名

图6-11　频道活动选择

可报名的子活动(4)

Flash Deals-主题团普货7月5日—Sports wears主题　Flash Deals-主题团普货7月5日—Decoration & Souvenir主题　Flash Deals-主题团普货7月5日—at-home carnival主题-重大件　Flash Deals-主题团普货7月5日—Tasty European Cup主题-重大件

不可报名的子活动(0)

子活动

Flash Deals-主题团普货7月5日—Sports wears主题

活动面向国家

全球

活动招商时间:

2021-06-21 09:00:00 - 2021-07-01 00:00:00　　注意活动招商时间和展示时间

活动展示时间:

2021-07-05 00:00:00 - 2021-07-11 23:59:59

立即报名活动

图6-12　子活动报名页面

活动资质要求	活动要求描述
支付时限	1天 (巴西:5 天;)
最低价要求	30天最低价基础上要求额外折扣
是否设置无线专享折扣	不需要设置
图片要求	图片尺寸:800*800px;图片格式:JPG,PNG;不含牛皮癣;图片存储:小于5M

店铺资质要求

是否符合	资质名称	资质描述	当前得分
符合	90天店铺好评率	90天店铺好评率必须大于等于0.95	0.980392156862745
符合	最近30天SNAD纠纷发起率	最近30天SNAD纠纷发起率必须小于等于0.08	0

商品资质要求

资质名称	商品资质要求
近90天DSR商品描述分	近90天DSR商品描述分必须大于等于4.5
近30天销量（全球）	近30天销量（全球）必须大于等于5
5天上网率	5天上网率必须大于0.8
DSR物流服务	DSR物流服务必须大于等于4.5
包邮区域	包邮区域必须属于俄罗斯|白俄罗斯|美国|西班牙|法国|波兰
发布类目	发布类目必须属于男装>男士套装|男装>上衣，T恤>T恤|运动及娱乐>健身及塑形>瑜伽服饰>瑜伽发带|珠宝饰品及配件>定制珠宝饰品>定制手镯|家居用品>家纺成品>毛巾/浴巾（婴儿用的请发布到婴儿毛巾下）|运动及娱乐>水上运动>游泳配件>快干游泳毛巾|家居用品>家居日用品>雨具>雨衣|新奇特及特殊用途服装>扮演服及配件（不要发布情趣制服）>Cosplay服装|运动及娱乐>运动服及配件>运动护具>弹性绷带|运动及娱乐>运动服及配件>运动护具>护肘，护膝|运动及娱乐>运动鞋

图6-13　活动、店铺和商品资质要求

6

步骤3：添加要报名活动的商品，确定活动协议后，进入选择商品与设置折扣页面。设置活动基本信息（含折扣率、库存等），之后提交报名，如图 6-14 至图 6-15 所示。

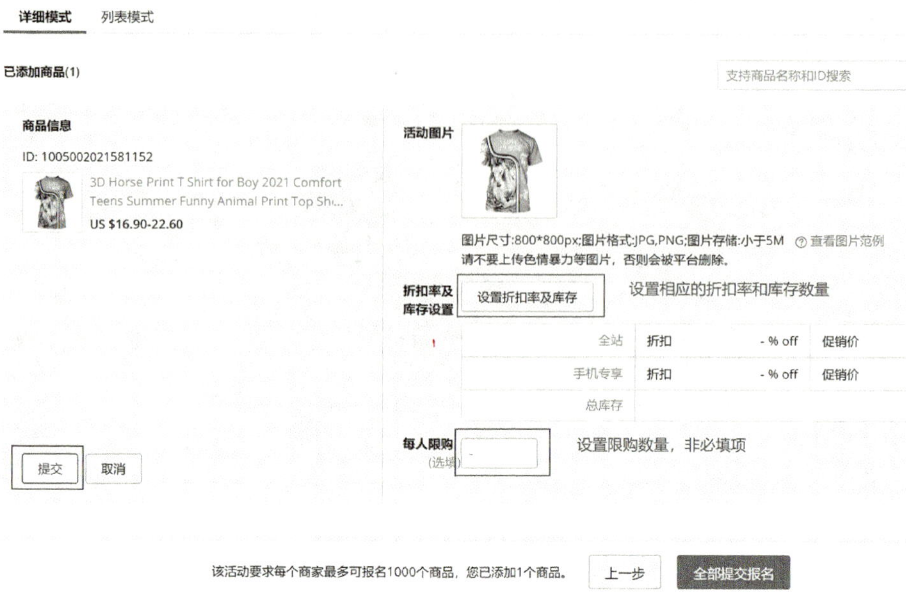

图 6-14　设置活动基本信息

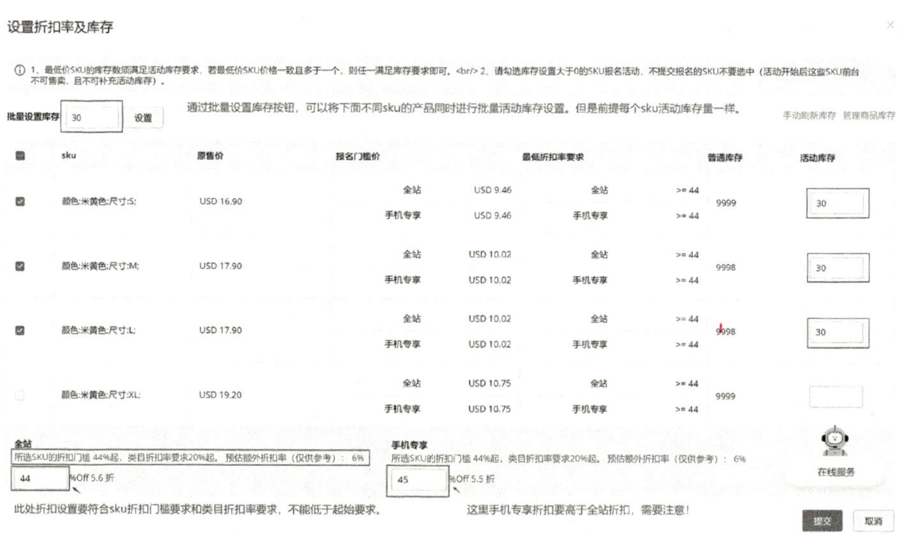

图 6-15　折扣率及库存设置页面

根据产品类型填写表 6-1。

表 6-1　活动基本信息统计表

产品类型	目标利润率	店铺日常折扣率（OFF）	不亏本情况下可设置的俄罗斯团购最大折扣率（OFF）	不亏本情况下可设置的俄罗斯团购最大折扣率（OFF）
新品				
爆旺款				
普通款				
引流款				

操作思考

1. 在Flash Deals活动设置中，你认为哪些环节非常重要？
2. 在计算折扣率时，我们同时要考虑哪些问题？

（二）俄罗斯团购

报名参加平台活动的步骤如下。

步骤1：在“营销活动”→“平台活动”中选择平台活动类型进行报名，商品招商活动类型选择“频道”，在促销类型中选择“Flash Deals（含俄罗斯团购）”“可报名”进行筛选，符合条件的“俄罗斯团购”活动出现在下面的表格里，如图6-16所示。

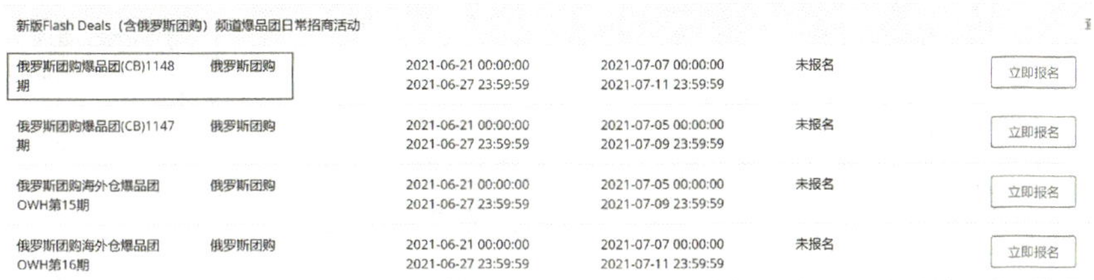

图6-16　频道活动选择

步骤2：选择适合自己店铺参加的活动主题，点击“立即报名”按钮，进入报名页面，先阅读活动介绍与招商规则，了解活动招商时间和展示时间，了解活动规则，如图6-17至图6-19所示。

图6-17　俄罗斯团购子活动报名页面

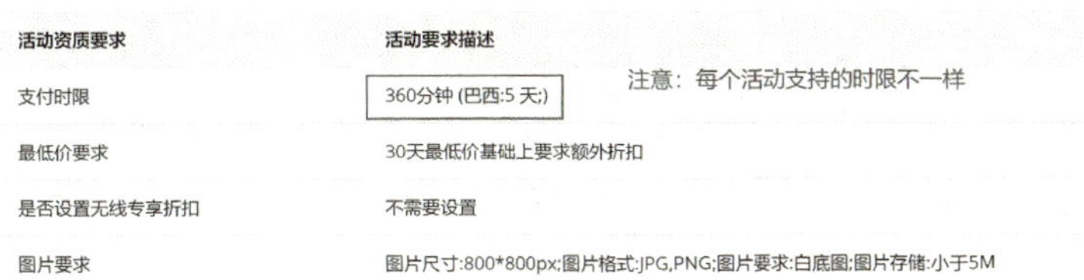

活动资质要求	活动要求描述
支付时限	360分钟 (巴西:5 天:)
最低价要求	30天最低价基础上要求额外折扣
是否设置无线专享折扣	不需要设置
图片要求	图片尺寸:800*800px;图片格式:JPG,PNG;图片要求:白底图;图片存储:小于5M

图6-18　当前俄罗斯团购活动资质要求

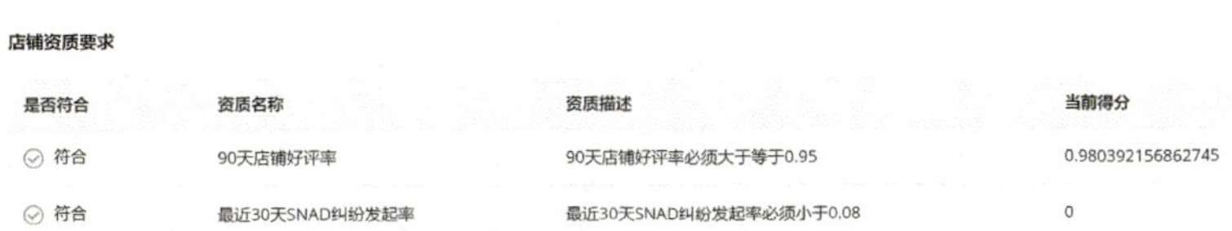

店铺资质要求

是否符合	资质名称	资质描述	当前得分
符合	90天店铺好评率	90天店铺好评率必须大于等于0.95	0.980392156862745
符合	最近30天SNAD纠纷发起率	最近30天SNAD纠纷发起率必须小于0.08	0

图6-19　参加活动店铺资质要求

6

步骤3：添加要报名活动的商品，设置活动基本信息（含折扣率、库存等），之后提交活动。确定活动协议后，进入选择商品与设置折扣页面，如图 6-20 至图 6-22 所示。

图 6-20　选择参加活动的商品

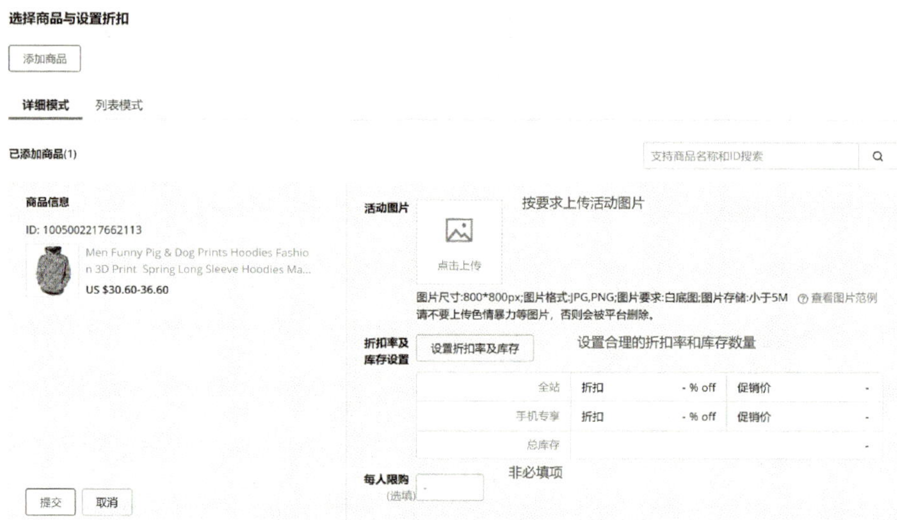

图 6-21　设置活动基本信息

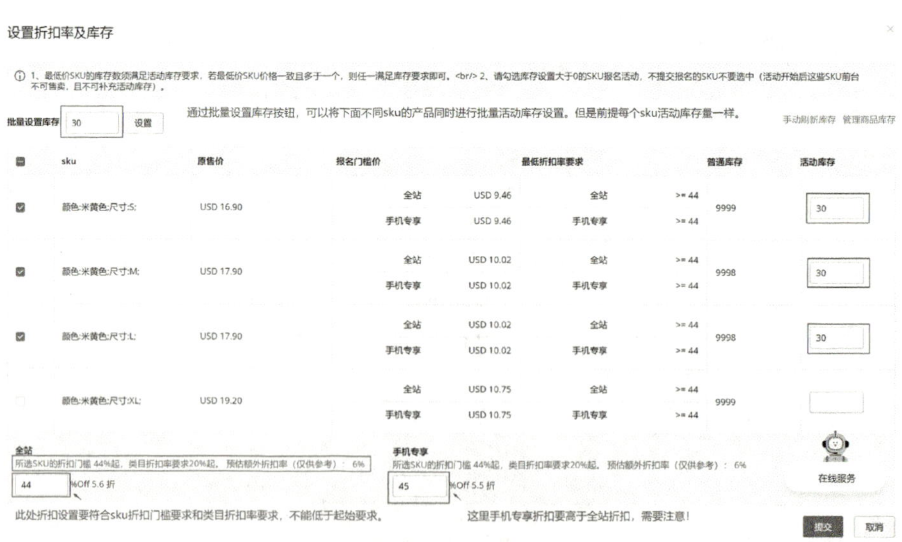

图 6-22　折扣率及库存设置页面

根据产品类型填写表 6-2。

表 6-2　活动基本信息统计表

产品类型	目标利润率	店铺日常折扣率（OFF）	不亏本情况下可设置的俄罗斯团购最大全站折扣率（OFF）	不亏本情况下可设置的俄罗斯团购最大专享折扣率（OFF）
新品				
爆旺款				
普通款				
引流款				

操作思考

通过以上操作，完成了俄罗斯团购活动的设置，请在此基础上思考以下问题：

在设置俄罗斯团购活动时，请思考如何设置折扣率能让店铺参加此活动收益更高？

（三）试用频道

试用频道即 Freebies，是平台的试用中心，可以帮助店铺推广新品，快速获取粉丝。用户申请商品试用机会，即会成为店铺粉丝。活动期间，80%+的商家可获得 5 000+店铺粉丝。用户每天仅有 2 次申请机会，对所申请商品兴趣度高，建议通过店铺“客户营销功能”进行后续营销。如果配合店铺商品报名 Flash Deals，可进一步提升营销效果。

报名参加平台活动步骤如下。

步骤 1：在“营销活动”→“平台活动”中选择平台活动类型进行报名，商品招商活动类型选择“频道”，在频道类型中选择“试用频道”“可报名”进行筛选，系统就会列出店铺有资格参加的活动，如图 6-23 所示。

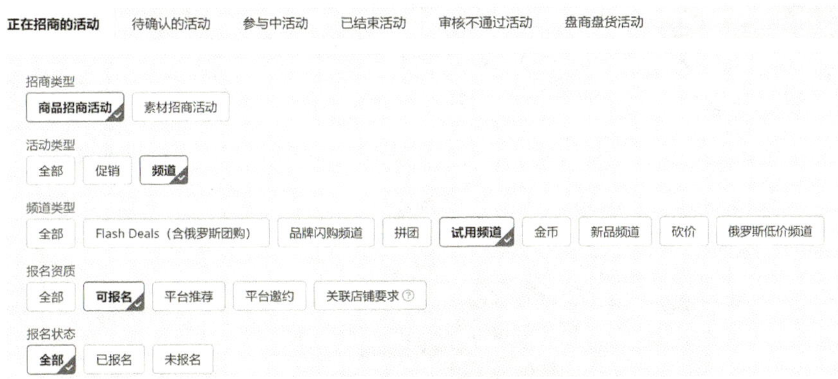

图 6-23　试用频道活动设置

步骤 2：选择适合自己店铺经营品类并想要参加的活动，点击“立即报名”按钮，进入报名页面，先阅读活动介绍与招商规则，了解活动招商时间和展示时间，了解活动规则，如图 6-24 至图 6-26 所示。

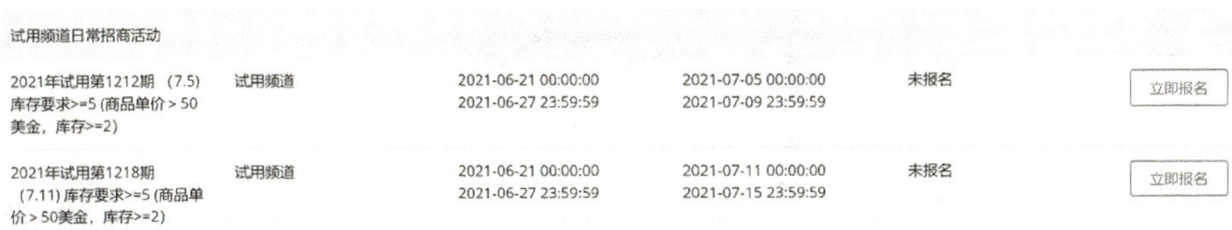

图 6-24　试用频道可报名的活动列表

可报名的子活动(7)

2021年试用第1212期 (7.5) 库存要求>=5 (商品单价 > 50美金，库存>=2)
2021年试用第1213期 (7.6) 库存要求>=5 (商品单价 > 50美金，库存>=2)
2021年试用第1214期 (7.7) 库存要求>=5 (商品单价 > 50美金，库存>=2)
2021年试用第1215期 (7.8) 库存要求>=5 (商品单价 > 50美金，库存>=2)
2021年试用第1216期 (7.9) 库存要求>=5 (商品单价 > 50美金，库存>=2)
2021年试用第1217期 (7.10) 库存要求>=5 (商品单价 > 50美金，库存>=2)
2021年试用第1218期 (7.11) 库存要求>=5 (商品单价 > 50美金，库存>=2)

不可报名的子活动(7)

2021年试用第1205期 (6.28) 库存要求>=5 (商品单价 > 50美金，库存>=2)
2021年试用第1206期 (6.28) 库存要求>=5 (商品单价 > 50美金，库存>=2)
2021年试用第1207期 (6.30) 库存要求>=5 (商品单价 > 50美金，库存>=2)
2021年试用第1208期 (7.1) 库存要求>=5 (商品单价 > 50美金，库存>=2)

图6-25 试用频道活动设置规则

子活动

2021年试用第1212期 (7.5) 库存要求>=5 (商品单价 > 50美金，库存>=2)

活动面向国家

全球

活动招商时间:

2021-06-21 00:00:00 - 2021-06-27 23:59:59

活动展示时间:

2021-07-05 00:00:00 - 2021-07-09 23:59:59

立即报名活动

图6-26 试用频道活动时间要求

查看当前店铺是否符合活动资质要求，店铺资质和商品资质是否符合要求，通过图6-27至图6-29所示页面查看，如果都符合要求，即可点击“立即报名”按钮进入报名页面。

活动资质要求	活动要求描述
支付时限	7天
图片要求	图片尺寸:800*800px;图片格式:JPG,PNG;图片存储:小于5M

图6-27 试用频道活动资质要求

店铺资质要求

是否符合	资质名称	资质描述	当前得分
符合	90天店铺好评率	90天店铺好评率必须大于等于0.92	0.980392156862745

图6-28 试用频道活动店铺资质要求

商品资质要求

资质名称	商品资质要求
发货周期	发货周期必须小于等于5
包邮区域	包邮区域必须属于白俄罗斯|美国|以色列|澳大利亚|德国|俄罗斯|荷兰|乌克兰|意大利|法国|西班牙|波兰|英国
一级发布类目	一级发布类目必须属于家用电器|运动及娱乐|其他特殊类|接发与发套|服饰配饰（男/女/儿童配件，婴儿配饰发到婴儿服装）|男装|女装|箱包|手表|孕婴童|电子元器件|鞋子|婚礼及重要场合|美容健康|珠宝饰品及配件|汽车及零配件|安全防护|玩具|办公、文化及教育用品|男女内衣及家居服|新奇特及特殊用途服装|摩托车装备配件|电脑和办公|家装（硬装）|消费电子|照明灯饰|电话和通讯|工具|家具和室内装饰品

图6-29 试用频道活动商品资质要求

步骤3：添加要报名活动的商品，设置活动库存量，之后提交活动。确定活动协议后，进入选择商品与设置折扣页面，如图6-30至图6-33所示。

图6-30　添加准备参与活动的商品

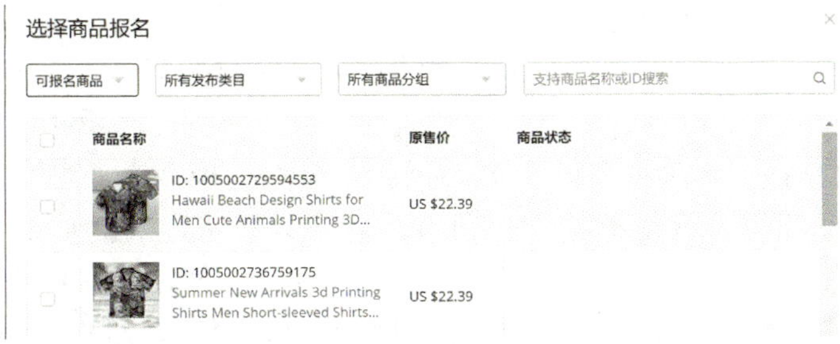

图6-31　选择参加活动的商品

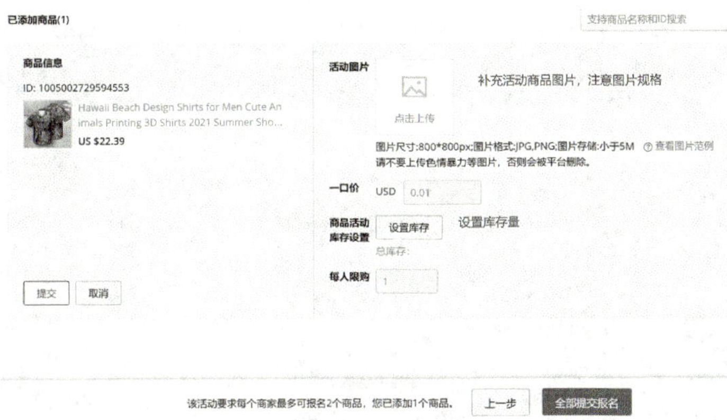

图6-32　设置活动基本信息

图 6-33　设置折扣率及活动库存

6

操作思考

1. Freebies 试用活动的好处是什么？
2. 考虑当前店铺的状况，在试用活动中投入多少库存量比较合适？

（四）金币

金币是App端的权益频道，利用金币带来的权益吸引买家定期回访，商家获得流量、成交、品牌传播的一个互赢工具。金币是速卖通针对买家端的互动玩法，卖家无法充值。买家在App首页金币频道进行金币签到，连续签到天数越久，得到的金币越多（类似淘金币的获得方法）。金币可以兑换优惠券或者购买商品抵扣等使用，消费者通过互动游戏等完成任务获得金币，购买商家商品时获得折扣。目前金币获取只在特定的活动中平台才会对卖家发放，具体可在“查看金币账户”中进行查看。日常大部分卖家是没有金币发放的。如没有金币，就没有“查看金币账户”入口，此时建议卖家发放其他权益物。App 内的英文名称是“Coins & Coupons”，是目前App端流量排名TOP 1的频道，入口如图 6-34 所示。

图 6-34　金币的 App 端频道

报名参加平台活动步骤如下。

步骤1：在“营销活动”→“平台活动”中选择平台活动类型进行报名，商品招商活动类型选择“频道”，在频道类型中选择“金币”“可报名”进行筛选，如图 6-35 所示。

图6-35　速卖通金币活动设置

步骤2：选择适合自己店铺经营品类并想要参加的活动，点击“立即报名”按钮，进入报名页面，先阅读活动介绍与招商规则，了解活动招商时间和展示时间，了解活动规则，如图6-36到图 6-40 所示。

查看当前店铺是否符合活动资质要求，店铺资质和商品资质是否符合要求，如果都符合要求，即可点击立即报名活动按钮进入报名页面。

金币频道5-6月份兑换商品

【金币兑新品，喊你来报名了！】app金币频道兑换商品2021年7月6日招商活动	金币	2021-06-21 00:00:00 2021-06-27 23:59:59	2021-07-06 00:00:00 2021-07-06 23:59:59	未报名	立即报名
无线金币频道兑换商品2021年7月5日招商活动	金币	2021-06-21 00:00:00 2021-06-27 23:59:59	2021-07-05 00:00:00 2021-07-05 23:59:59	未报名	立即报名

图6-36　速卖通平台金币活动可报名的活动列表

图6-37　速卖通平台活动时间要求

活动资质要求	活动要求描述
支付时限	60分钟
最低价要求	30天最低价基础上要求额外折扣
是否设置无线专享折扣	不需要设置
图片要求	图片尺寸:800*800px;图片格式:JPG,PNG;不含牛皮癣;图片存储:小于5M

图6-38　活动资质要求

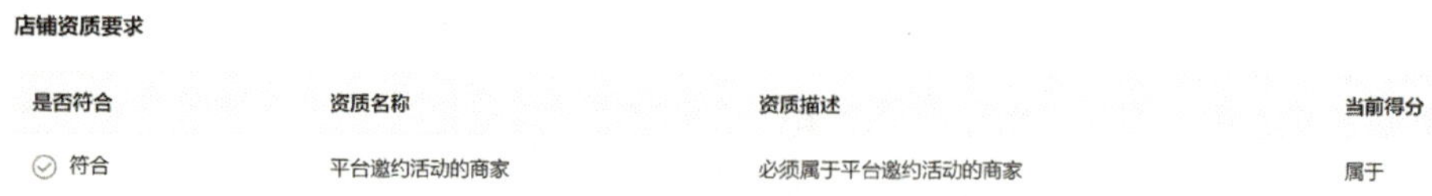

图 6-39　店铺资质要求

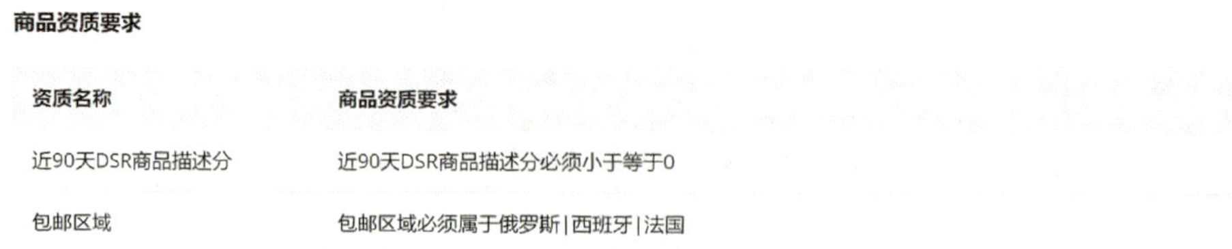

图 6-40　商品资质要求

步骤3：添加要报名活动的商品，设置活动基本信息（含折扣价和库存等），注意最高价格限制，之后提交活动。确定活动协议后，进入选择商品与设置折扣页面，如图6-41至图6-43所示。

图 6-41　添加准备参与活动的商品

图 6-42　选择参加活动的商品

图 6-43　设置活动库存信息

总结金币抵扣的优势如下：

（1）平台提供领金币、抵折扣/兑换、互动等玩法工具给消费者。

（2）消费者获得和使用权益时、查看商家广告和购买商家商品时获得折扣。

（3）商家获得流量、成交、品牌传播。

操作思考

1. 在金币活动设置中，需要注意哪些规则？
2. 全店铺商品设置金币抵扣，抵扣比例选择分几个挡次？

工作任务二　设置速卖通店铺活动

【任务目标】

1. 了解速卖通平台店铺活动的相关规则。
2. 掌握店铺活动设置操作步骤和相关技巧。
3. 能够针对自己的店铺产品进行分析，选择适合的平台店铺活动。

【思维导图】

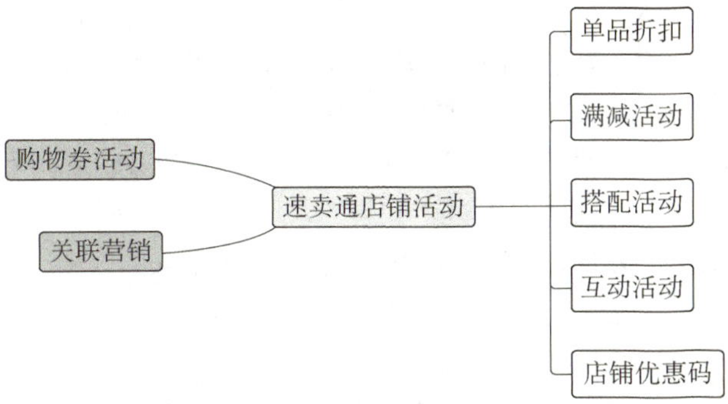

【知识回顾（回答问题）】

1. 前面学习了速卖通平台促销活动，平台促销活动的特点有哪些？请总结。
2. 频道活动和平台活动有什么区别？请结合一个产品的促销应用来说明。

工作子任务一　设置单品折扣

业务背景

小王是一家跨境电商企业的运营专员，他们公司主要经营的产品是T恤衫，目前主要通过速卖通平台进行海外销售。

小王得知参加速卖通平台单品折扣活动，不仅可以提升单品的销售量，打造爆款、清理库存，同时单品折扣还能为店铺引流，带动店铺其他产品整体销量的提升。所以小王目前准备进行单品折扣活动。进行店铺单品折扣设置是跨境电商企业运营专员需要掌握的工作技能。

操作分析

首先，要了解单品折扣与平台以往打折活动的区别，具体区别如下：

第一，单品折扣不限时长与次数，取消每月限制的活动时长和活动次数，单场活动最长支持设置180天。

第二，允许在活动进行中暂停活动，适用于活动设置错误下的快速止损。

第三，所有产品信息均可编辑。

第四，取消活动复制功能，但可通过Excel表格批量上传。

第五，单场活动支持最大设置10万个产品，支持同一活动中不同产品的个性化设置。

其次，要了解单品折扣活动在有关活动名称、活动时间、活动时长、生效时间等项目的注意事项。

操作示范

单品折扣用于店铺自主营销。单品的打折信息可以提高客户购买转化。

步骤1：登录“我的速卖通”，点击“营销活动”，在“店铺活动”下选择“单品折扣活动”，点击“创建”按钮。

步骤2：设置活动基本信息。

点击“创建”按钮进入活动基本信息设置页面，活动名称最长不超过32个字符，只供查看，不展示在买家端，活动起止时间为美国太平洋时间，最长支持设置180天，且取消每月活动时长、次数的限制，活动设置的时间开始后，活动即时生效（请注意，如在设置过程中已到活动展示时间，则活动即时开始）；点击“提交”按钮后进入设置优惠信息页面，如图6-44和图6-45所示。

步骤3：设置活动限购数量，可筛选全部已选商品和未设置优惠商品，支持商品ID搜索，如图6-46所示。

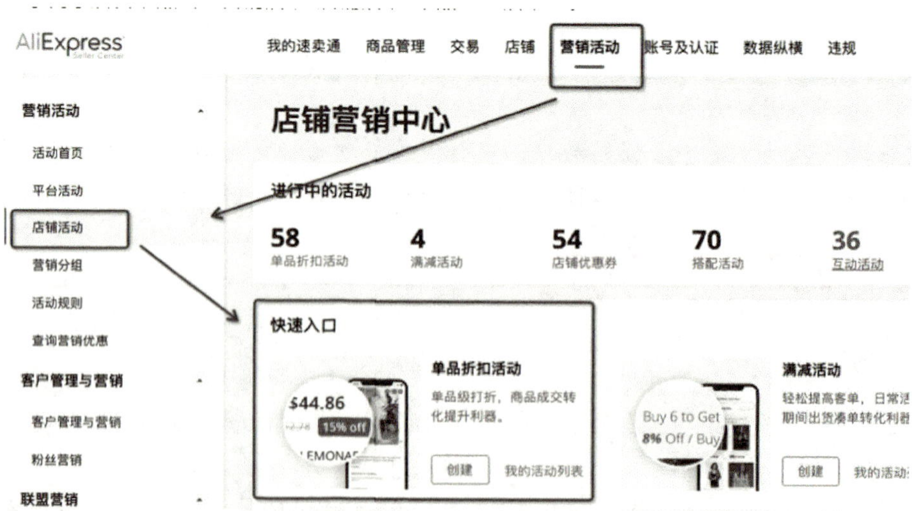

图6-44　创建单品折扣

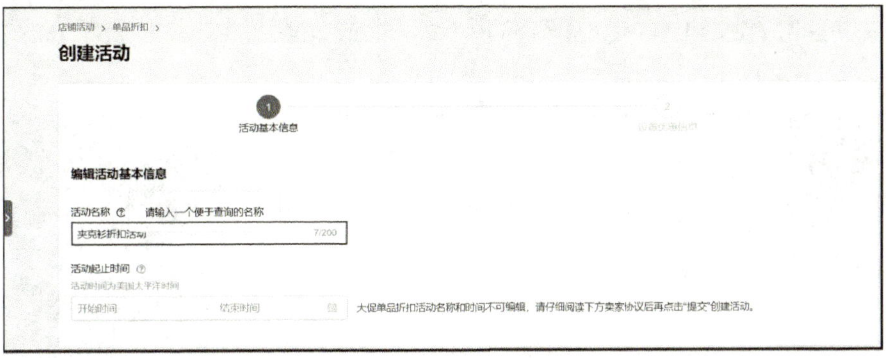

图 6-45　设置活动名称和活动起始时间

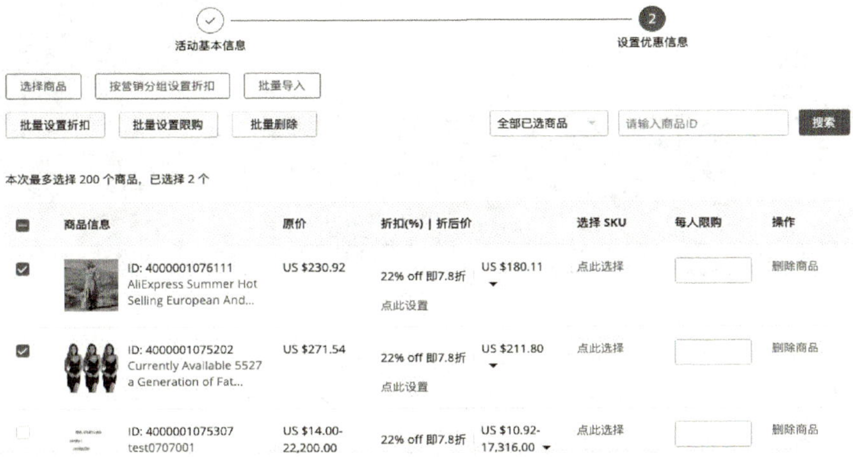

图 6-46　设置活动限购数量

步骤 4：设置活动起止时间，如图 6-47 所示。

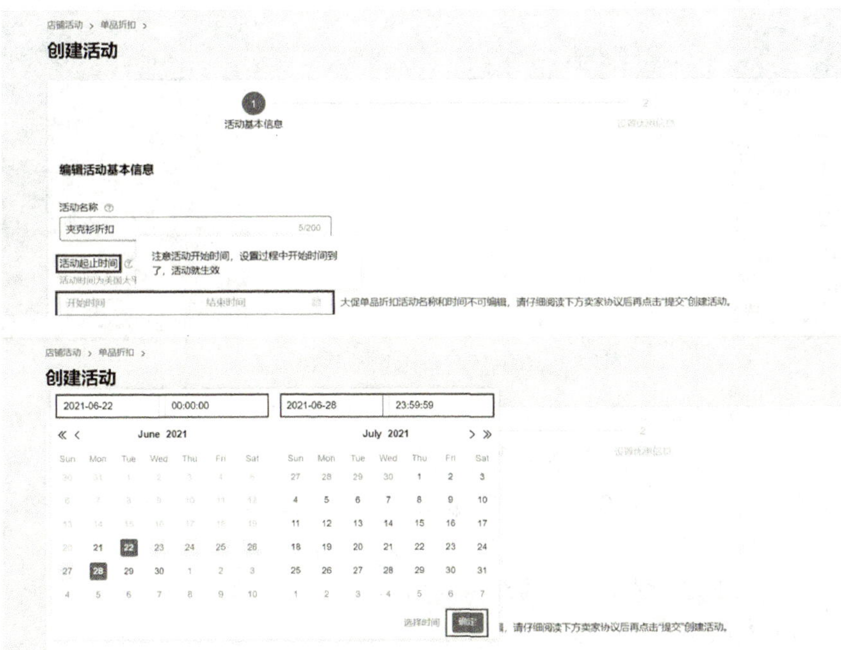

图 6-47　设置活动时间跨度

步骤5：可批量设置折扣（如图6-48所示），批量设置限购，批量删除（默认所有SKU都参加活动）。

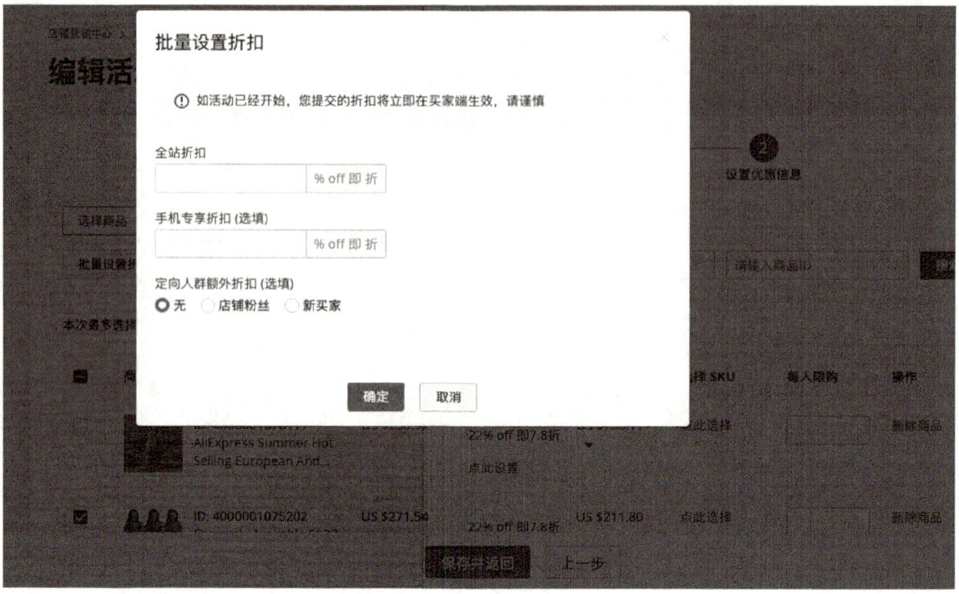

图6-48　批量设置折扣

按照营销分组设置折扣（见图6-49），分组内的商品会被导入活动内。要特别注意：目前设置App折扣不具备引流功能，因此营销分组设置折扣处取消了设置App折扣的功能。如需设置App折扣，可回到单品选择页面进行设置。如只设置全站折扣，即PC和App均展示同一个折扣。

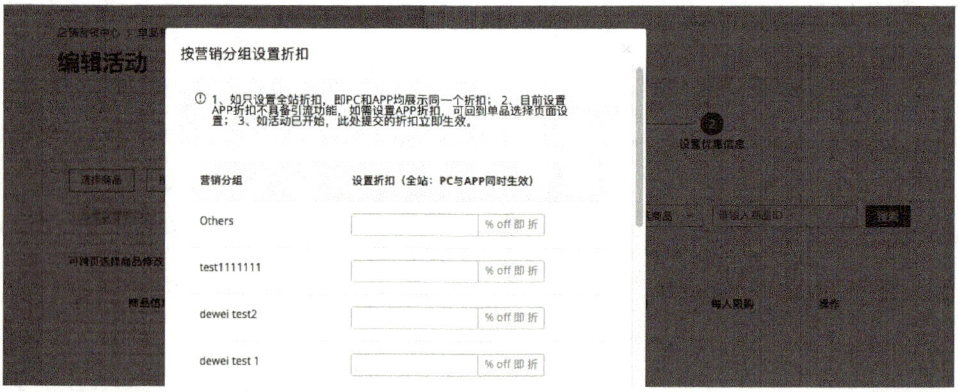

图6-49　分组设置折扣

步骤6：查看设置状态（见图6-50）。

（1）活动状态分为未开始、生效中、已暂停、已结束四种；

（2）未开始状态下会展示倒计时，可编辑（进入活动基本信息页）、管理商品（进入优惠信息编辑页）、暂停活动。

（3）生效中状态下可查看活动详情、管理商品、暂停活动，暂停活动适用于快速止损整个活动，如对单个商品可直接修改。

（4）已暂停状态下可重新生效活动、查看活动详情。

（5）已结束状态下可查看活动详情。

活动名称	时间	状态	操作
6月活动	2019-07-08 00:00:00 2019-09-08 00:00:00	未开始 距离开始：14:16:11	管理商品 | 编辑 | 暂停活动
他	2019-07-25 00:00:00 2019-07-26 00:00:00	未开始 距离开始：17天	管理商品 | 编辑 | 暂停活动
Test_4_store_conf	2019-07-18 06:00:00 2019-07-25 00:00:00	未开始 距离开始：10天	管理商品 | 编辑 | 暂停活动
test-批量设置	2019-08-01 00:00:00 2019-08-02 00:00:00	未开始 距离开始：24天	管理商品 | 编辑 | 暂停活动
Test_store_normal_707	2019-08-01 00:00:00 2019-08-02 00:00:00	未开始 距离开始：24天	管理商品 | 编辑 | 暂停活动
Test_next_707_01	2019-07-07 00:00:00 2019-07-09 00:00:00	生效中	管理商品 | 查看活动详情 | 暂停活动
23	2019-07-24 00:00:00 2019-07-25 00:00:00	未开始 距离开始：16天	管理商品 | 编辑 | 暂停活动
Test_online_707_qw	2019-12-26 00:00:00 2019-12-26 19:00:00	已暂停	重新生效活动 | 查看活动详情

图 6-50　查看状态

操作思考

1. 可以把一个商品添加到多个分组内吗？
2. 单品折扣活动什么时候开始锁定？
3. 单品折扣活动有次数和时长的限制吗？

工作子任务二　设置满减活动

业务背景

小王是一家跨境电商企业的运营专员，他们公司主要经营的产品是T恤衫，目前主要通过速卖通平台进行海外销售。

小王得知满减活动能够刺激买家的消费欲望，提升店铺的销售额，在买家购物的同时，卖家为其推荐相关联的产品，有利于实现店铺利润最大化。为了提升公司T恤衫产品的销量，小王准备设置店铺满减活动。店铺满减活动设置是跨境电商企业运营专员需要掌握的工作技能。

操作分析

首先，要了解满减活动的三个类型，即满立减、满减折和满包邮的含义和区别。满立减就是满××元减××元；满减折就是满××件享受××折扣；满包邮就是满××元或者满××件，设定的物流路线和国家可以包邮。其次，要掌握满立减、满减折的设置方法。最后，要了解满减优惠活动可以和店铺其他优惠活动叠加使用。例如，某个商品在做单品折扣，还可以再设置满减活动，买家购买时这两种优惠方式是可以叠加的。所以，在设置优惠活动时，店铺运营专员要计算好利润，防止亏损。

6

操作示范

（一）满立减

满立减活动是一款店铺自主营销工具，只要开通速卖通店铺，即可免费使用。卖家可以根据自身经营状况，对店铺设置“满X元优惠Y元”的促销规则，即订单总额满足X元，买家付款时则享受Y元优惠扣减。

步骤1：创建活动。

登录“我的速卖通”，点击“营销活动”，在“店铺活动”下选择“满减优惠”，点击“创建活动”按钮，如图 6-51 所示。

步骤2：填写活动的基本信息，如图 6-52 所示。

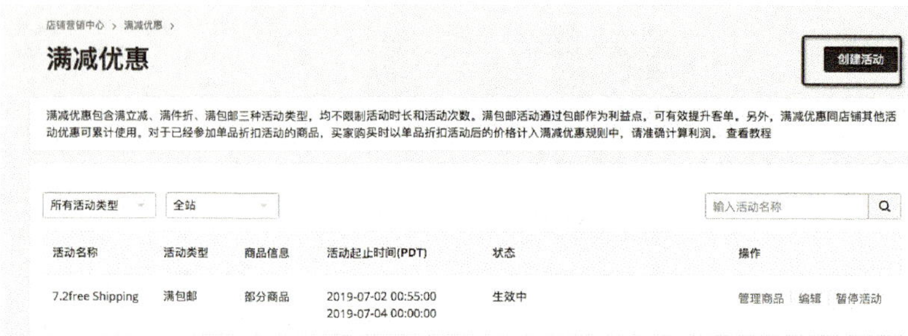

图 6-51　创建活动

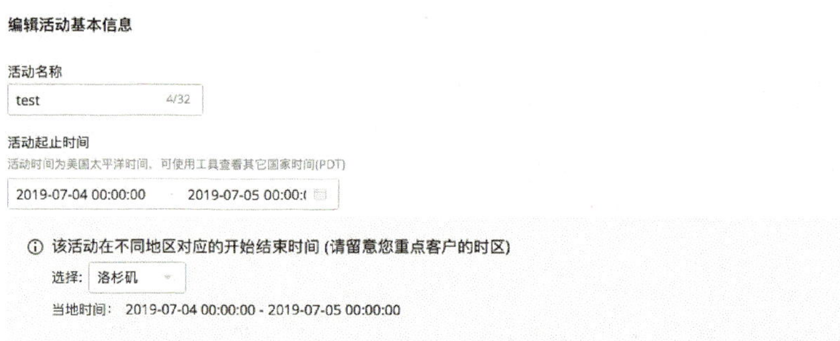

图 6-52　填写活动的基本信息

在“活动名称”一栏内填写对应的活动名称，买家端不可见；在“活动起止时间”内设置活动对应的开始时间以及活动结束时间。

步骤3：设置活动类型和详情，如图 6-53 所示。

（1）设置“活动类型”，选择“满立减”。

● 选择“部分商品”，即为设置了活动的部分商品的满立减活动，订单金额包含商品价格（不包含运费），商品按折后价参与。

● 选择“全店所有商品”，即全店铺商品均参与满立减活动，订单金额包含商品价格（不含运费），所有商品按折后价参与。

（2）设置满减条件。

● 可只设置一个条件梯度，则系统默认是单层满减，在“条件梯度 1”的前提下，可以支持优惠可累加的功能（当促销规则为满 100 减 10 时，则满 200 减 20，满 300 减 30，依此类推，上不封顶）。

6

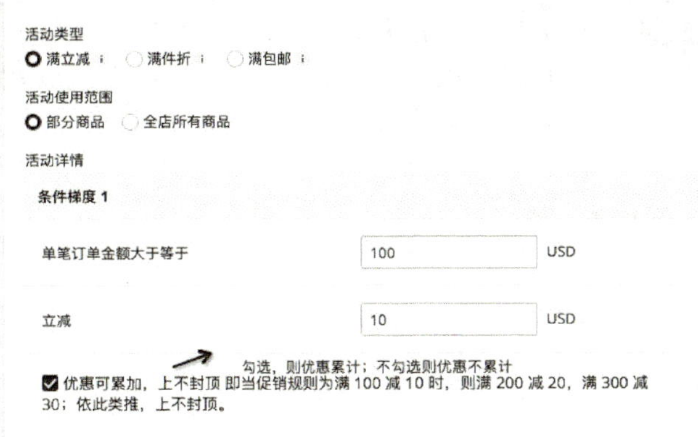

图 6-53　设置满立减活动详情

● 可设置多个条件梯度，最多可以设置 3 梯度的满立减优惠条件。设置多个条件梯度需要满足以下条件：后一梯度订单金额必须要大于前一梯度的订单金额，同时后一梯度的优惠力度必须要大于等于前一梯度。

（3）选择商品。

针对商品满立减活动，可以通过“选择商品”或者“批量导入”点选商品，如图 6-54 所示。

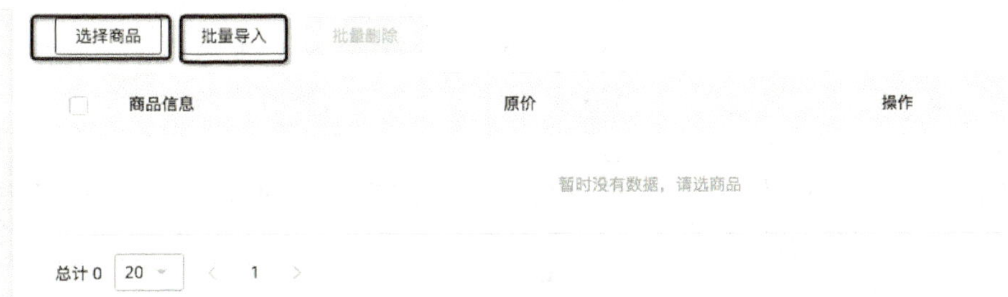

图 6-54　选择商品

选择商品，每次最多可以选择 100 个商品；选择次数不限；最多导入 10000 个商品。选择商品页面如图 6-55 所示。

图 6-55　选择商品页面

6

也可以通过Excel批量导入商品，一次最多可以导入10000件商品。Excel批量导入页面如图6-56所示，先下载模板，在模板文件中填写商品信息，然后上传文件。

图6-56　Excel 批量导入页面

步骤4：完成设置。

（二）满件折

满件折活动是一款店铺自主营销工具，只要你开通速卖通店铺，即可免费使用。你可以根据自身经营状况，对店铺设置“满*X*件优惠*Y*折”的促销规则。“满*X*件优惠*Y*折”，即订单总商品满足*X*件数，买家付款时则享*Y*折优惠，卖家无须修改价格。

重要提示：满件的优惠可以与其他店铺活动优惠叠加使用，对于已经参加折扣活动的商品，买家购买时以折扣后的价格计入满件折规则中。所以，同时使用打折工具和满件折工具时，需要计算一下实际利润。

步骤1：创建活动。

登录“我的速卖通”，点击“营销活动”，在“店铺活动”下选择“满减优惠”，点击“创建活动”按钮，如图6-57所示。

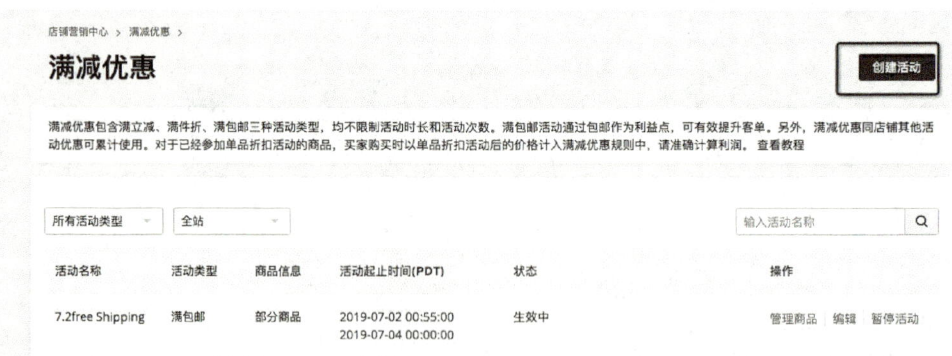

图6-57　创建活动

步骤2：填写活动的基本信息，如图6-58所示。

在“活动名称”一栏内填写对应的活动名称，买家端不可见；在“活动起止时间”内设置活动对应的开始时间以及活动结束时间；活动时间下方，可查看不同时区的时间，便于商家更好地进行国家差异化运营。

图6-58　填写基本信息

注意：同一个活动时间内同一件商品（活动开始时间到活动结束时间）只能设置一个满立减活动（含全店铺满立减、商品满立减）或者一个满件折活动（含全店铺满件折、商品满件折）。

步骤3：设置活动类型和详情，如图 6-59 所示。

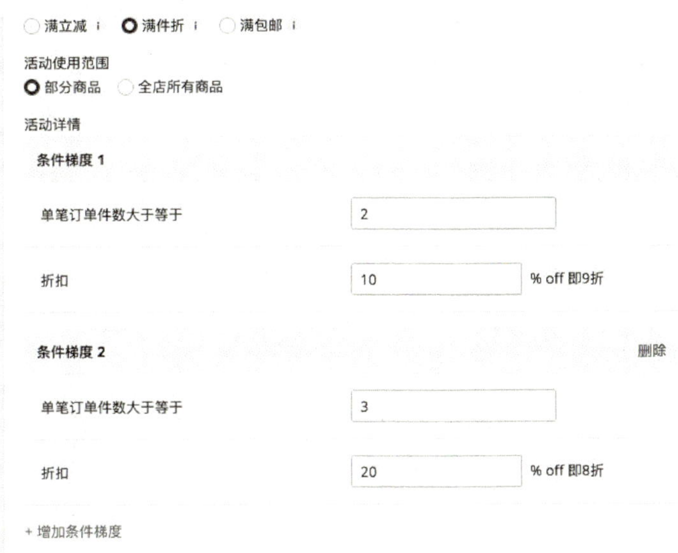

图6-59　设置活动类型和详情

（1）设置“活动类型”，选择“满件折”，再选择活动使用范围。

● 选择“部分商品”，即为设置了活动的部分商品的满件折活动，订单金额包含商品价格（不包含运费），商品按折后价参与。

● 选择“全店所有商品”，即全店铺商品均参与满件折活动，订单金额包含商品价格（不含运费），所有商品按折后价参与。

（2）设置“满减条件”。

● 可只设置一个条件梯度，则系统默认是单笔订单件数条件以及立减条件，在“条件梯度 1”的前提下，该类型的满减不支持优惠可累加的功能（当促销规则为满 3 件 10%OFF 时，则满 6 件仍旧是 10%OFF）。

● 可设置多个条件梯度，最多可以设置3梯度的满立减优惠条件。多个条件梯度需要满足：后一梯度订单件数必须要大于前一梯度的订单件数，同时后一梯度的优惠力度必须要大于前一梯度。

（3）选择商品。针对“商品满立减”活动，可以通过“选择商品”或者“批量导入”点选商品，如图 6-60 所示。

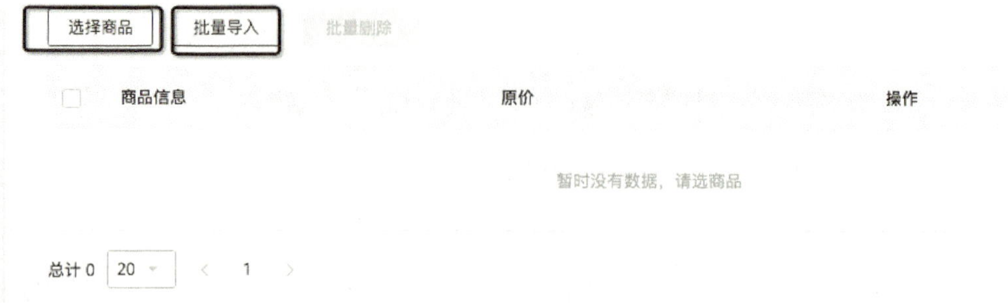

图 6-60　选择商品

选择商品，每次活动最多可以选择 200 件商品。选择商品页面如图 6-61 所示。

图 6-61　选择商品页面

也可以通过 Excel 批量导入商品，一次最多可以导入 10000 件商品。Excel 批量导入页面如图 6-62 所示，先下载模板，在模板文件中填写商品信息，然后上传文件。

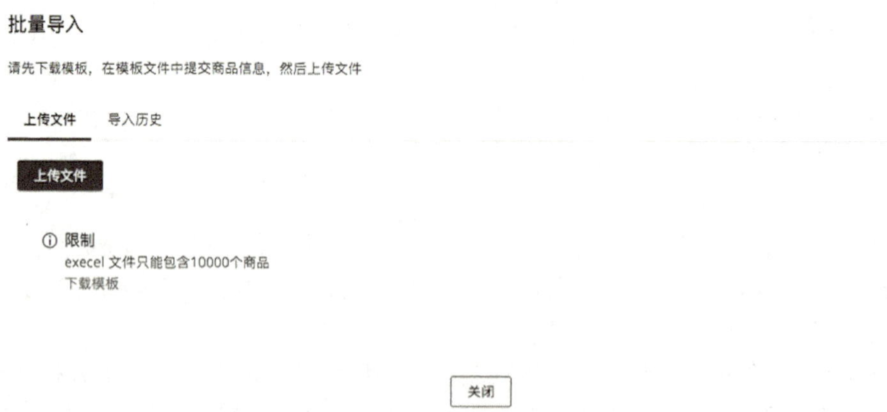

图 6-62　Excel 批量导入页面

步骤4：确定后完成设置。

（三）满包邮

满包邮，通过包邮作为利益点，可有效提升客单价。可以根据自身经营状况，对店铺设置“满*N*元/件包邮”的促销规则。

步骤1：创建活动。

登录“我的速卖通”，点击“营销活动”，在“店铺活动”中选择“满减优惠”，点击“创建活动”按钮，如图6-63所示。

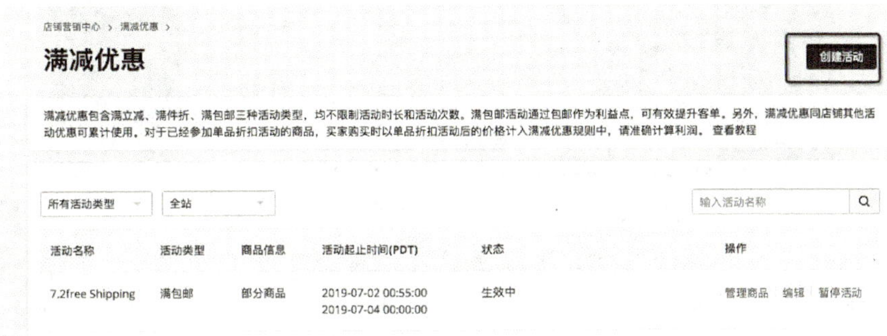

图6-63　创建活动

步骤2：填写活动的基本信息，如图6-64所示。

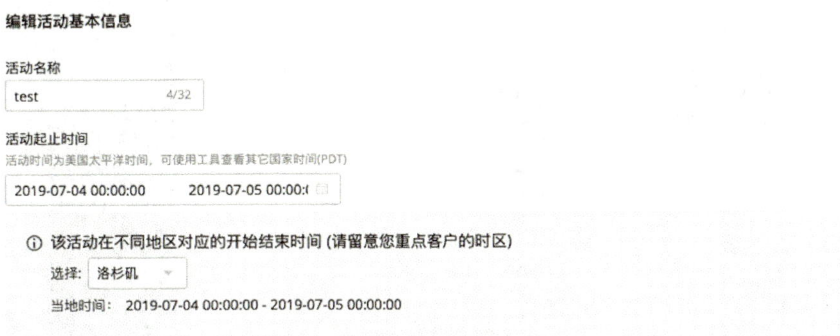

图6-64　填写活动的基本信息

在“活动名称”一栏内填写对应的活动名称，买家端不可见；在“活动起止时间”内设置活动对应的开始时间以及活动结束时间；活动时间下方，可查看不同时区的时间，便于商家更好地进行国家差异化运营。

步骤3：设置活动类型和详情。

（1）设置“活动类型”，选择“满包邮”。活动使用范围设置如下。

- 选择“部分商品”，允许挑选部分商品参加满包邮活动，单个活动最多添加10000个商品。
- 选择“全店满包邮”，即全店铺所有商品参加满包邮活动。

（2）设置“满减条件”，如图6-65所示。

- 满件：单笔订单件数大于等于*X*件。
- 满金额：单笔订单金额大于等于*X*美元。

注意：订单金额包含商品价格（不包含运费）。

图 6-65　满减条件

（3）设置包邮区域和物流方式，系统默认展示全站成交 TOP 国家，如图 6-66 所示。包邮区域和物流方式都支持多选。

图 6-66　设置包邮区域和物流方式

步骤 4：活动提交，完成创建。

设置完活动信息后，点击下方的“提交”按钮即可。请注意活动一旦创建就无法删除。

步骤 5：查看活动状态。

活动状态分为“未开始”“生效中”“已暂停”“已结束”。

活动在“未开始”“生效中”的状态下，可暂停活动，可对活动进行编辑，对商品进行管理。编辑之后根据活动时间即时生效。

活动在活动“已结束”下，可点击“查看详情”查看活动详情。

操作思考

1. 满立减订单包含运费吗？
2. 为什么设置了满包邮，产品买家页面不展示？

3. 店铺满包邮活动创建后可以删除吗？是否可以退出满包邮活动，退出的话是否会被处罚？

工作子任务三　设置店铺优惠券

业务背景

小王是一家跨境电商企业的运营专员，他们公司主要经营的产品是T恤衫，目前主要通过速卖通平台进行海外销售。

小王想通过店铺优惠券活动进行店铺自主营销，采用多种渠道进行推广。小王得知合理设置店铺优惠券活动有利于对消费者进行刺激转化，提升购买转化率和客单价。所以小王准备设置店铺优惠券活动。进行不同种类的店铺优惠券活动设置是跨境电商企业运营专员要掌握的工作技能。

操作分析

首先，要了解速卖通平台店铺优惠券有多种形式，合理地使用店铺优惠券有利于促进消费，增强买家黏性，为店铺引流，提升店铺中商品的曝光率和浏览量，提高出单概率。

其次，掌握优惠券的使用原则，将有条件优惠券和无条件优惠券结合发放，通过合理设置优惠券有效时间，达到更好的店铺促销效果。

卖家常用的优惠券有店铺常规展示、官方推广渠道、所有定向渠道三种类型，下面分类型进行设置介绍。

操作示范

（一）店铺常规展示优惠券

设置店铺常规展示优惠券，买家可以在商品详情页、购物车、店铺看到并领取该券。用户获取后到店购买使用，是引流、转化、拉新的有效手段。

步骤1：创建活动。

登录“我的速卖通”，点击“营销活动”，在“店铺活动”下选择“店铺优惠券”，点击“创建店铺优惠券”，如图6-67所示。

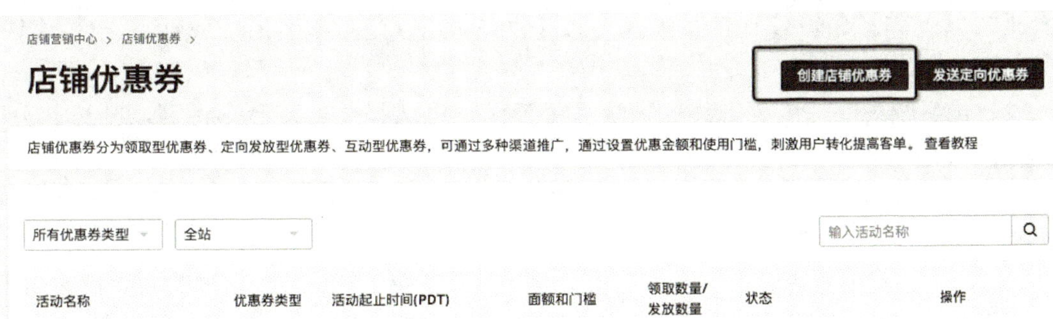

图6-67　创建活动

步骤2：填写活动的基本信息，如图6-68所示。

在“优惠券类型”一栏中，选择“领取型”。在“发放渠道”一栏，选择“店铺常规展示”，“领取场景”一栏选择“店铺常规展示”。在“活动名称”一栏内填写对应的活动名称，买家端不可见。在活动开始时间及活动结束时间内设置活动对应的开始时间及活动结束时间。活动时间默认为太平洋时间。

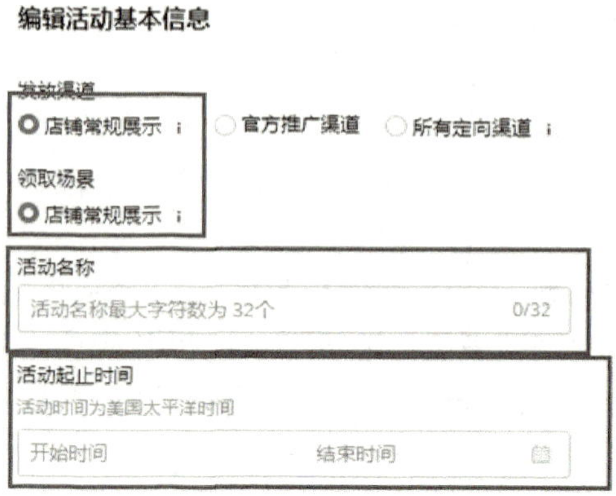

图 6-68　填写信息

步骤3：设置优惠券详情，如图 6-69 所示。

图 6-69　设置优惠券详情

（1）优惠券用户使用范围。可以根据不同会员等级设置优惠券（只有对应等级及以上的买家才可以看到，如设置“铂金等级及以上的会员用户”，那么铂金和钻石级的买家才可见，金牌和银牌级的买家不可见）。

（2）优惠券商品使用范围。优惠券使用范围可以选择全部商品，也可以圈选部分商品（提交活动后进入圈选商品界面）。

（3）优惠券适用国家。可以根据店铺及自身产品需求选择全部国家或者部分国家。

（4）面额和订单金额门槛。

面额：优惠券的优惠金额，若优惠券为满 X 美元优惠 Y 美元时，这里的面额指的是 Y。

订单金额门槛：可设置为不限（订单金额满优惠券面额+0.01）、有最低金额门槛、满 X 美元优惠 Y 美元，这里的最低金额门槛指 X。

（5）发放总数。可任意设置发放总数。

步骤4：设置优惠券使用规则，页面如图 6-70 所示。

每人限领：数量≥1。

使用时间：“买家领取成功起的有效天数”指买家拿到券后多少天可以用。“指定有效期”，即优惠券只能在设置的使用时间内使用，其他时间不可使用。

同时在Feed频道资源位曝光：勾选后会在Feed频道页面上显示对应的优惠图标和信息，对于从Feed引流进店有帮助。

图6-70　设置优惠券使用规则

步骤5：点击“提交”按钮，完成设置。

（二）官方推广渠道优惠券

设置官方推广渠道优惠券，优惠券将有机会展示在领券中心及卡包推荐页。领券中心在买家App端-Account-Coupon Center，是平台流量集中的频道，可以有效帮助提升店铺流量。

步骤1：创建活动。

登录“我的速卖通”，点击“营销活动”，在“店铺活动”下选择“店铺优惠券”，点击“创建店铺优惠券”，如图6-67所示。

步骤2：填写活动的基本信息，在“发放渠道”一栏，选择“官方推广渠道”，“领取场景”一栏选择“领券中心”。在“活动名称”一栏内填写对应的活动名称，买家端不可见。在活动开始时间及活动结束时间内设置活动对应的开始时间及活动结束时间。活动时间默认为太平洋时间。

步骤3：设置优惠券详情，如图6-71所示。

步骤4：设置优惠券使用规则，如图6-72所示。

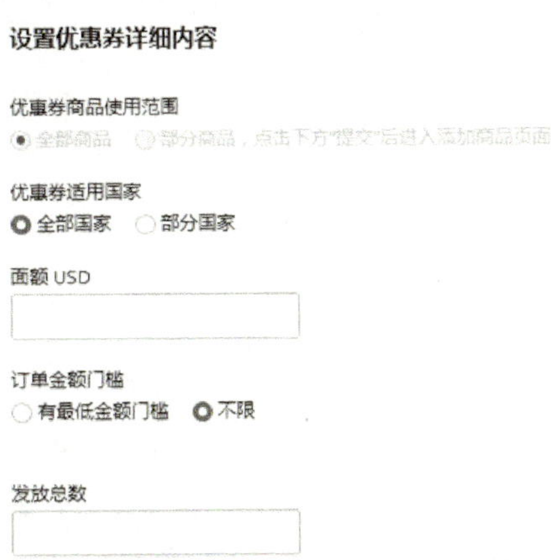

图6-71　设置优惠券详情

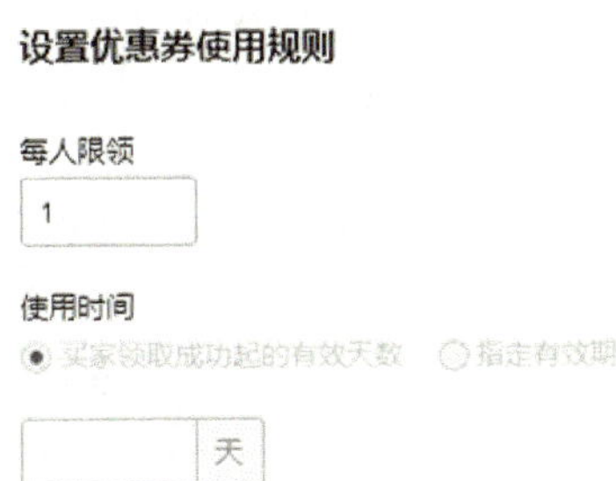

图6-72　优惠券使用规则

步骤5：点击“提交”按钮，完成设置。

（三）所有定向渠道—所有定向渠道优惠券

设置所有定向渠道优惠券后，可以在客户营销、粉丝营销或互动游戏中发放优惠券。

步骤1：创建活动。

登录“我的速卖通”，点击“营销活动”，在“店铺活动”下选择“店铺优惠券”，点击“创建店铺优惠券”，如图 6-67 所示。

步骤 2：填写活动基本信息，如图 6-73 所示。

图 6-73　编辑基本信息

在“发放渠道”一栏，选择“所有定向渠道”，“所有定向渠道”一栏选择“所有定向渠道”。在“活动名称”一栏内填写对应的活动名称，买家端不可见。注意，如果优惠券商品使用范围选择全部商品，活动开始时间为即时开始生效；如果优惠券商品使用范围选择部分商品，活动开始时间为 2 小时后生效。活动时间默认为太平洋时间。

步骤3：设置优惠券详情，如图 6-74 所示。

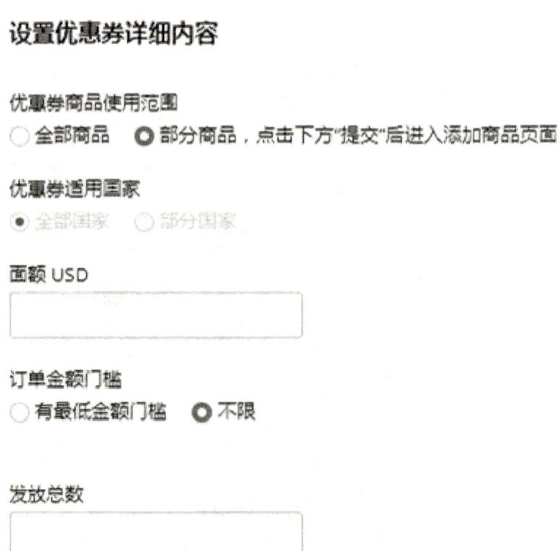

图 6-74　设置优惠券详情

（1）商品使用范围。优惠券使用范围可以选择全部商品，也可以圈选部分商品（提交活动后进入圈选商品界面）。

（2）优惠券适用国家。只能选择全部国家。

（3）面额和订单金额门槛。

面额：优惠券的优惠金额，若优惠券为满 *X* 美元优惠 *Y* 美元时，这里的面额指的是 *Y*。

使用条件：可设置为不限（订单金额满优惠券面额+0.01），“有最低金额门槛”，表示满 *X* 美元优惠 *Y* 美元，这里的最低金额门槛指 *X*。

（4）发放总数。可任意设置。

步骤 4：设置优惠券使用规则，如图 6-75 所示。

图 6-75　设置优惠券使用规则

（1）设置每人限领数量：=>1。

（2）设置使用时间。

（3）选择“买家领域成功起的有效天数”：可设置有效天数指有效期，即买家拿到手后多少天可以用。选择“指定有效期”：优惠券只能在设置的使用时间内使用，其他时间不可使用。

（4）同时在 Feed 频道资源位曝光，勾选后会在 Feed 频道页面上显示对应的优惠图标和信息，对于从 Feed 引流进店有帮助。

步骤 5：点击“提交”，完成设置。

（四）所有定向渠道—客户营销优惠券

设置客户营销优惠券后，卖家可以通过买家会话、邮件、定向优惠券发放将该店铺券发送给用户。

步骤 1：创建活动。

登录“我的速卖通”，点击“营销活动”，在“店铺活动”下选择“店铺优惠券”，点击“创建店铺优惠券”，如图 6-67 所示。

步骤 2：填写活动基本信息，如图 6-76 所示。

在“发放渠道”一栏，选择“所有定向渠道”，“所有定向渠道”一栏选择“客户营销”。在“活动名称”一栏内填写对应的活动名称，买家端不可见。注意，如果优惠券商品使用范围选择全部商品，活动开始时间为即时开始生效；如果优惠券商品使用范围选择部分商品，活动开始时间为 2 小时后生效。活动时间默认为太平洋时间。

6

图 6-76　设置活动基本信息

步骤3：设置优惠券详情，如图 6-77 所示。

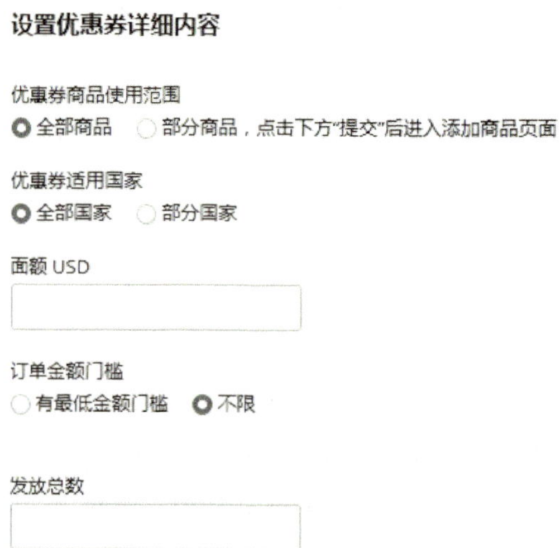

图 6-77　设置优惠券详情

（1）优惠券商品使用范围。优惠券使用范围可以选择全部商品，也可以圈选部分商品（提交活动后进入添加商品界面）。

（2）优惠券适用国家。只能选择全部国家。

（3）面额和订单金额门槛。

面额：同"所有定向渠道—所有定向渠道优惠券"。

使用条件：同"所有定向渠道—所有定向渠道优惠券"。

（4）发放总数。可任意设置。

步骤4：设置优惠券使用规则，如图 6-78 所示。

先设置每人限领数量（=>1），再设置使用时间，设置规则同"所有定向渠道—所有定向渠道优惠券"。

步骤5：点击"提交"，完成设置。

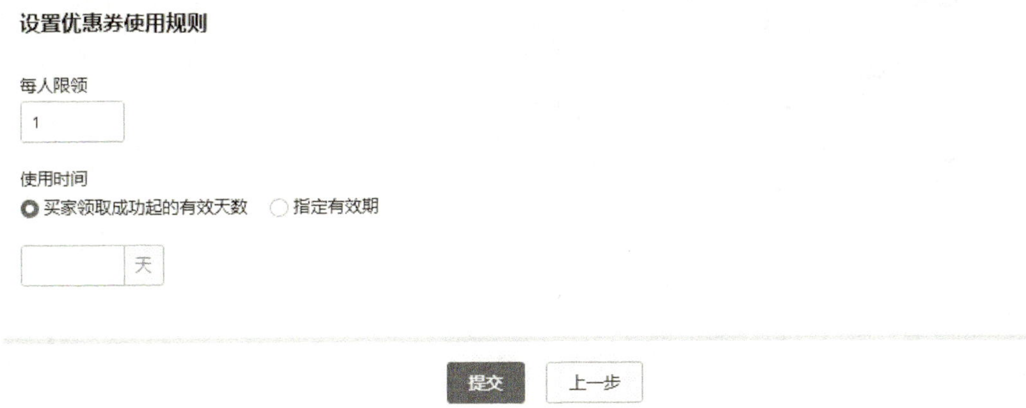

图 6-78　设置优惠券使用规则

（五）所有定向渠道—粉丝营销（feed）优惠券

设置粉丝营销优惠券后，卖家可以在内容营销—粉丝营销中，发帖时添加该优惠券，买家可在 feed 看到并领取。

步骤 1：创建活动。

登录“我的速卖通”，点击“营销活动”，在“店铺活动”下选择“店铺优惠券”，点击“创建店铺优惠券”，如图 6-67 所示。

步骤 2：填写活动基本信息，如图 6-79 所示。

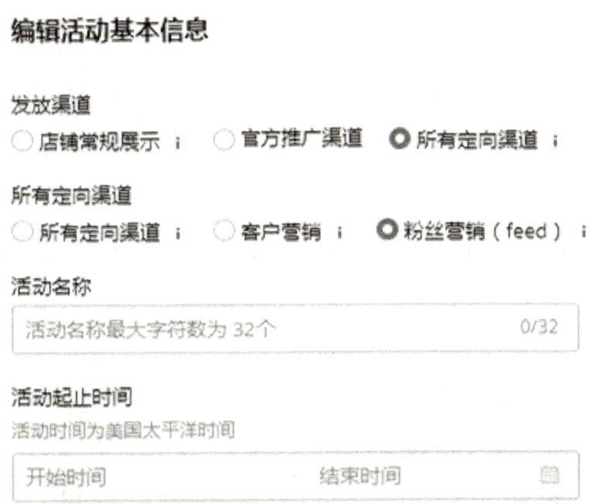

图 6-79　编辑活动基本信息

在“发放渠道”一栏，选择“所有定向渠道”，“所有定向渠道”一栏选择“粉丝营销（feed）”。在“活动名称”一栏内填写对应的活动名称，买家端不可见。在活动开始时间及活动结束时间内设置活动对应的开始时间及活动结束时间。活动时间默认为太平洋时间。

步骤 3：设置优惠券详情，如图 6-80 所示。

（1）优惠券商品使用范围。优惠券使用范围可以选择全部商品，也可以圈选部分商品（提交活动后进入添加商品界面）。

（2）优惠券适用国家。只能选择全部国家。

（3）面额和订单金额门槛。

面额：同“所有定向渠道—所有定向渠道优惠券”。

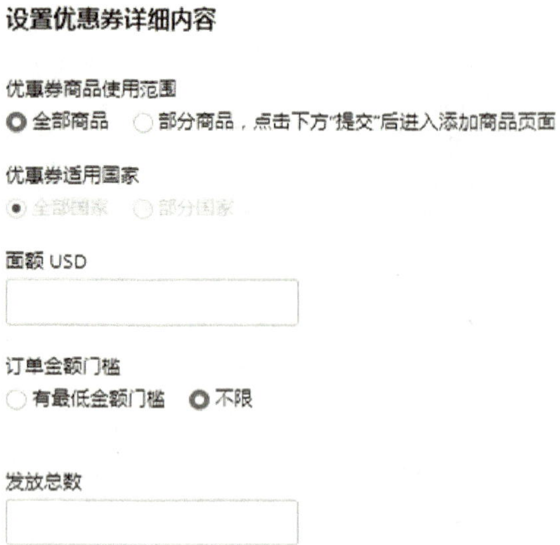

图 6-80　设置优惠券详细内容

使用条件：同"所有定向渠道—所有定向渠道优惠券"。

（4）发放总数。可任意设置。

步骤4：设置优惠券使用规则，如图 6-78 所示。

先设置每人限领数量（=>1），再设置使用时间，设置规则同"所有定向渠道—所有定向渠道优惠券"。

步骤5：点击"提交"，完成设置。

（六）所有定向渠道—互动游戏优惠券

设置互动游戏优惠券后，卖家可以在可在互动游戏的奖励选择中选择该类型优惠券。

步骤1：创建活动。

登录"我的速卖通"，点击"营销活动"，在"店铺活动"下选择"店铺优惠券"，点击"创建店铺优惠券"，如图 6-67 所示。

步骤 2：填写活动基本信息，如图 6-79 所示。

在"发放渠道"一栏，选择"所有定向渠道"，"所有定向渠道"一栏选择"互动游戏"。在"活动名称"一栏内填写对应的活动名称，买家端不可见。在活动开始时间及活动结束时间内设置活动对应的开始时间及活动结束时间。活动时间默认为太平洋时间。

步骤3：设置优惠券详情，如图 6-80 所示。

（1）商品使用范围。同"所有定向渠道—粉丝营销（feed）优惠券"。

（2）优惠券适用国家。只能选择全部国家。

（3）面额和订单金额门槛。同"所有定向渠道—粉丝营销（feed）优惠券"。

步骤4：设置优惠券使用规则，同"所有定向渠道—粉丝营销（feed）优惠券"。

步骤5：点击"提交"，完成设置。

操作思考

1. 优惠券计入历史最低价吗？
2. 一笔订单可以使用几张店铺优惠券？

工作子任务四　设置搭配活动

业务背景

小王是一家跨境电商企业的运营专员，他们公司主要经营的产品是T恤衫，目前主要通过速卖通平台进行海外销售。

小王得知速卖通平台可以将店铺商品进行组合销售，而且现在的速卖通平台上，卖家可以编辑算法创建套餐搭配，进行自主定价。小王想尝试一下搭配活动，通过店铺商品组合销售，刺激订单转化，提高客单价。进行搭配销售活动设置是跨境电商企业运营专员需要掌握的工作技能。

操作分析

首先，要了解什么样的商品可以创建搭配套餐、平台对套餐商品数量的要求是什么、套餐商品的价格应该满足什么要求。其次，掌握如何打开算法搭配套餐，并了解系统每天会创建根据算法推荐的搭配套餐，卖家可以编辑算法创建的搭配套餐，进行自主定价。最后，掌握不同设置下，买家最终会以何种价格购买到搭配套餐。

操作示范

（一）搭配销售

搭配销售用于店铺内商品组合搭配销售方案，实现关联商品推荐，搭配买更优惠的目的，从而提高买家购买欲望。

步骤1：创建搭配套餐。

登录“我的速卖通”，点击“营销活动”，在“搭配活动”下选择“创建搭配套餐”，如图6-81所示。

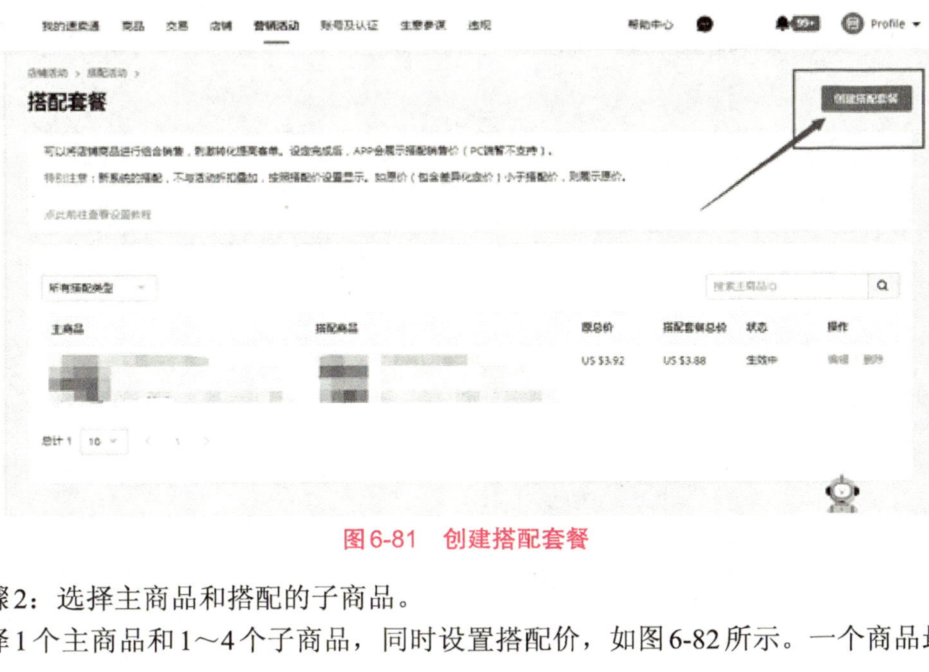

图6-81　创建搭配套餐

步骤2：选择主商品和搭配的子商品。

选择1个主商品和1～4个子商品，同时设置搭配价，如图6-82所示。一个商品最多可作

6

为主商品在3个搭配套餐中，最多可作为子商品放在100个搭配套餐中。

图6-82　选择主商品和子商品

需要设置搭配的内容如下。

设置搭配价：可以批量设置或者单个进行设置，搭配价不可大于商品原价。

通过“删除”可以剔除已选的商品，重新进行商品选择。

通过“前移”“后移”，可以进行子商品的顺序移动，确认在对消费者展示时子商品的搭配顺序。

步骤3：提交搭配创建。

编辑后提交创建的搭配套餐，如图6-83所示。

图6-83　提交搭配

（二）管理搭配销售

可以对创建了的搭配套餐进行编辑或者删除。

（1）编辑搭配套餐，点击列表页套餐右侧的“编辑”按钮，进入编辑页面，编辑后可重新提交，如图 6-84 所示。

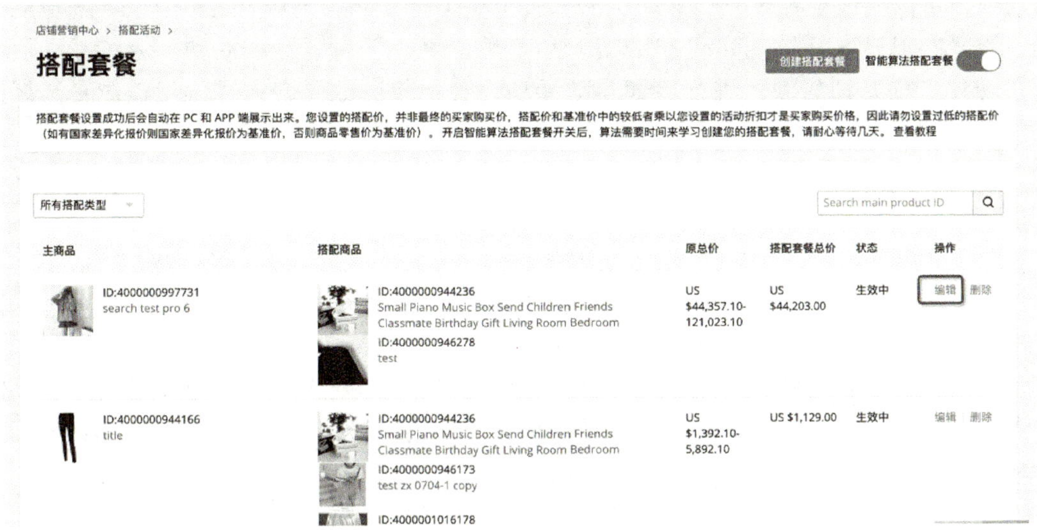

图 6-84　编辑搭配套餐

（2）删除搭配套餐的操作如图 6-85 所示。

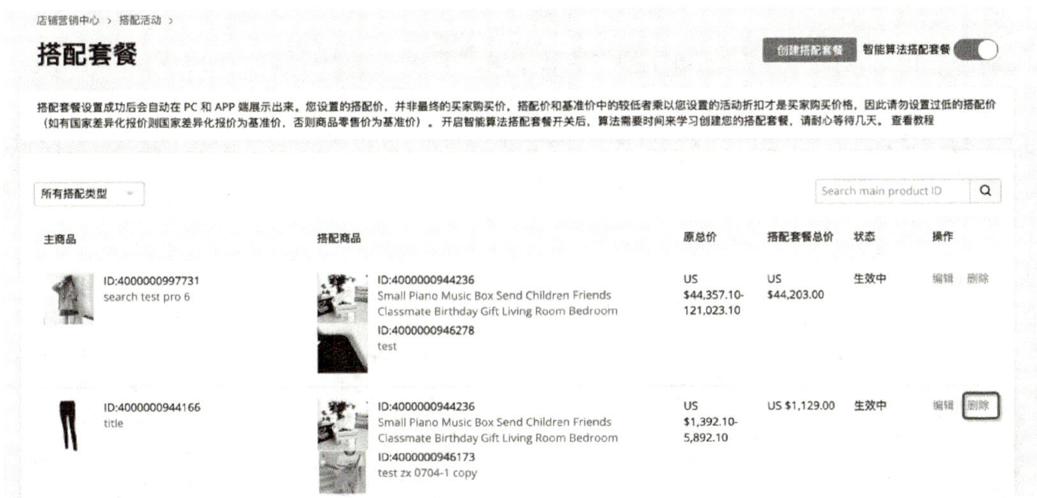

图 6-85　删除搭配套餐

操作思考

1. 在店铺活动中如何设置搭配套餐？
2. 在设置搭配价格时，我们同时要考虑哪些问题？

工作子任务五　设置店铺互动活动

业务背景

小王是一家跨境电商企业的运营专员，他们公司主要经营的产品是T恤衫，目前主要通

6

过速卖通平台进行海外销售。

小王得知速卖通平台推出了一款全新的店铺自主营销工具——店铺互动活动，在店铺互动活动中，可以通过设置对应的互动玩法来吸引买家持续到店铺进行游戏互动，获取店铺的奖励，奖励可以带来后续的转化和成交。小王想尝试一下店铺互动活动，通过互动活动刺激订单转化，提升销售额。进行店铺互动活动设置是跨境电商企业运营专员需要掌握的工作技能。

操作分析

首先，了解什么是店铺互动活动。店铺互动活动包含“翻牌子”“打泡泡”“收藏有礼”三种，其中活动时间、买家互动次数和奖品卖家可自行设置，设置后装修到对应的速卖通店铺页面或者粉丝帖中，可起到快速吸引流量到店的目的。

其次，了解“翻牌子”“打泡泡”“收藏有礼”三种互动活动的玩法和设置方法，同时根据自身店铺情况合理设置互动活动的奖励，从而达到吸引流量到店，刺激买家回访，提升销售额和转化的目的。

操作示范

店铺互动活动分为互动游戏和拼团两类。

（一）互动游戏

互动游戏包括“翻牌子”“打泡泡”“收藏有礼”三种，其中活动时间、买家互动次数和奖品都可自行设置，设置后选中放入粉丝趴帖子中可快速吸引流量到店。

（1）翻牌子：一种九宫格互动活动，有 8 张牌对应 8 种不同的奖励，买家可以通过点击不同的牌获取不同的奖品，其中的奖励由卖家自行设置（可以有空奖），一个买家一次只能点击一张牌，如图 6-86 所示。

（2）打泡泡：一种买家发射弓箭击破泡泡的互动活动，每个游戏有 18 个泡泡，其中的奖励由卖家自行设置（可以有空奖），买家一局游戏只能互动一次，如图 6-87 所示。

图 6-86　翻牌子游戏

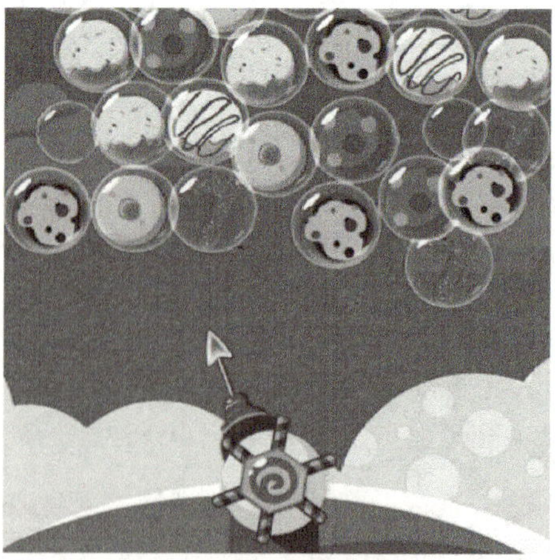

图 6-87　打泡泡游戏

（3）收藏有礼：是一种卖家自行设置的互动活动，买家收藏店铺之后，可以获得相应的奖励，奖励由卖家自行设置。

步骤1：找到互动游戏设置入口。

登录商家后台，点击“营销活动”→“店铺活动”→“互动活动”，进入创建页面后，点击“创建互动游戏”按钮。注：可通过选择“游戏互动”，筛选出互动游戏列表页，如图6-88所示。

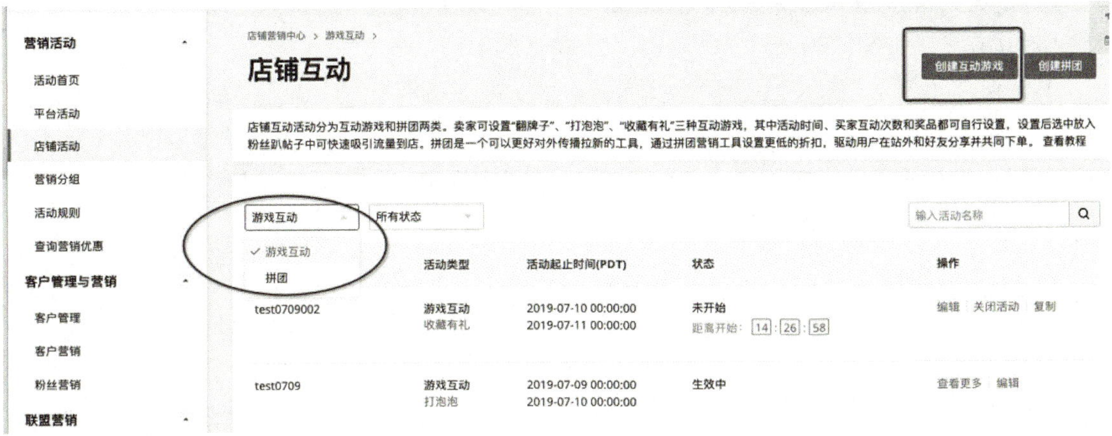

图6-88　找到互动游戏设置入口

步骤2：创建互动游戏。

可点击“创建活动”进入活动基本信息设置页面。活动基本信息设置如图6-89所示。

（1）活动名称最长不超过32个字符，只供卖家查看，不展示在买家端。

（2）活动起止时间为美国太平洋时间。

（3）最长支持设置180天的活动，且取消每月活动时长、次数的限制。

（4）活动时间开始后，活动即时生效。

图6-89　创建游戏基本信息

（5）游戏类型：每次只能选择一种互动类型。

（6）互动次数每人限玩：可选择活动期内每天限制次数（1～100），也可选择活动期间限制互动总数（1～1000）；

（7）图片格式：翻盘子和打泡泡支持自主上传背景图，格式要求具体为：翻牌子300像素×300像素，打泡泡130像素×130像素。

步骤3：奖励设置。

可在图6-90所示的页面中为本互动自行设置对应所需奖励，所设置的店铺优惠券需要和店铺互动活动符合才可以创建。创建时可以添加多个奖励，其中翻牌子奖励至少需要2个，是否空奖也包含在内，最多8个；打泡泡奖励数量至少需要2个，最多需要18个。配置奖励的店铺优惠券必须是定向型店铺优惠券。

图6-90　设置奖励

如果发放金币，那么可制定不同的金币面额，并且明确总的金币发放数量（金币：平台对卖家进行的奖励，只有在特定的活动中才会对卖家发放，具体可在“查看金币账户”中查看，日常卖家是没有金币发放的）。

互动活动进行过程中，如果奖品已经发放完了，可以随时进行奖品替换；系统会默认有一个空奖，当店铺的奖励发放完毕时发给买家空奖。

步骤4：配置透出互动游戏。

互动活动创建完成后买家端不会直接看到，需要卖家设置到粉丝趴的帖子里。

登录“我的速卖通”，点击“营销活动”，在“客户管理”中选择“粉丝营销”，找到“上新帖”配置，如图6-91所示。

图6-91　粉丝营销

操作思考

1. 翻牌子游戏核心玩法是什么，有什么参与门槛？
2. 为什么我设置了多个互动游戏，但是选择的时候只有部分？

工作子任务六　设置店铺优惠码

业务背景

小王是一家跨境电商企业的运营专员，他们公司主要经营的产品是T恤衫，目前主要通过速卖通平台进行海外销售。

小王得知不同于国内客户，海外客户在使用习惯上更喜欢用优惠码。为了更好地适应国外客户的购物习惯，提升买家购物体验，小王准备进行优惠码的设置。了解优惠码的使用规则，掌握如何进行优惠码设置是跨境电商企业运营专员需要掌握的工作技能。

操作分析

首先，要了解店铺优惠码是一种新的营销工具，这一形式更符合海外客户的使用习惯，商家可以针对商品设置一串优惠码（code），买家下单时输入优惠码即可享受相应优惠。

其次，要了解优惠码可以通过自定义和随机两种方式生成，并且在店铺首页、产品详情页或者联盟渠道中展现。在实际使用中建议采取阶梯型门槛的配置，保证店铺同时生效的code活动有高低2个不同的门槛，提升转化率和客单价。

最后，掌握店铺优惠码的设置方法，设置完成后如果有多个优惠码，要了解优惠码的生效规则。

操作示范

步骤1：找到活动设置入口。

点击店铺优惠码中的“创建”按钮进行设置，如图 6-92 所示。

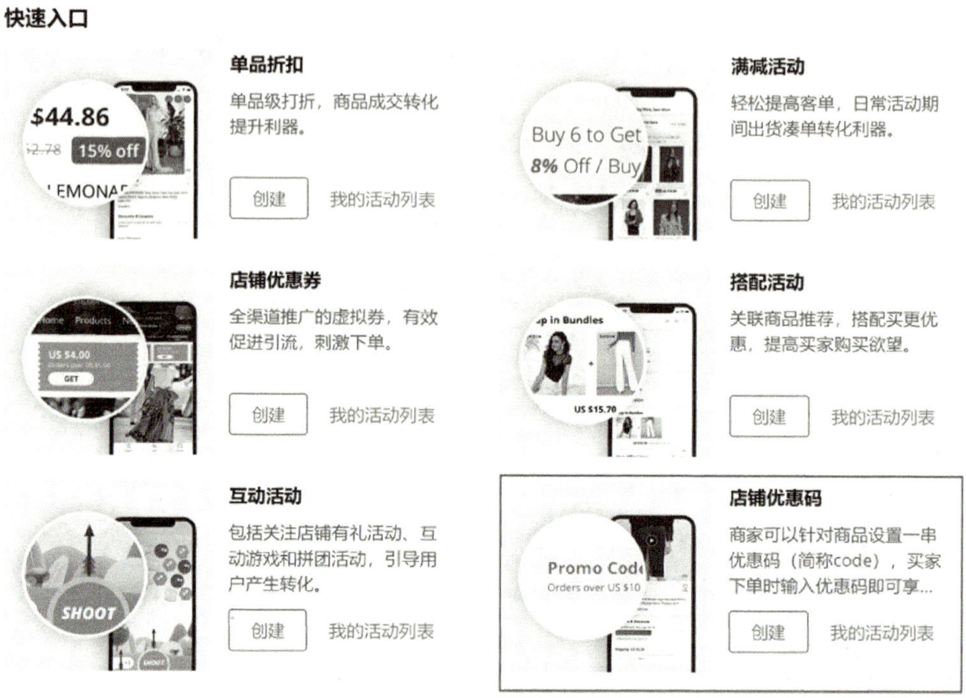

图 6-92　店铺活动设置入口

步骤2：活动基本信息的填写，如图 6-93 所示。

（1）用中文或英文填写活动名称，主要用于在活动管理页面快速定位该活动，活动名称不会展示给买家，所以以中文命名也是可以的。

图 6-93　店铺优惠码活动基本信息设置

（2）设置活动起止时间。活动起止时间一律为美国太平洋时间（比北京时间晚 16 个小时，如北京时间 20:00 相当于美国太平洋时间 04:00），活动有效期最长可设置 180 天。

特别注意：活动起止时间等同于 code 有效期。

步骤3：优惠码生成设置如图6-94所示。

（1）选择code生成方式。目前提供两种code生成方法：一种为商家自定义；另一种为随机生成。

商家自定义：商家可以手动填写一串code，由6～12位数字与英文字母组成，无法重复使用，这种方式不是很方便，建议使用随机生成方式，一键生成code。

（2）code展示。可以选择是否在商品详情页展示，若设置为展示，则该code将展示在商品详情页的优惠入口及优惠弹层（操作方式见上方获取code处）；否则不会在商品详情页展示，商家可以通过其他方式进行code分享传播。

图6-94　店铺优惠码活动信息设置

需要特别注意，若1个商品同期存在2个及以上生效中的code，且商家均选择在商品详情页展示，优先级规则如下：

- 若优惠比率不同，则优先推荐比率大的优惠；

举例：$100～10，比率为10%；满$200～30%，比率为30%，则优先推荐满$200～30%。

- 若优惠比率相同、优惠门槛不同，则优先推荐门槛更小的优惠；

举例：$100～20，比率为20%；满$50～20%，比率为20%，则优先推荐满$50～20%。

- 若优惠比率相同，优惠门槛相同，则优先推荐满立折优惠；

举例：$100～20，比率为20%；满$100～20%，比率为20%；则优先推荐满$100～20%。

- 若优惠比率相同，优惠门槛相同，优惠内容计算规则相同，则优先推荐快到期的优惠；
- 若优惠比率相同、优惠门槛相同、优惠内容计算规则相同、到期时间相同，则优先推荐创建最早的优惠。

（3）社交推广平台。开启后，将支持网红/达人获取code并在社交媒体等渠道分享。

（4）活动使用范围。目前提供全部商品和部分商品两种活动使用范围。

- 全部商品：即店铺全部商品，包括后续上新的商品，都将在该活动下生效。
- 部分商品：即手动挑选部分商品在该活动下生效，在活动基本信息填写完毕后提交活动，后续可以手动添加或删除。

（5）发放总数。发放总数即该活动下，code（含多个，社交推广平台会生成1个或多个code）可被所有买家使用的总次数。

举例：某活动发放总数为10000，且有10个code，则无论使用哪个code下单，最终合计使用次数不超过10000。活动进行时，可通过修改发放总数来满足更多买家需求。

注：若1笔订单最终被取消，则发放总数相应退回1次。

（6）每人限制使用次数。每人限制使用次数即该活动下，每个买家可使用code（含多个）的总次数，最多可设置5次。

举例：某活动设置每人限制使用次数为3次，活动有10个code，则无论使用哪个code下单，最终使用次数不超过3次。

注：若1笔订单最终被取消，则使用次数相应退回1次。

步骤4：设置优惠内容。

（1）选择活动类型。目前提供“满立减”和“满立折”两种类型。

（2）填写使用门槛。如图6-95和图6-96所示，商家需要填写该code使用门槛，单笔订单金额大于等于所设金额。

图 6-95　满立减优惠金额设置

图 6-96　满立折优惠金额设置

最低挡门槛建议略低于自己店铺的平均客单价，以提升转化率。参考系数为0.8。

最高挡门槛建议略高于自己店铺的平均客单价，可提升客单价。参考系数为1.5。

（3）填写优惠内容。如图6-95和图6-96所示，商家需要填写该code优惠幅度，若选择满立减，则填写优惠额度绝对值，若选择满立折，则填写优惠额度折扣。

注：若商品单价较小，选择折扣的方式可以更好地吸引买家成交。

操作思考

1. 思考自己店铺产品在设置优惠额度时，设置什么样的门槛比较合适？如果换一个品类这样设置是否还合适？

2. 如果有多个优惠码，那么优惠码的生效规则是什么？

工作子任务七　设置购物券活动

业务背景

小王是一家跨境电商企业的运营专员，他们公司主要经营的产品是T恤衫，目前主要通过速卖通平台进行海外销售。

小王了解到购物券是速卖通平台一种新型的优惠形式，参与设置购物券活动后，卖家可以接触到全网买家，且能享受到额外的搜索筛选和流量倾斜，可以有效地提高店铺曝光率。此外，合理地设置购物券门槛还有助于企业提升客单价，因此小王准备参与店铺购物券活动。如何进行店铺购物券的设置是跨境电商企业运营专员需要掌握的工作技能。

操作分析

首先，速卖通购物券会在买家端以券的形式显示，但实际代表的是一种买家在购物时直接抵减一定面额现金的消费权益，卖家并不能因此获得与买家所用购物券等值的现金收入。

其次，要了解购物券的活动规则是由平台决定的，购物券也是由平台发放给买家的，卖家自己无法发放，面额为定值。

最后，掌握购物券的设置方法，卖家能够根据平台给出的基础规则设置相应的门槛和张数，买家在参与该活动的店铺下单时，如果满足单店门槛且有张数剩余时即可领取使用。

操作示范

参与平台活动，会要求先设置符合条件的购物券活动（具体参照每个平台活动的要求），系统会根据是否已设置符合要求的购物券活动给予活动报名入口。

购物券的设置特点如下：

（1）购物券由平台发放给买家，买家领到后满足门槛即可使用，单店铺或跨店铺满足均可使用，每满X美元减Y美元，且上不封顶。例如，15减2的门槛，则满30减4，满45减6，以此类推。

（2）买家成功在店铺内使用且支付成功后，卖家才需要出资，在发放阶段无任何资金的提前占用。

（3）购物券门槛可以自己选择，但是每个店铺只能选择一挡门槛，可以有效地提升客单价。

（4）购物券可与其他店铺级别或者平台级别优惠权益（单品优惠、优惠券、满立减）叠加使用，下单时优惠的计算顺序为单品折扣—店铺满减（满件折/满立减）—店铺优惠券—购物券—平台 Coupon—平台满减。

步骤 1：登录“我的速卖通”，点击“营销活动”—“店铺活动”，选择“购物券”后进入列表页面（图 6-97 所示图片为示意图，请以商家后台实际显示为准），选择对应购物券活动后，点击“报名活动”后进入设置页面。

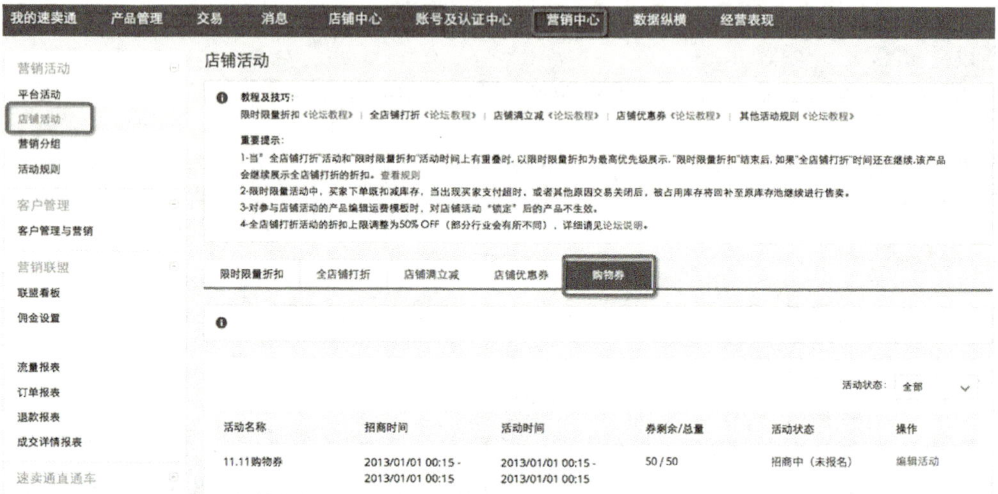

图 6-97　购物券活动设置页面

步骤 2：填写优惠总金额，请以后台招商入口实际要求为准，选择优惠面额门槛（不同行业要求门槛不一致，请以后台入口实际展示为准），面额门槛只可选择一挡，如图 6-98 所示。

图 6-98　设置优惠总金额

步骤3：点击“确认”按钮即报名成功，优惠券活动一旦报名就不可关闭，即使平台活动未审核通过购物券活动仍有效。所以一定要谨慎设置优惠券金额。在购物券活动招商结束前，只可修改优惠总金额和门槛，且优惠总金额不得少于最低门槛（如报名平台活动最终全部商品审核不通过，则可将金额修改成最低1000美元）。

步骤4：优惠券活动招商结束后，只能增加优惠金额，其余均不可修改，如图6-99所示。

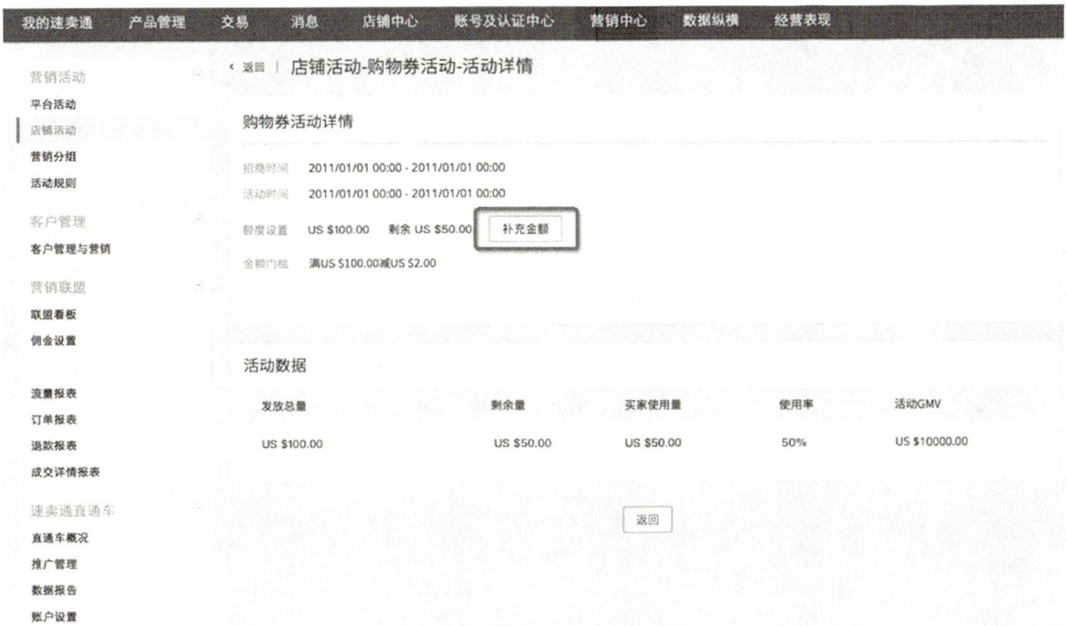

图6-99　增加优惠金额页面

操作思考

1. 参与购物券活动能够给卖家店铺带来哪些好处？
2. 速卖通平台上购物券是否可以跟其他优惠活动一起使用？使用的优先级顺序是怎样的？
3. 速卖通平台上购物券的扣减规则是怎样的？

工作子任务八　设置关联营销

业务背景

小王是一家跨境电商企业的运营专员，他们公司主要经营的产品是T恤衫，目前主要通过速卖通平台进行海外销售。

关联营销是速卖通卖家在日常店铺运营中一项重要的工作内容，关联营销对店铺内部流量的分享指引及二次转化起着重要的作用。关联营销也是推新品、打造爆款、提升店铺整体销量的重要工具。因此，小王正准备进行店铺关联营销活动。进行关联营销设置是跨境电商企业运营专员需要掌握的工作技能。

操作分析

首先，我们要了解关联营销是一种有效的营销手段，可以减少客户的跳失率。当客户点击进入一个商品的详情页时，如果店铺做了关联营销，就会增大客户继续浏览店铺其他商品的概率，提高客户在店铺的停留时间和增加浏览页面，从而减少客户跳失率。

其次，要使用关联营销，就要掌握其模板的制作过程，同时还要兼顾店铺详情页的美观性，在不影响买家购物体验的同时增加店铺销量。

操作示范

报名参加平台活动步骤如下。

步骤1：设置关联营销模板，需要点击“商品”→“产品信息模块”→“新建模块”，进入模板设置环节，如图 6-100 所示。

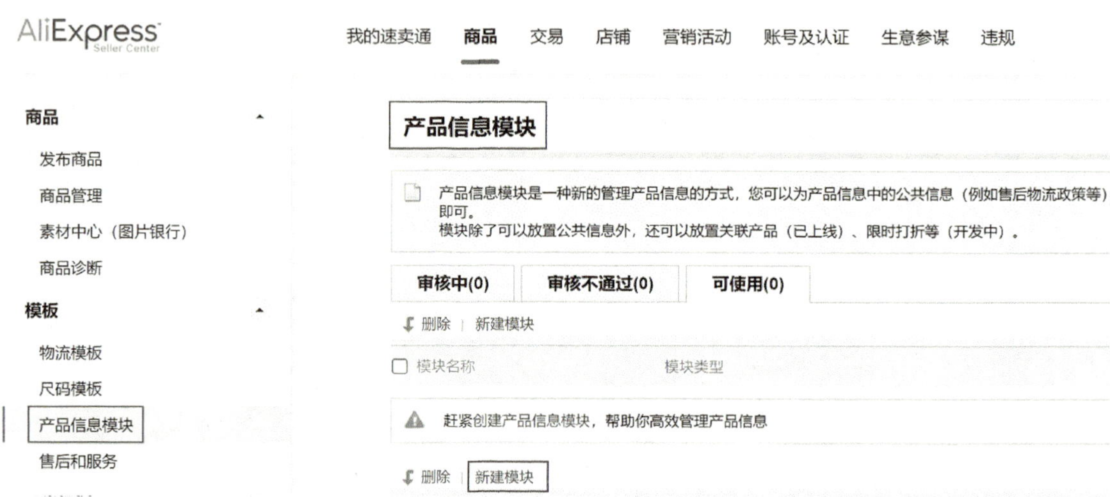

图 6-100　设置关联营销模板

步骤2：在“模块类型”中选择“关联产品模块”，点击“继续”按钮，如图 6-101 所示。

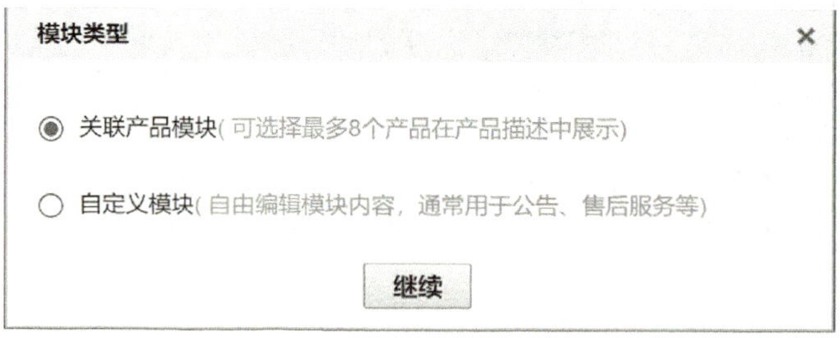

图 6-101　关联营销模板设置

步骤3：在弹出的关联营销模板中设置模块名称，注意模块名称只能输入英文，不能是中文。模块最多能添加 8 个商品，找到跟当前商品关联度高的商品进行添加，这样能增加点击率，吸引客户购买，如图 6-102 所示。

步骤4：关联模板设置完成后，在后台可以查看到模板标题，将来发布产品时就可以直接插入详情页中去了，如图 6-103 所示。

6

图 6-102　关联模块产品添加

图 6-103　关联营销模板设置完成效果

操作思考

通过以上操作，完成了关联营销模板的设置，请在此基础上思考并回答以下问题：

1. 关联营销模块是否会影响当前产品的销售？
2. 在该模板中放置店铺里的哪些产品比较适合？

职业技能训练

小周是一家跨境电商企业的运营专员，该企业主要经营的产品是户外运动产品，目前主要通过速卖通平台进行海外销售。小周打算通过参加速卖通站内营销活动来提升产品流量。请你帮助小周在模拟实训系统中完成以下工作任务：

（1）设置平台促销任务。

（2）设置频道活动［Flash Deals（含俄罗斯团购）、试用频道、金币活动］。

（3）设置店铺活动（单品折扣、满减活动、搭配活动、互动活动、店铺优惠券、店铺优惠码等）。

6

工作领域七　设置站内营销平台活动（亚马逊）

工作任务一　设置亚马逊平台营销活动

【任务目标】

- 能够熟练使用亚马逊卖家后台促销工具，参加和管理站内营销活动。
- 能够恰当选择要推广的商品，设置秒杀和优惠券活动。

【思维导图】

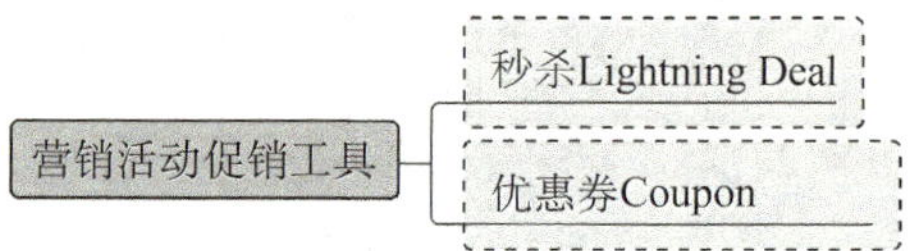

【知识回顾（回答问题）】

1. 什么叫秒杀？
2. 什么叫优惠券？

工作子任务一　设置秒杀活动

业务背景

小徐负责运营所在跨境电商企业亚马逊平台中东站，他们公司主要经营的产品是宠物玩具，中东站为公司新开站点，小徐负责的产品有一款撸猫手套，恰逢黑五来临，他打算利用亚马逊提供给卖家选用的促销工具，为买家提供综合折扣优惠，和购物奖励的各种促销功能配合使用，希望能起到带动买家下单促进销售的目的，使这款产品排名提升。

操作分析

我们来帮助小徐分析一下工作目标，首先是促进销量提升，不同的促销工具会带来不同的效果，在合适的时机使用恰当的促销工具，将拥有极大的可能性为店铺带来较高的销售额，尤其是秒杀促销；其次，几乎所有的促销工具都会给买家带来一定的价格优惠，而买家通常希望能找寻低价实惠的商品，因此，恰当地使用促销工具有助于消费者发现小徐店铺的商品，并且会有一定的回购率；再次，提升品牌知名度，创建促销同样也会为品牌带来一定的曝光量，当买家购买商品时，自然会关注所购买商品的品牌，从而产生一定的品牌忠诚度；最后是光环效应，促销活动所能带来的效果不仅体现在促销期间，在促销结束后的一定时期内，也同样会给品牌商品以及店铺的运营带来一定增益效果，秒杀和 7 天促销是限时促销优惠，参与的商品将显示在亚马逊促销页面中，配合黑五高流量季有助于小徐目标的达成，进而优化店铺运营。

操作示范

步骤 1：进入亚马逊商家后台，点击秒杀（如图 7-1 所示）。

图 7-1　秒杀入口

步骤 2：创建新促销（如图 7-2 所示）后，会在亚马逊访问量最大的页面之一“亚马逊促销页面”上展示此商品。

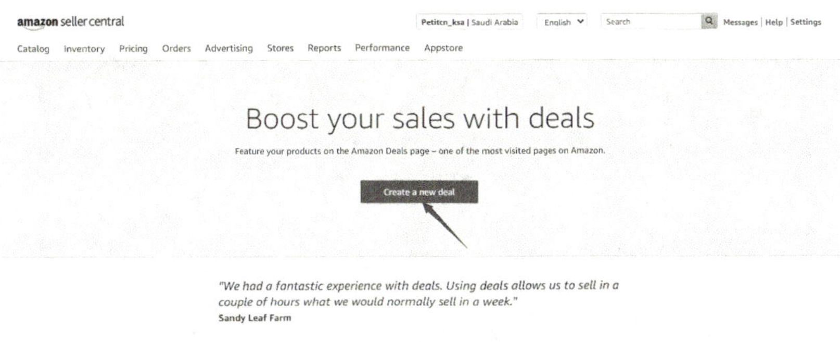

图 7-2　创建新促销

步骤 3：选择符合条件的商品进行秒杀促销（如图 7-3 所示）。

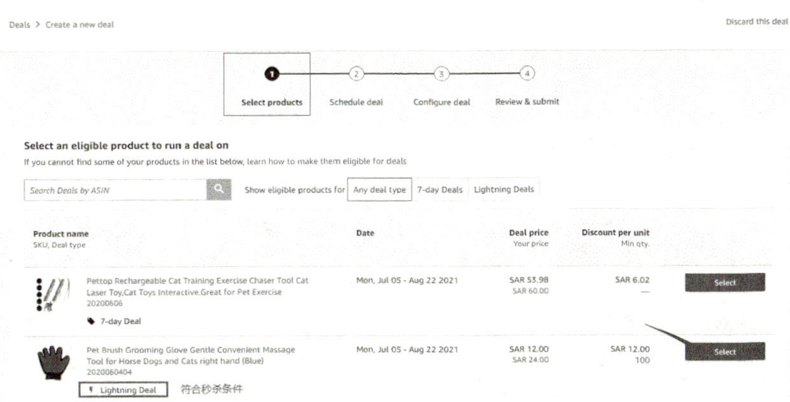

图 7-3　选择秒杀商品

步骤4：选择你想要推出促销活动的时间后继续下一步操作（如图7-4所示）。秒杀将安排在选定周的某一天内进行。如果秒杀获批，可以于秒杀计划开始前一周内在秒杀控制面板中查看安排的开始日期和时间。

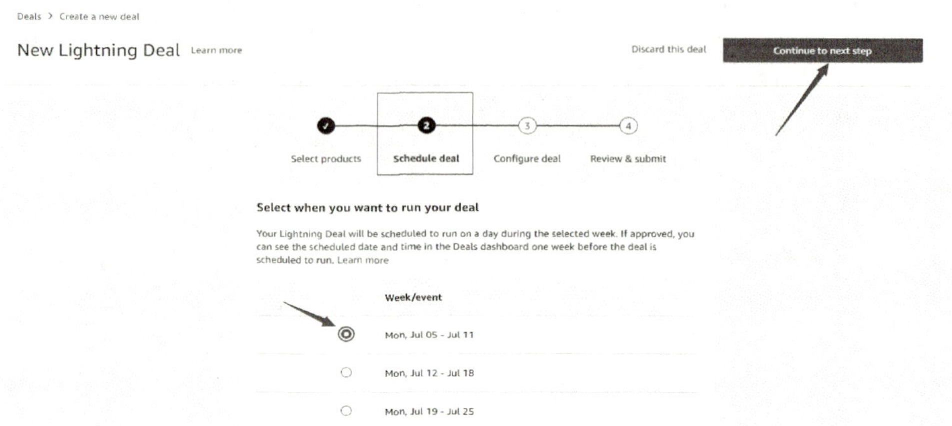

图7-4　设置秒杀活动时间

步骤5：配置参与秒杀商品的促销价格、每件商品的折扣、确定参与秒杀的最低数量（如图7-5所示）。应包含尽可能多的商品变体，以免促销被拒绝。对于某些商品，至少65%的变体都应包含在促销活动中，但此标准可能会因区域而异且在一年中的不同时段会有变化。

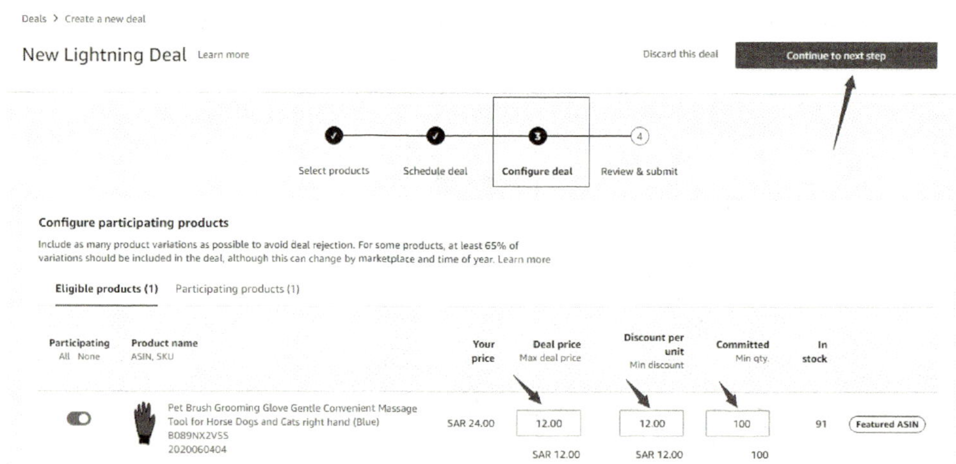

图7-5　配置秒杀商品参数

请检索规定的三个品类，选择三种符合秒杀要求的产品，将设置好的信息填写到表7-1中，以提供秒杀活动效果分析数据。

表7-1　秒杀活动选品信息表

实训序号	品类	品名	原价	秒杀价格	单件折扣	提报数量	库存数量
1	服装						
2	户外运动						
3	玩具						

步骤6：查看秒杀详情，可编辑秒杀自定义内部描述，确认后提交（如图7-6所示）。

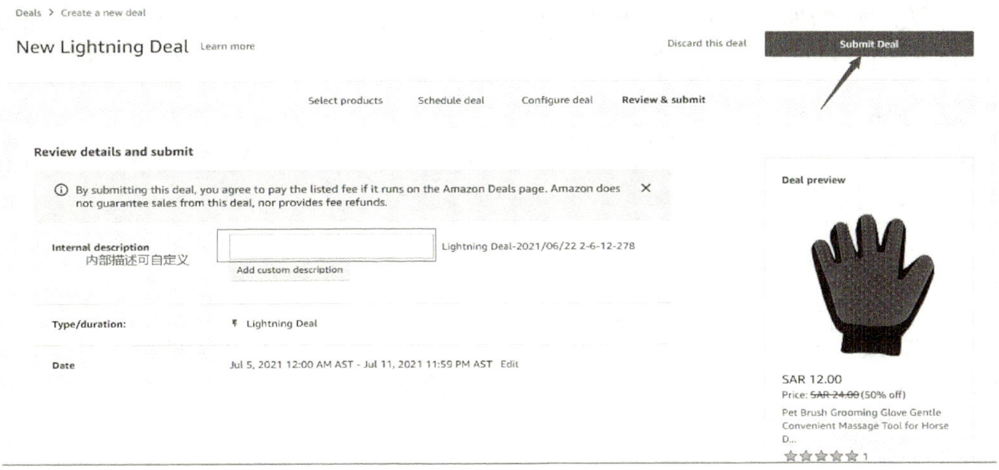

图7-6　确认提报

操作思考

1. 拥有哪些基本条件会有助于该产品成功入选秒杀促销活动？

2. 促销折扣会与同时进行的其他促销活动提供的折扣进行叠加吗？例如，该款玩具单价为AED 100，通过促销提供20%的折扣，同时提供了折扣为5%的优惠券，消费者的购买价格是多少？

工作子任务二　设置优惠券

业务背景

小王是天津某跨境电商企业亚马逊平台美国站的运营人员。小王最近上了一款新品家居服，美国站流量大但商户众多，竞争异常激烈，小王心里对自己的选品是否适销对路没有信心，他打算利用亚马逊提供给卖家选用的促销工具在Prime Day即将来临之际提升新品业绩。

操作分析

首先，当买家发现购买商品可以享受促销优惠时，可能会提高其做出购买决策的概率，尤其是在Prime Day、黑五、网购星期一等销售旺季时。小王根据所负责美国站点店铺运营情况和所负责品类商品的销售情况，结合亚马逊平台会员日使用多种多样的促销工具，创建富有特色的优惠活动。其次我们分析，小王在选择促销工具时，亚马逊优惠券是一种面向所有卖家的常见促销手段，且设置门槛相对较低，针对小王负责的家居服，可以通过优惠券为单个商品或一组商品创建折扣，还可以享受由亚马逊提供的自动推广服务。通常优惠券的持续时间为1天至90天，并且在亚马逊购物商城的PC端和移动端推广，可以高效精准地触达目标客群。再次，采用优惠券促销形式，有助于提升新买家的下单率和老顾客的回头率，同时能针对不同的客户族群，如特别为Prime会员、母亲或学生群体提供定制优惠券，从而增强优惠券投放的精准度，使得优惠券可以在一定程度上为商品增加曝光。最后，帮助提升品牌知名度，增加商品被发现的可能性，由于亚马逊会自动推广优惠券，且搜索结果和优惠券主页均设置了特别的促销标志，而且设置优惠券无须 ASIN 拥有销售历史，因此，当为商品（尤其是新品）设置优惠券后，将会一定程度上增加商品流量，提升转化率，且优惠券的有效期限最长可达三个月，适用于新品或者刚起步的卖家。鉴于亚马逊会自动推广优惠卷，因此，在 Prime Day 旺季设置优惠券会带来额外流量。基于以上四点，我们建议小王使用优惠券工具。

操作示范

步骤 1：在广告下拉菜单中，点击优惠券（如图 7-7 所示）。

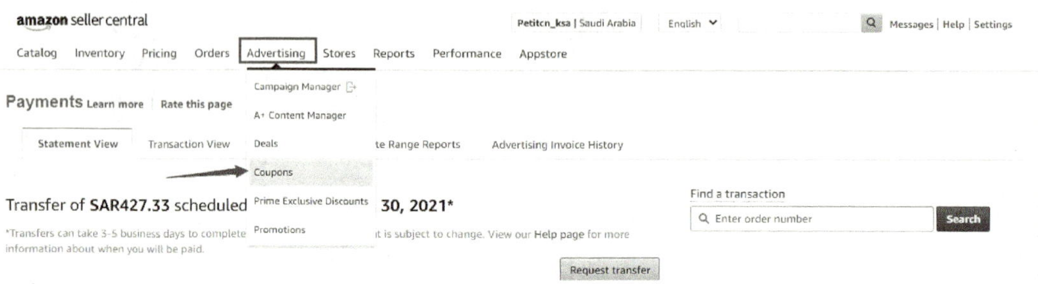

图 7-7　优惠券入口

步骤 2：创建新优惠券，查看可创建优惠券的商品列表（如图 7-8 所示）。

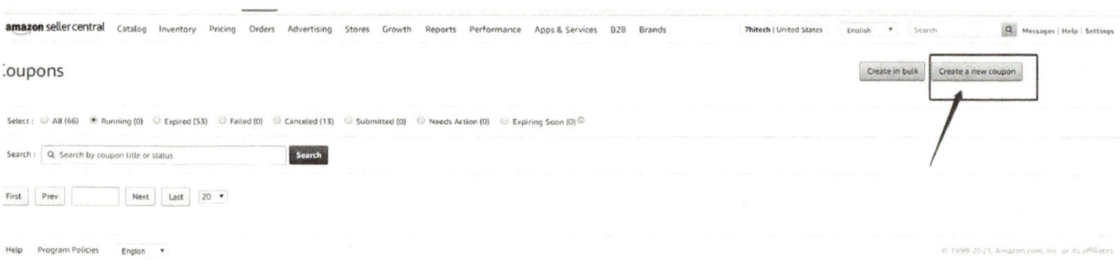

图 7-8　创建优惠券

步骤 3：输入 SKU 或 ASIN 后点击“GO”按钮添加到优惠券（如图 7-9 所示）。

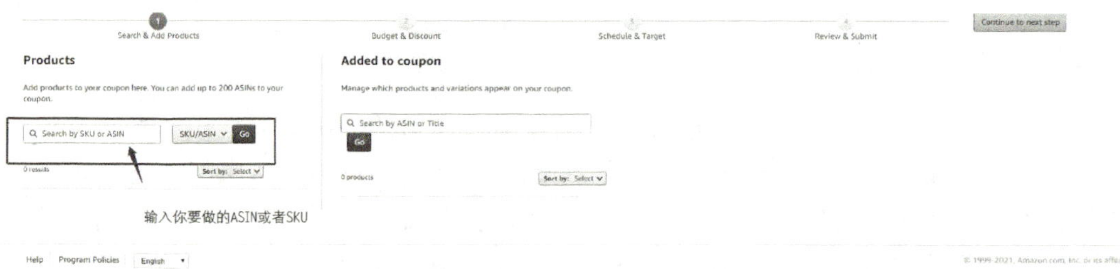

图 7-9　搜索商品

步骤 4：管理变体，选择相关商品（如图 7-10 所示）。

步骤 5：确定好商品后，点击“Continue to next step”按钮进行下一步操作（如图 7-11 所示）。

步骤 6：选择“满减→输入具体金额”或者“百分比折扣→输入折扣比例”，选择“优惠券限制”制定优惠券规则（如图 7-12 所示），为优惠券设置预算后点击“Continue to next step”按钮进行下一步操作——提报优惠券活动。

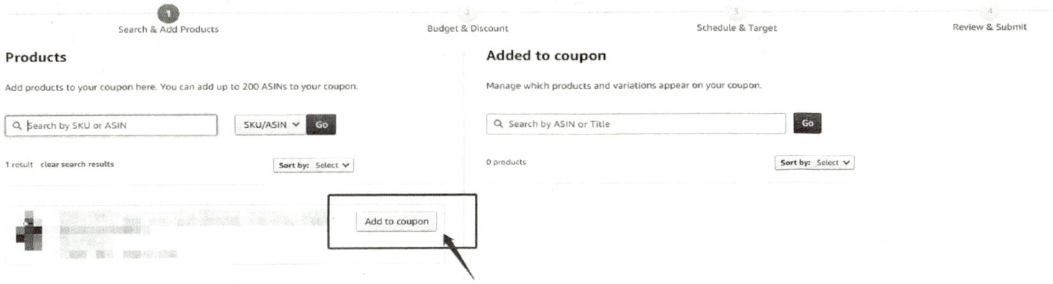

图7-10　选择商品

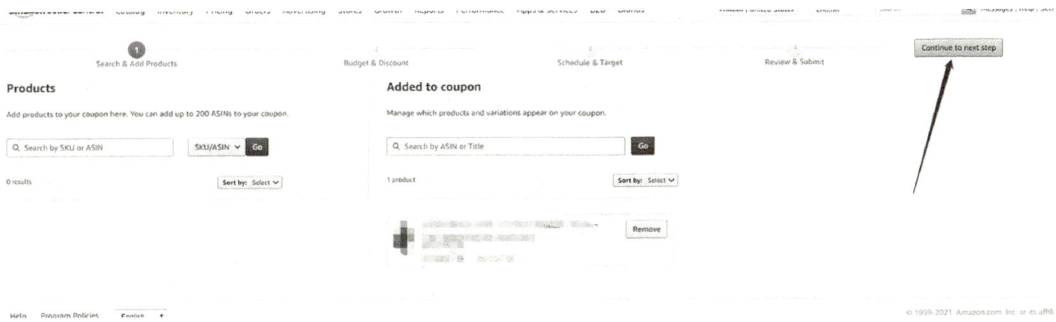

图7-11　确定商品提报

图7-12　设置优惠券规则

请检索规定的三个品类，选择三种符合优惠券要求的产品，将设置好的信息填写到表7-2中，以提供优惠券活动效果分析数据。

表7-2　优惠券活动选品信息表

实训序号	品类	品名	优惠券金额	优惠折扣	优惠券规则	发放金额预算
1	服装					
2	户外运动					
3	玩具					

步骤7：输入优惠券名称、开始日期、结束日期，点击“Continue to next step”按钮，为优惠券设置有效时间（如图7-13所示）。

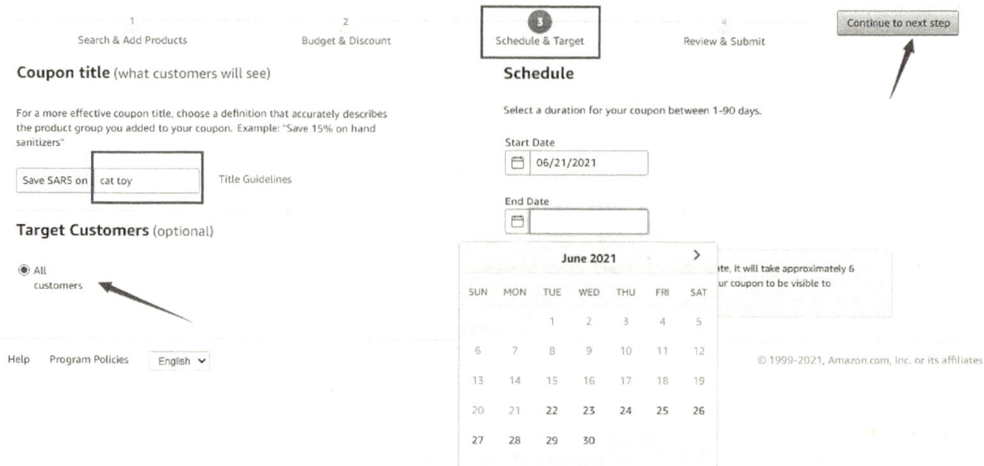

图 7-13　设置优惠券时间

步骤8：查看创建的优惠券信息，确认无误后点击“Submit coupon”按钮，完成优惠券创建（如图 7-14 所示）。

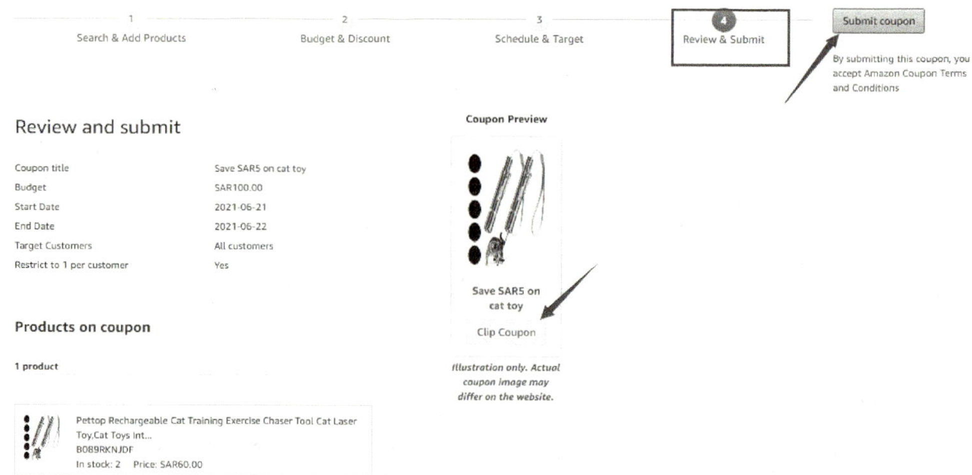

图 7-14　确认创建

操作思考

1. 所有商品都可以创建优惠券吗？需要满足什么条件？
2. 商品评价数量及星级与创建优惠券有关系吗？

工作任务二　设置亚马逊平台营销推广活动

【任务目标】

- 能够选择要推广的商品，针对关联性较高的关键词或者商品属性进行手动广告投放。
- 能够熟练设置自动广告投放推广商品。

【思维导图】

【知识回顾（回答问题）】

1. 如何设置秒杀活动？
2. 如何设置优惠券活动？

工作子任务一　设置手动广告活动

业务背景

小王是公司的运营主管，负责亚马逊美国站的商品运营，面对这个客户量庞大但竞争也异常激烈的市场，如何扩大品牌知名度，让公司商品更多出现在客户面前，从而激发其购买意向，增加销售机会，并培养客户忠诚度是他面临的一个重要的课题。亚马逊搜索类广告，按单次点击付费CPC，可以更好地帮助监测和优化广告投放效果，从而扩大广告覆盖面，塑造品牌形象。小王仔细选择了一款连衣裙产品，要为其设置手动广告推广，准备配合系列促销活动打造爆款。

操作分析

小王的举措要建立在一定的运营经验基础上，对于拥有定位经验的高级运营人员而言，手动定位有助于针对性地定位关键词和商品。可以为关键词选择不同的匹配类型，并选择与商品相关的分类、品牌或功能。第一，更了解消费者，亚马逊手动广告可以更加精准地触达最有购买意愿的消费者；第二，更贴近的信息，手动广告可以帮助小王在效果最好的时间和位置向相关性最高的受众展示更贴近他们需求的推广信息；第三，更直观的数据，手动广告反馈的数据可以为小王提供重要参考，帮助小王规划和优化自己的营销策略，从而获得理想的效果。

操作示范

步骤1：进入亚马逊商家后台，找到广告功能栏，点击下拉菜单中的广告活动管理进入（如图7-15所示）。

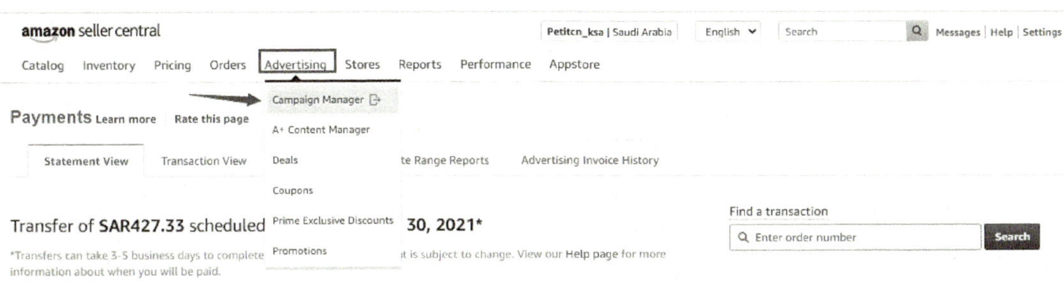

图7-15　广告入口

步骤2：点击创建广告活动（如图7-16所示）。

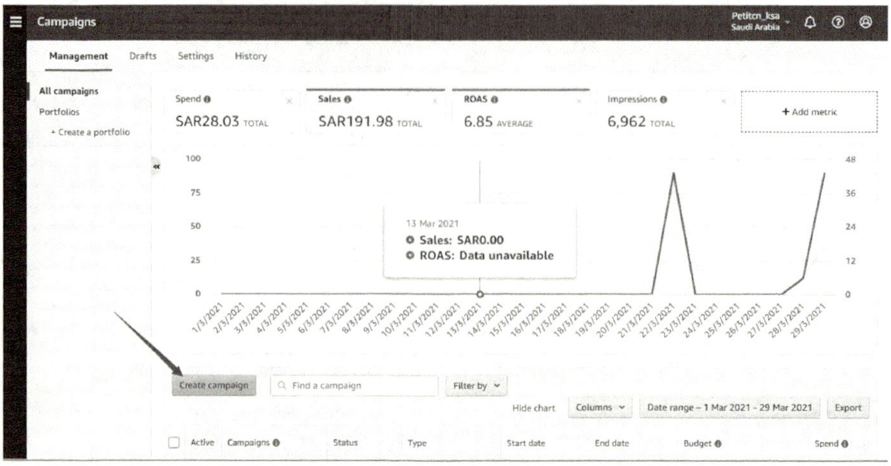

图7-16　创建广告活动

步骤3：选择广告类型中的产品广告，点击“Continue”按钮（如图7-17所示）。

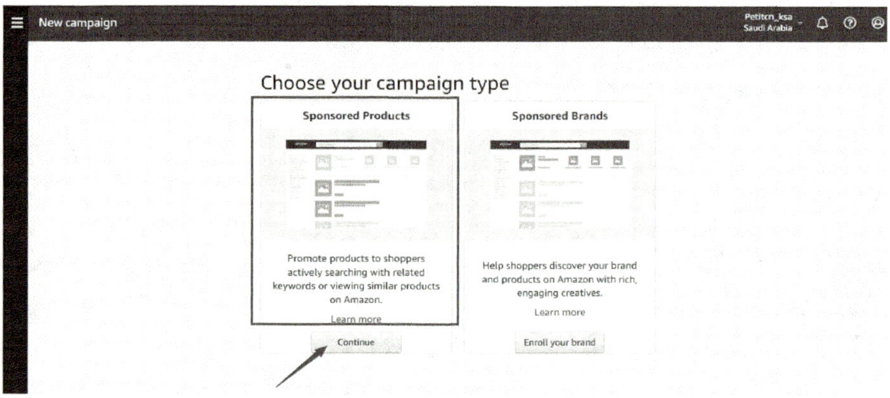

图7-17　创建产品广告

步骤4：选择定向策略中的手动投放，设置广告活动名称并设置本广告的开始时间和结束时间及每日预算（如图7-18所示）。

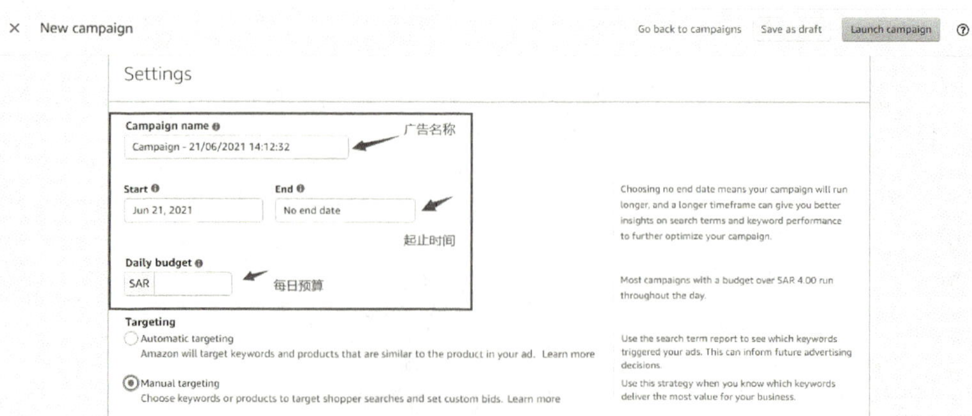

图7-18　选择并设置手动广告

步骤5：选择广告活动竞价策略，设置为动态仅降价，或是动态升高降低，或是固定竞价；根据广告位置出现在搜索结果顶部还是产品页面来调整竞价（如图7-19所示）。

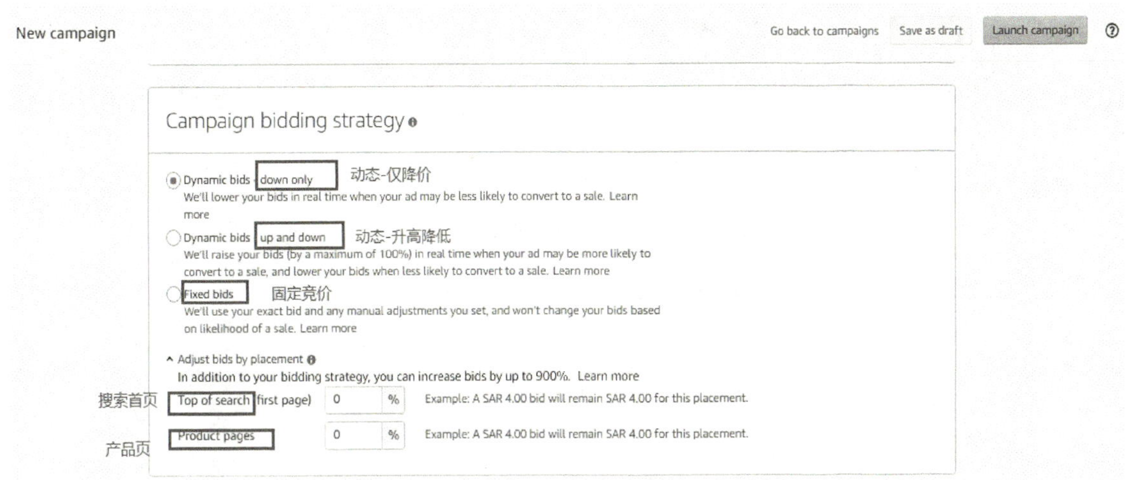

图7-19　设置广告活动竞价策略

步骤6：创建广告组，将属于相同品类和价位的商品分为一组，共享相同关键词和商品广告（如图7-20所示）。

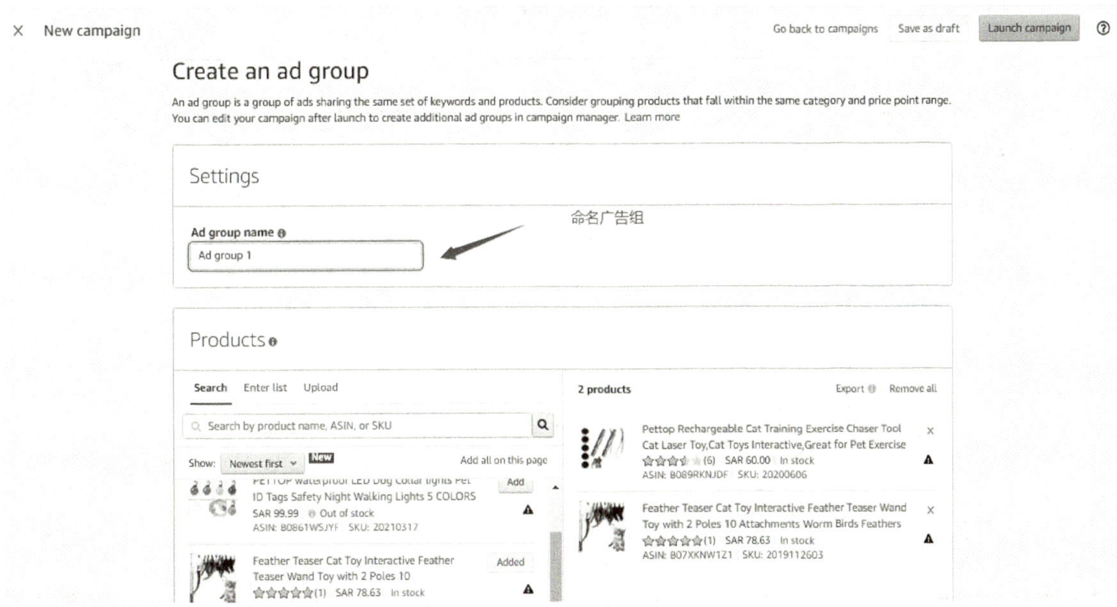

图7-20　创建广告组

步骤7：为每个广告组选择一种广告投放类型，可选择关键词广告或者选择商品广告，这里以关键词广告为例（如图7-21所示）。

步骤8：设置关键词匹配类型和竞价（如图7-22所示）。

请大家检索规定的三个品类，选择三种符合手动广告投放要求的产品，将设置好的信息填写到表7-3中，以提供手动广告活动效果分析数据。

7

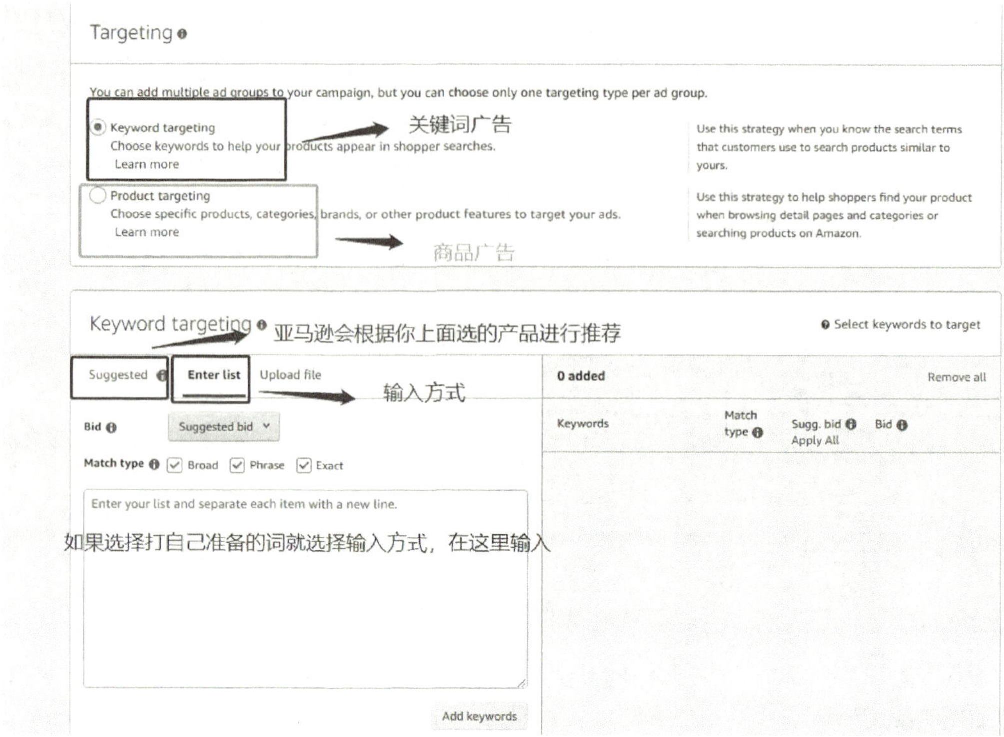

图 7-21　设置手动广告关键词

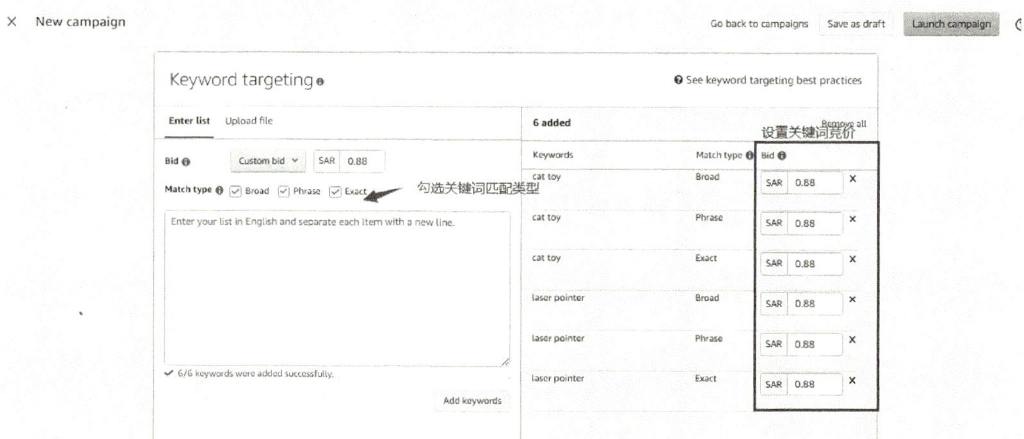

图 7-22　设置关键词竞价

表 7-3　手动广告活动选品信息表

实训序号	品类	品名	每日预算	关键词	匹配类型	竞价
1	服装					
2	户外运动					
3	玩具					

操作思考

1. 广告会在设置好的时间范围内一直有效吗？
2. 亚马逊平台广告在什么情况下会被系统自动暂停？如何恢复投放？

工作子任务二　设置自动广告活动

业务背景

小于是亚马逊新手，刚刚独立上新一款宠物玩具产品，他想做一下推广试试效果。他知道亚马逊平台的广告可以创建两种类型的定位：自动定位和手动定位（“定位”是指使用关键词和商品，在搜索结果页和商品详情页面上向相关买家展示的广告），但不知使用哪个效果更好。

操作分析

做手动广告推广需要运营人员有一定的经验积累并对产品推广关键词有准确的把握，所以还是利用自动广告推广一段时间比较适合小于的情况。通过自动定位，平台会将广告与关键词以及与广告中商品相似的商品进行匹配。平台会根据与卖家商品信息相关的买家搜索为你选择关键词和商品匹配。自动定位可帮小于这样的新手轻松快速地创建广告活动。广告活动投放后，可以在广告活动管理中查看广告活动业绩，以监控广告的展示次数和点击次数，并修改定位以实现小于的业务目标。

操作示范

步骤1：进入亚马逊商家后台，找到广告功能栏，点击下拉菜单中的广告活动管理进入（如图7-23所示）。

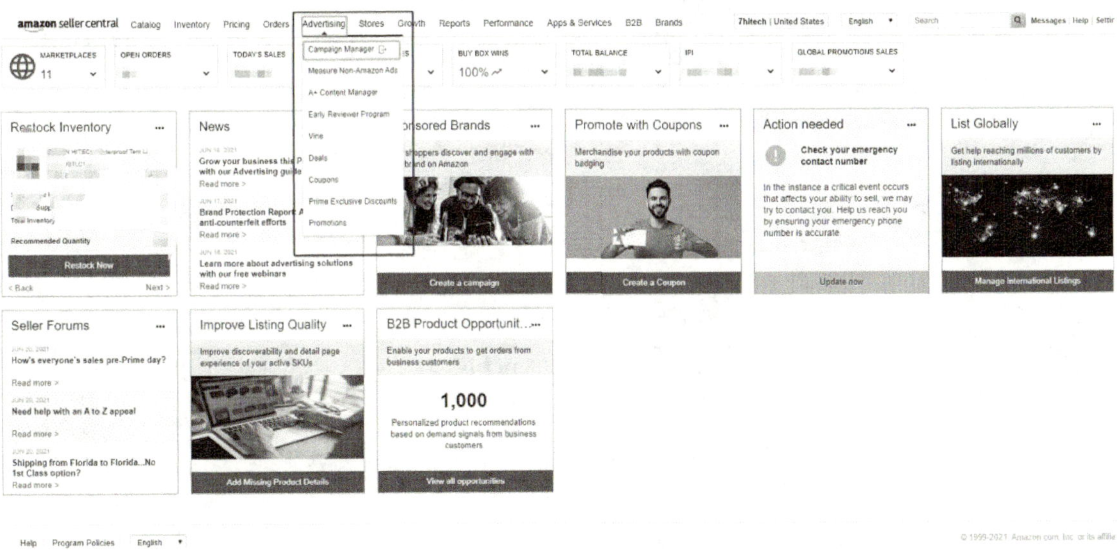

图7-23　广告入口

步骤2：点击创建广告活动（如图7-24所示）。

步骤3：选择广告类型中的产品广告，点击“Continue”按钮（如图7-25所示）。

步骤4：选择定向策略中的自动投放。广告名称可按自己的习惯编写，每日预算按预估的利润占比设置，广告关键词的竞价按照自身情况选择递增、递减、固定竞价其一（如图7-26所示）。

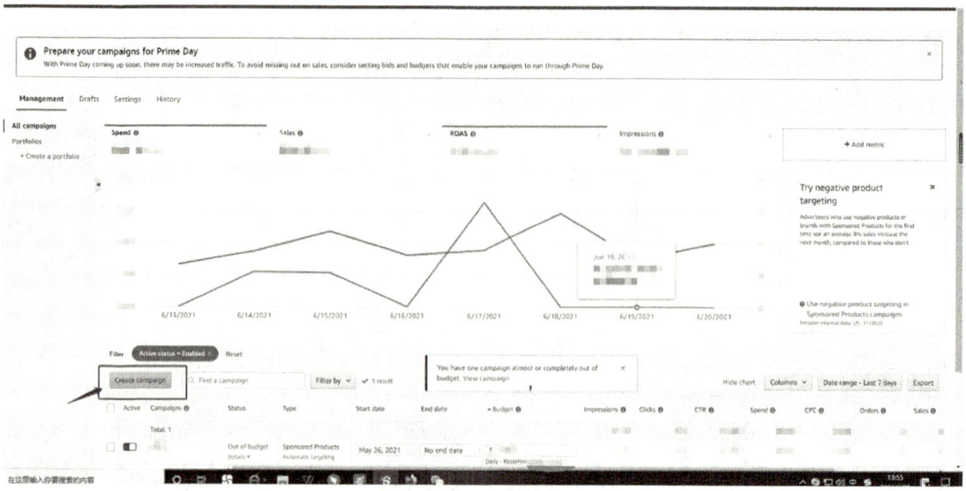

图 7-24　创建广告

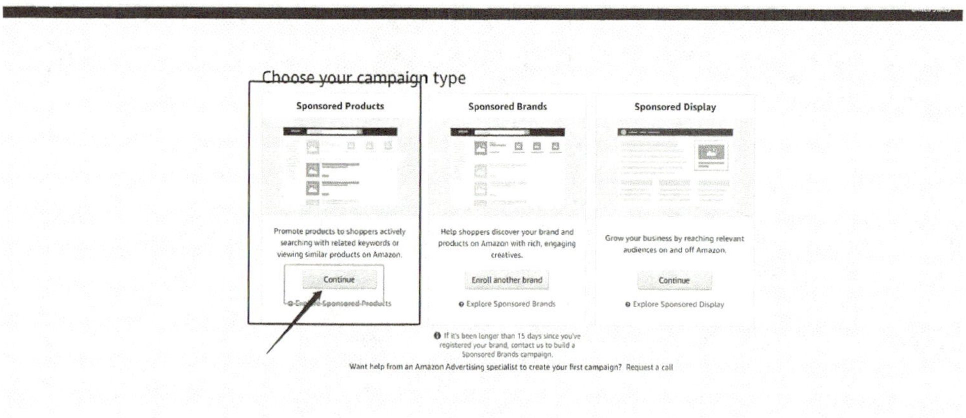

图 7-25　选择商品广告

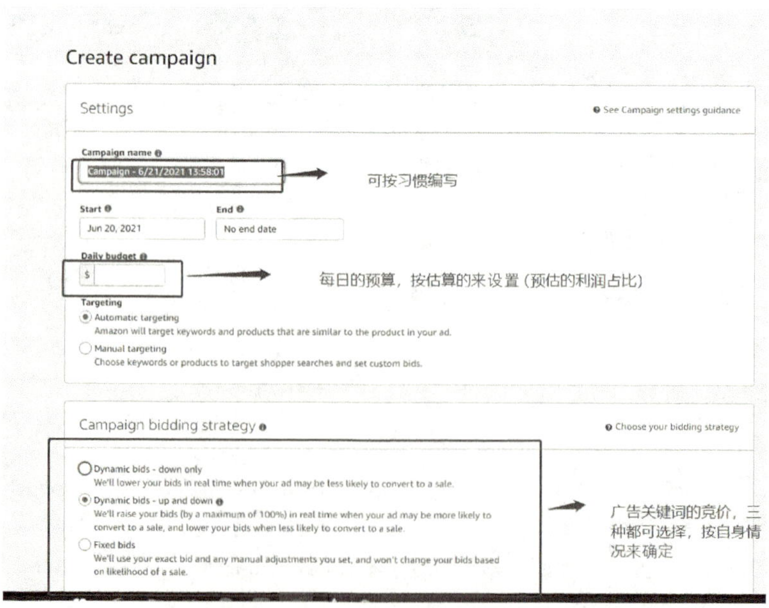

图 7-26　选择自动广告并进行设置

步骤5：创建广告组，名称可自行设置，也可选用系统默认名称；在搜索栏中输入需要做广告的产品（产品名、ASIN、SKU均可检索）后点击“Add”按钮（如图7-27所示）。

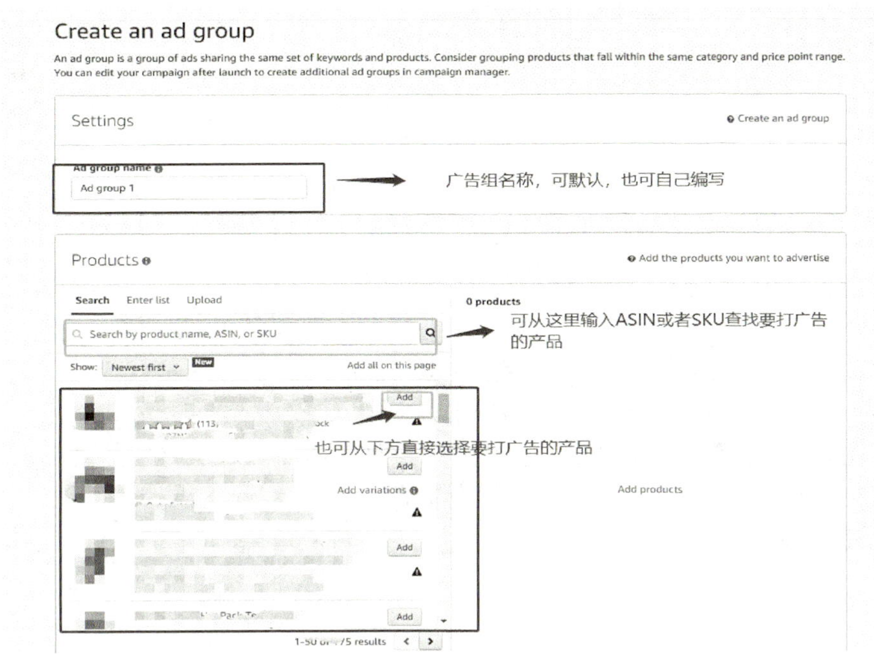

图 7-27　创建广告组

步骤6：设置关键词竞价，可设置否定关键词和否定产品，不设置则系统默认，检查没有问题后点击提报广告活动（如图7-28所示）。

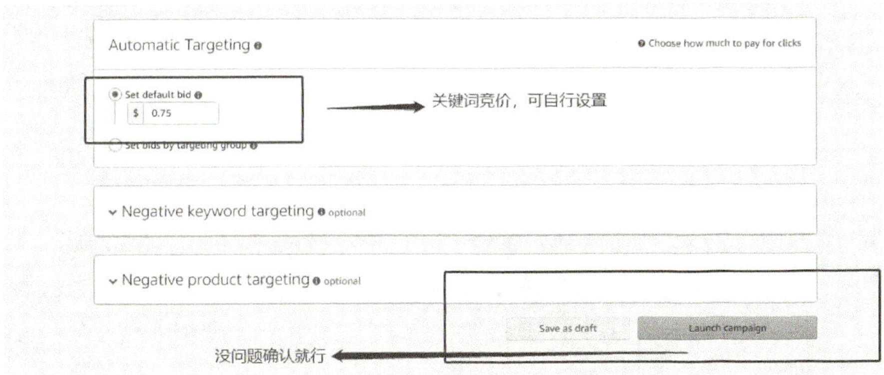

图 7-28　设置关键词竞价

请检索规定的三个品类，选择三种符合自动广告要求的产品，广告运行后将观测到的信息填写到表7-4中，以提供自动广告活动效果分析数据。

表 7-4　自动广告活动选品信息表

实训序号	品类	品名	每日预算	系统自动匹配的关键词	出价	否定关键词
1	服装					
2	户外运动					
3	玩具					

操作思考

1. 提报商品推广广告，对账户有什么要求？
2. 提报商品推广广告，对品类商品有什么要求？

职业技能训练

小周负责运营所在跨境电商企业亚马逊平台北美站，该企业主要经营的产品是户外运动产品。小周负责销售一款潜水服，恰逢黑五来临，她打算利用亚马逊提供给卖家选用的促销工具来带动买家下单以促进销售，从而提升这款产品的排名。

（1）请为该款产品设计一个综合促销方案。

（2）请在模拟实训系统中为该款产品设置一个秒杀活动。

（3）请在模拟实训系统中为该款产品设置优惠券。

（4）设置一个手动广告。

工作领域八　海外社交媒体营销

工作任务一　建立 Facebook 账号进行营销

【任务目标】

- 描绘公司主营产品的消费者行为画像。
- 学会在 Facebook 上建立商家的主页。
- 掌握在 Facebook 商家网页上进行广告营销的方法。
- 分析 Facebook 商家网页的经营成效。

【思维导图】

【知识回顾（回答问题）】

1. 速卖通平台主要的目标国家市场有哪些？
2. 不同国家的消费者有什么特征？

工作子任务一　描绘消费者行为画像

业务背景

全球速卖通是阿里巴巴旗下唯一一个面向全球的跨境零售平台，目前覆盖了全球200多个国家和地区，交易额排名前五的国家分别是俄罗斯、美国、西班牙、巴西和法国。速卖通在海外市场的品牌知晓度以及影响力是比较高的，在消费者当中也比较受认可，如在俄罗斯当地的品牌知晓度达到98%。通过速卖通平台，商家可以一键卖向全球200多个国家和地区，有机会触达海外的1.5亿用户。

相对于中国国内电商来说，海外电商市场的竞争程度较低，电商的发展程度的差距非常大，整个电商规模以及发展潜力巨大。例如，俄罗斯的人口数大概是中国人口数的1/10，是一个人口大国，但是网购的渗透率非常低，大概只有中国的一半，整个零售电商占总体零售的比例只有5.1%，这个数据在中国是36.6%。所以海外市场其实还存在很大的从线下往线上去迁移的空间，海外电商市场的行业前景非常好。

全球和重点国家的网购增势非常好，无论是网购的用户数量还是人均年网购消费额，整体呈现出一个向上的趋势。

从整个平台来看，速卖通的人群画像特征第一个是女性略多于男性；第二个是以年轻、父母群体为主；第三个是90%的订单是静默下单；第四个是全职者较多，有较高的网购消费额及频次；第五个是购物需求偏多元化，追求更多的品质和时尚潮流等因素；第六个是越来越多的消费者通过社交媒体来发现和了解新事物。

在前面学习实际操作中，我们能确认店铺下单客户主要来自哪些国家，客户最多的国家是哪个，从而美化店铺。在站外引流过程中，同样需要进行消费者行为分析，精准地对消费者的各项行为偏好等指标进行描绘，以便更好地确立Facebook账号的定位。

操作分析

先从速卖通后台查找店铺主营产品的买家主要所在国家，然后，通过多种调研手段，分析买家的年龄、收入、审美、上网时间等偏好，以精准地进行营销。

步骤1：首先登录店铺后台，进入“营销活动”页面，在左侧的导航栏中找到“客户管理与营销”板块，进入“客户管理”，点击“人群分析”，下拉可以看到“人群分析因子”，选择“国家”因素，从而确定出，自己店铺的买家群体主要集中在哪些国家。

将搜索的数据填写到表 8-1 中。

表 8-1　店铺买家分布情况表

序号	主营产品	国家市场 1 及占比	常用语言	国家市场 2 及占比	常用语言	国家市场 3 及占比	常用语言
1							
2							
3							
4							
5							

步骤2：确立自己的核心产品，通过各种有效的调研手段，分析所在国家市场的买家特征，描绘得越准确、客观、精细、有效、及时，越有助于确立自己的Facebook账号定位。

操作示范

公司或店铺可以通过网络查找文献、实地走访、专家访谈等方式，针对每一种主要的目标市场人群，进行消费者画像，并填写在表 8-2 中。

8

表 8-2　消费者画像

一级指标	二级指标	三级指标	具体细化
人口属性	基础信息	性别	
		年龄	
	位置信息	国家地区	
		居住环境	
		工作环境	
		上网设备	
用户分类	用户价值	活跃度	
		影响力	
	人群属性	学历背景	
		社会阶层	
审美属性	偏爱	语言、音乐、颜色、着装风格、饮食等	
	禁忌	特殊要求	
商业属性	经济实力	月收入	
		月购买频率	
	购物习惯 网络偏好	品牌偏好	
		付款方式	
行为标签		上网时间	早　中　晚
		社交媒体	
		互动行为	点赞、转发
	购买渠道	购物平台	
		社交媒体	
		他人推荐	

操作思考

速卖通是全球性交易平台，覆盖全球有220多个国家和地区。不同的主营产品有不同的目标国家客户，但是我们那么多主营产品，不可能抓住无数个目标国家的客户，只能根据店铺规模和自身的优势，选择最主要的消费者，以此为基础明确平台的主要目标人群，达到举一反三、事半功倍的效果。

工作子任务二　在 Facebook 中建立商家主页

业务背景

展现在社交媒体公众面前的形象，不是完全透明的个人，而是经过消费者画像分析后，为满足消费者的偏好进行设计和取舍的个人，因此需要开立个人账号，再以此为基础开立商家账号，在开立商家账号前，也要对界面的颜色、图片、视频等进行规划。

操作分析

根据店铺的主营产品的目标客户的偏好，设计符合其审美的个人账号，并申请开立账号，再采取类似的步骤申请商家账号。

8

操作示范

操作一：Facebook 申请个人账户，个人账户可以创建主页（商家主页）和管理多个商家主页。个人账户是 Facebook 的基础，需要保证账户的安全与稳定，以便长期使用。个人首页代表个人，在不经意间讲述与商品相关的自身成长的故事，可以分享自己工作、生活的感悟、实景等视频与照片，也可以选择分享对象。

步骤 1：在地址栏中输入网址 www.Facebook.com（中文版：https://zh-cn.facebook.com/）进入 Facebook 官网，没注册的新用户系统会自动跳转到注册界面。

步骤 2：填写个人用户相关信息，包括姓名、邮箱、密码、生日、性别等信息，姓名可以按照中文正常顺序填写，邮箱推荐使用 Gmail 和 Hotmail，确认无误后点击注册按钮。

步骤 3：输入邮箱或手机收到的验证码，然后按提示顺序操作，如选择国家代码（中国）、输入手机号等，完成注册。

调研并填写表 8-3，以便根据消费者偏好对个人账号进行设计和取舍。

表 8-3　目标国家客户偏好统计表

主要目标国家客户	喜欢色调	分享生活	工作态度	音乐	电影	明星	口头禅

操作二：Facebook 商家主页注册流程。

Facebook 不提倡在个人主页上开展商业活动，如果在个人主页上发布大量广告信息，系统会认定为这是垃圾信息，会被封号。商家（公司）主页是供品牌、商家、组织和公众人物在 Facebook 平台打造影响力的地方，Facebook 个人用户可以创建商家主页或帮助管理商家主页，后者的前提是，用户被授予管理员或编辑等主页用户身份。给商家主页点赞的用户及其好友可以在动态消息中看到商家主页的最新动态。

步骤 1：个人账户注册完成后，我们在 Facebook 页面右上方的倒三角标志点击创建按钮，选择主页类别，再选择商家或品牌选项，点击开始按钮。

步骤 2：选择要创建的主页类型并填写相关信息，建议主页名称中设置品牌词或行业关键词，有利于提升主页排名。

步骤 3：选择头像和封面，头像以主要产品、公司 Logo 为主，封面参照网站 Banner 图的标志，尽可能展现产品、品牌实力。

步骤 4：通过设置常规选项、国家/地区和年龄限制进行受众限制，如果产品没有国家和受众年龄的限制，可以不进行设置。

步骤 5：邀请好友赞主页，好友在赞主页的同时就会关注你的主页，从而形成基础的受众群，通过添加小组分享主页，吸引潜在用户关注主页。

将竞争对手 Facebook 主页信息填写到表 8-4 中。

表 8-4　竞争对手 Facebook 主页信息统计表

主页名称	品牌关键词	主要产品	公司 LOGO	受众人群	限制人群	加好友	加小组

注意：避免以下操作，防止被封停账户。

（1）同一个设备不要频繁切换其他账户：Facebook是不允许一个人有多个账号的，当在同个设备上频繁切换账号登录又不清除浏览器缓存的话，很容易被封号。

（2）同一个账户频繁出现在不同设备上：频繁切换设备登录，可能会被Facebook认为账户被盗而冻结账户。

（3）IP地址不固定：如果每次登录的IP地址都不固定，可能会被系统判定为账户异常，会大大增加账户被封停的风险。

（4）不正常的操作：短时间内频繁主动大量加好友、加入不合法的群组。

操作思考

通过以上操作，完成了账号的开立，可以不断进行更新操作，请在此基础上思考并回答以下问题：如何获取更多的目标客户群关注、点赞和转发，最终促成下单？

工作子任务三　在Facebook商家网页上进行广告营销

业务背景

在开立个人账户和商家账户后，并不意味着就能在短期内让更多的消费者看到你的产品了，而是必须通过有节奏地向你的目标客户群展现你的产品图片或视频，达到促成下单的目的。

操作分析

获得订单的前提是有买家浏览你的产品，进行Facebook广告投放必须有个商家管理平台，该广告投放并不是向大众撒网，而是向你的目标客户群投放广告，获取点赞、加购物车、下单并逐步提升品牌形象和美誉度。

商务管理平台：可以管理主页、广告账户和资产。商务管理平台可方便商家高效管理主页、广告账户、商品目录和其他资产的访问权限。商务管理平台非常适合商家向公司的工作人员分配不同的身份和权限进行综合管理。

商业广告账户：主要用于打广告扣款。Facebook严禁国内用户使用个人账户投放广告，而要求使用商业广告账户投放广告。商业广告账户，可通过代理商开通或者自行开通，一个公司目前可以开通两个商业广告账户。注意，商业广告账户不像个人账户一样可以登录，它是通过商务管理平台来管理的。

操作示范

（一）建立商务管理平台

步骤1：创建Facebook Business Manager账号。

设置Facebook Business Manager的第一步就是创建一个账号，你需要有Facebook个人主页才能创建Facebook Business Manager账户，但是如上所述，你的同事和合作伙伴无法访问该账户中的个人信息。

（1）转到https://business.facebook.com，点击右上角蓝色的“Create Account”（创建账

户）按钮。

（2）输入企业名称、姓名以及用于管理 Facebook Business Manager 账户的企业邮件地址，点击“Next”按钮。

（3）输入地址、电话号码和网站等，指定是用 Facebook Business Manager 账户来推广自己的业务，还是为其他业务（如代理）提供服务，完成后，点击“Submit”按钮。

（4）检查电子邮件中是否有“Confirm your business email”的邮件。在消息中点击“Confirm Now”按钮。

步骤2：添加 Facebook 商务页面。

可以添加现有的 Facebook 商务页面或创建一个新页面。

如果你不是该主页的管理员，则必须申请主页访问权限。如果你为客户或其他企业管理 Facebook 页面，你还可以请求访问其他人的页面。

用 Facebook Business Manager 来管理客户的 Facebook 页面和广告账户。将你的 Facebook 页面添加到 Facebook Business Manager 的步骤如下：

（1）在 Facebook Business Manager 仪表盘上，点击“Add Page”，然后在弹出框中再次点击“Add Page”。

（2）在文本框中输入 Facebook 商务页面名称，已有主页的会有自动填充选项，然后点击添加“Add Page”。假设你拥有要添加的页面的管理员访问权限，那么请求将自动获得批准。

（3）如果你有多个与业务相关的 Facebook 页面，按照相同的步骤添加其余的页面。

步骤3：添加 Facebook 广告账户。

需要注意的是，你一旦将广告账户添加至 Facebook Business Manager，就无法将其移除。要访问客户账户，点击“Request Access”即可。

如果你已经在使用 Facebook 广告，则可以按以下方式链接现有广告账户：在 Facebook Business Manager 仪表盘中，点击“Add Ad Account”，然后输入广告账户 ID（可在 Ads Manager 中找到）。

在一个 Facebook Business Manager 中，最多可以有 5 个广告账号。

步骤4：添加成员来帮助你管理 Facebook 资产。

Facebook Business Manager 允许你添加团队成员，以下是组建团队的方法：

（1）在 Facebook Business Manager 仪表盘中，点击“Add people”。

（2）在弹出框中，输入你所添加的团队成员的企业邮件地址，可能包括雇员、自由职业者或商业伙伴。在这一步中，你所添加的是个人而非代理或另一家企业。

你可以决定是否给这些个人有限的账户访问权限（选择 Employee 角色）或完全的访问权限（选择 Admin 角色），下一步你需要选择更具体的信息。确保使用工作电子邮件地址添加用户，然后点击“Next”。

（3）在左侧菜单中，点击“Pages”。选择你希望该团队成员处理的页面。使用切换开关自定义个人访问权限。

（4）回到左侧菜单，点击“Ad Accounts”。同样，使用切换开关自定义用户的访问权限。完成后点击“Invite”。在左侧菜单中，你还可以看到将成员添加到目录和 App 的选项。

（5）要添加更多团队成员，点击“Add More People”，完成后点击“Done”。

（6）最后，你需要等待成员接受邀请并成为你的 Facebook Business Manager 团队中的一员。他们将会收到一封电子邮件，其中包括有关你授予他们访问权限的信息以及一个启动链接。

步骤5：与业务合作伙伴或广告代理商建立联系。

（1）在Facebook Business Manager仪表盘中，在右上角点击“Business Settings”。

（2）在左侧菜单中，点击“Partners”，然后在“Partner to share assets with”选项中，点击“Add”。

（3）你的合作伙伴必须有一个Business Manager ID，你需要请求他们把它提供给你，他们可以在自己的Facebook Business Manager中的“Business Settings”→“Business Info”下找到它，然后输入ID 并点击“Add”。

你刚刚添加的企业可以从自己的Facebook Business Manager账户中管理团队成员的权限。这意味着你不必再为所有在你的机构或合作伙伴公司为你提供服务的个人分配或管理权限，而只需对合作公司本身负责。

步骤6：添加Instagram账户。

设置好Facebook资产后，可以将Instagram账号连接到Facebook Business Manager，具体操作如下：

（1）在 Facebook Business Manager 仪表板中，点击右上角的“Business Settings”。

（2）在左侧栏中选择Instagram账号，然后点击“Add”，在弹出框中输入Instagram登录信息，点击“Log In”。

步骤7：设置Facebook Pixels（像素）。

Facebook Pixels 就是Facebook为你生成的一小段代码，它会为你提供可以跟踪转化率、优化广告、建立目标受众以及再营销的信息。

（1）在 Facebook Business Manager仪表盘中，点击“Business Settings”。

（2）在左侧菜单中，展开“Data Sources”并点击“Pixels”，然后进行添加。

（3）像素输出一个名称（最多59字符）以及网站，以便Facebook提供有关如何设置像素的建议，然后点击“Continue”按钮。一旦点击了该按钮，即代表同意像素条款和条件，建议进行下一步操作前先阅读该条款。

（4）点击“Set up the Pixel Now”。

最多可以使用Facebook Business Manager创建10个像素。

（二）投放广告

步骤1：明确广告营销目标。

（1）如果你想增加网站的销售量，请选择“转化量”，前期可以提供“优惠券”。

（2）如果你只是为了提高产品的知名度，那么可以选择“品牌知名度”。

（3）如果你在增加网站访问量方面遇到困难，则选择“访问量”作为目标，也可以同时提供“优惠券”。

（4）如果你希望在主页帖子上有更多喜欢、评论和分享，选择“互动率”作为目标。

（5）如果你的广告素材是视频的话，那么也可以选择“视频观看量”。

步骤2：广告定价，依据产品的价格决定广告投放，此外，Facebook会根据后台数据采用机器学习的方法找到合适的潜在受众，需要1周左右。

步骤3：选择受众，除了设置国家地区、年龄段、性别之外，设置好“细分定位”可以对“人口统计数据”“兴趣”“行为”进行定位，也可以自己输入指定的关键词。

步骤4：广告展示位置有 Facebook，Instagram，Messenger，Audience Network，但是每

个平台下面有很多细小的展示位置以供选择。

步骤5：广告文案，包括创建广告、使用现有帖子、使用样图等。

选取开店的一个季度，填写表 8-5 所示的活动表。

表 8-5　产品相关活动表

序号	速卖通活动	目标国节日	文案	图片	视频	福利	广告费用	效果

操作思考

在结合速卖通活动和目标国市场的消费者节假日，分析具体的消费者行为偏好，通过 Facebook 投放广告后，展现、点击、点赞和下单是否取得了一定效果？

工作子任务四　分析经营成效

业务背景

在建立商家主页和广告投放后，并不意味着获得了很多目标客户群体的认可，比如点赞、转发、评论、下购物车、下单等，也不意味着提高了品牌美誉度。

操作分析

（一）分析主页成效

主页是与客户交流的门户，决定店铺品牌的格调，因此，必须分析公司主页是否真的在客户心目中达到了设计的目标。

步骤1：分析客户特征，根据年龄、性别和地区等人口统计条件，以及客户查看主页的时间和找到主页的方式，有针对性地创建帖子。

步骤2：在 Facebook 主页成效分析中查看客户与哪些帖子获得了多少赞、赞的数量随时间是如何改变，以及赞的来源。

步骤3：了解有多少 Facebook 客户评论和分享了帖子内容，通过客户动态消息及其好友的自然传播获得了多少回应。

步骤4：了解客户回应最多的是 Facebook 主页的哪个板块，以及这些用户是如何找到你的主页的，如通过 Facebook 或搜索引擎。

步骤5：按时间进展分析，分析每天的帖子有多少客户以点击、赞等方式回应了，并分析查看创建的帖子类型，如状态、照片和视频等，获得更具体的分析情报。

（二）广告的经营效果

8

步骤1：社交媒体广告系列的点击通过率（CTR）是指观看广告后点击链接的客户所占的百分比，比如 Facebook 广告的平均 CTR 为 0.9%。点击链接的人越多，广告就越具有相关性和吸引力。此外，在为展示付费的广告系列中，高CTR通常可以节省预算。

步骤2：跟踪来自社交媒体的推荐流量。可以通过使用分析工具，验证从每个社交媒体渠道获得的推荐流量。

步骤3：检查跳出率。获得了流量后，需要检查客户点击访问网页按钮后，可能在网页上花了时间，再与其他页面进行了互动，可能只是在网站上停留几秒后就点击了退出按钮。搜索引擎会认为停留时间短的网站相关性低，从而影响搜索排名。

步骤4：检查转化率。这个指标是客户中转化为付费客户的百分比。无论你推出哪种广告系列，目标都是获得更多客户订单，从而获得长期的收益。可以使用广告平台或网站分析工具来跟踪付费社交媒体广告系列的转化率，Facebook 的平均转化率约为 4.7%，超过了 Instagram、Twitter、Pinterest等其他平台。

步骤5：跟踪每次转化费用。跟踪每次转化的费用能帮助你判断是否可以持续在社交平台上投放广告或产生投资回报。通过将花费总额除以总转化次数可以计算出每次转化费用。如果花费$150获得了10个新客户，则每次转化费用为$15。注意，这不是单次计算，可以长期跟踪客户计算每个客户的平均收入（ARPU）。

步骤6：确定ROAS，网站购买转化价值除以总费用，即ROAS=总收入/广告支出×100%。

这个广告花了200美元，给你带来了800美元的收入，则ROAS=4，意思是你在广告上花1个美元就能带来4美元的收入。

另外一个指标是投资回报率Return on Investment（ROI），即广告投放效果回报和成本投入比，ROI=（总收入–成本投入）/成本投入×100%，

如果单从广告投放卖产品来看的话，成本投入还要再加上税费、运费、人工等杂项。

总成本投入包含产品成本、广告费、税费、运费、人工、其他杂项。

ROI越高，证明利润越高。如果投资回报率是正数，说明在该渠道上投放广告是有回报的。但是，如果投资回报率是负数，那就是在浪费资金。

从公司层面来说，相对精确的是ROI。

操作示范

根据任务（一）（二）填写表8-6和表8-7。

表8-6 主页成效分析表

序号	步骤	发现内容	改进方向
1	客户特征		
2	点赞		
3	分享		
4	来源		
5	时间进展		

表8-7 广告经营效果分析表

序号	步骤	分析指标	改进方向
1	点击率		
2	流量		

8

（续表）

序号	步骤	分析指标	改进方向
3	跳出率		
4	转化率		
5	转化费用		
6	ROAS，ROI		

操作思考

若发现广告效果不佳时，可修改广告文案、照片、视频等视觉效果，更改投放目标受众，切换广告系列的目标，关闭投资回报率不佳的广告系列，以免浪费不必要的资金、人力、时间等资源，实现与速卖通同步的最佳效果。

工作任务二　海外 TikTok 推广

【任务目标】

- 完成 TikTok 的账号注册。
- 学会在 TikTok 建立账号主页。
- 学会针对不同国家投放广告，提高转化率。

【思维导图】

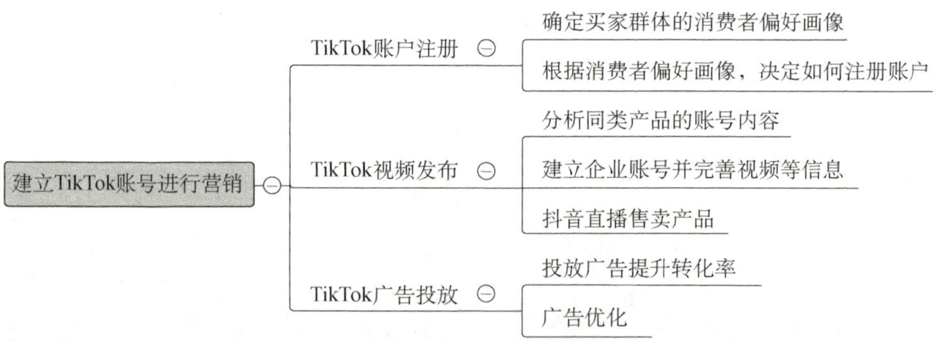

【知识回顾（回答问题）】

1. TikTok 与 Facebook 有哪些不同？
2. TikTok 的推广优势体现在哪里？

工作子任务一　注册 TikTok 账号

业务背景

2016 年，字节跳动推出了一款国民级的短视频应用——抖音，TikTok 就是国际版的抖音，于2017年5月上线，愿景是“激发创造，带来愉悦”（Inspire Creativity and Bring Joy）。2017年11月，字节跳动以10亿美元的估价，收购了北美知名短视频社交产品Musically，引入大量在线客户。在中国互联网所有的出海产品中，TikTok在2019年第1、3、4季度，位于“全球下载量最多的App榜单”第一名，在美国的下载量也已达到上亿级别，与WhatsApp、Facebook、YouTube、Instagram同等地位竞争，不管是从社交空间还是商业机会上都有极大的潜力。TikTok覆盖全球150多个国家和地区，75种语言，有接近3亿的月活。

操作分析

TikTok的成功主要源于根据推荐算法来做内容的精准推荐，即信息找人，用户点开刷到的都是基于其兴趣爱好推荐的，所以增大了用户黏性，与Facebook有很大的区别。TikTok主要有三大特征。

（1）更富个性化。凭借自研的智能推荐技术，利用机器深度学习分析用户喜好，推荐其最喜爱的内容。

（2）推荐更精准。平台通过观看、停留、互动和分享等分析用户兴趣和行为，不断学习，推荐日趋精准。

（3）内容更多样。与订阅式信息推荐相比，从广大自发的内容创作者收集更丰富的内容，精准推荐给兴趣用户。

TikTok除了具有多元化内容生态，还可以实现面部识别、手势追踪、表情识别、多屏展现、AR科技、多变妆容、发型变化、趣味游戏等多形式的内容记录互动功能，可以迎合品牌不同方面的需求，还可以帮助品牌更加有效率地直达目标消费者人群。

操作示范

在前面学习的实际Facebook操作中，我们能确认速卖通店铺下客户主要来自哪些国家，精准地对客户的各项行为偏好等指标进行描绘，确立Facebook账号的定位。重复部分我们不再赘述，但是TikTok不同于Facebook的运营，其主要的市场和运营逻辑也不相同，因此我们还需要对客户行为进行专门画像并设置账号。

卖家要像资深用户一样参与社群，与客户群体开展对话与交流，站在时尚最前沿，而不是将其他平台的东西照搬照抄进来。然后展现出真实的品牌，找出客户喜欢和愿意参与分享的东西，不断更新迭代。

1. 确定买家群体的消费者偏好画像

确定买家群体的消费者偏好画像，填写表8-8。

表8-8　TikTok买家群体消费者偏好画像

国家	产品系列	产品形象	热门词	场景	着装	颜色基调	时长	风格	配乐	视频节奏

2. 根据消费者偏好画像，决定如何注册账户

目前TikTok的注册方式有6种：①用手机号码注册（需要国外的手机号码）；②邮箱注册；③Facebook账号注册；④Google账号注册；⑤Instagram账号注册；⑥Twitter账号注册。

以上6种注册的方式可以归为三类。

第一类，手机号码注册。只能用国外手机号码才能注册，因为从2019年4月开始，对国内的SIM卡进行了限制。

第二类，邮箱注册。任何邮箱都可以注册（推荐使用带有域名的企业邮箱），但是必须绑定手机号码才能给Follow的用户发私信。

第三类，第三方账号注册（谷歌账号、Instagram账号、Twitter账号）。

通过第三方按钮直接点击注册即可，注册很方便，但是须绑定手机号才能给Follow的用户发私信，要先注册第三方账户后才能注册TikTok，第三方账户如果被封了会影响到TikTok账户。

TikTok账号注册注意事项如下。

（1）年龄：选择18岁以上。

（2）兴趣：①根据自己的行业，或者想做的行业选择；②如果没有自己想做的品类，可选择一个类似的；③如果类似的也没有，就随便选择一个。

登录TikTok之后需要做的几件事：

（1）国家设置：Country/Region。

（2）验证邮箱：Verify your email（如果验证过邮箱，在这里不需要再次验证）。

（3）切换高级账号：Switch to Pro Account（只有切换高级账号才能看到每个视频的数据分析）。

成功注册账户容易，但是如何依据消费者偏好画像给自己的账户命名、设计用户头像、自拍照（背景不要太杂乱）、动态小视频等要素非常重要，需要动员团队或专业人士仔细斟酌。其中账户名称必须是与消费者偏好相一致的，简洁且容易记忆，不能太长（2～3个单词），与行业高度关联，体现品牌调性，个人简介也要符合消费者的价值观。

请根据公司的规模、产品特点和消费者偏好，注册若干个账户，并确定其中几个为主账户。

工作子任务二　发布企业视频

业务背景

TikTok企业账号和普通账号不同，是一类被官方所认可的账号。TikTok企业账号可以帮助企业更加便捷地进行产品推广，可以拥有蓝V认证标志，可享受更多企业权益，通过内容发布、用户互动等形式打造品牌传播。

操作分析

TikTok企业账号拥有多项普通账号所没有的权益。①官方认证蓝V认证标志：在品牌名称后面加上专属蓝V认证标志，增强品牌认知度。②落地页链接：可以在账号的个人主页配置链接，有固定的外显文案。从“官网链接”“查看详情”“优惠活动”“新品上线”四个文案里选择一个文案，系统会根据用户的App语言做文案的描述适配。③下载链接：可以在账号的个人主页设置下载链接，针对安卓和iOS采用不同的格式，可以选择只上传单一系统或者两个操作系统的链接；④视频置顶特权：可最多置顶3个视频，便捷呈现主页最优质、热门的视频；⑤软广豁免专审队列：拥有商业权益的账号的视频在发布后，会进入专审队列，对包含软广元素的视频进行免于流量打压的豁免，对于硬广以及其他违反社区规则的视频给予正常的审核处理。

操作示范

首先，申请企业蓝V认证是有前提条件的：需要TikTok广告消耗达到3万美元，每个消耗主体最多可以申请5个企业账号，需要准备以下申请材料。

（1）3万美元的广告消耗证明。

（2）企业账号的营业资质执照：优先接收本地具有法律效应的营业执照，对于HK账户，则需要提供商业登记证。

（3）申请配置外链的信息（如果想要配置外链）：外部链接（需满足外链审核规则要求）、外链文案。

以下信息，建议一并提交：申请日期；账号意向区域；企业主体名称；UID（User Identification）；落地页链接（如果需要的话）；落地页链接文案。

店铺成功申请企业蓝V认证标志之后，一定要注意以下事项。

- 到期回收：机构认证有效期为1年。认证到期前15天左右会通知客户是否延续认证。
- 破坏社区规则回收认证：封禁生效时，同时去掉用户加蓝V认证标志，用户可再次提交申请。
- 修改账号绑定手机号：完成绑定手机号的修改后，原有的账号认证会被撤销，需要重新提起认证。

店铺运营往往是多个账号矩阵式运作、共同发力的，所以个人账号或企业账号，都要先准备系列视频上传至网站。

首先是学习同类产品排名前十的账号主页，统计相关信息并填入表8-9，然后完善有关信息。

表8-9　同类产品排名前十的账号主页信息

	账号名称	视频特点	视频时长	更新频率	粉丝数	评论情况	产品橱窗	产品价格
1								
2								
3								
4								
5								
6								
7								
8								
9								
10								

对于热门的跨境市场如欧洲、中东、印度、东南亚以及日韩等国家和地区，用户对于视

频内容的喜好存在差异。

欧洲市场：内容偏好特征为猎奇、运动、美女、热烈歌舞、萌宠、化妆、佛系风景等，视频风格倾向于多元化。

中东市场：内容偏好本土美女、网红名人、电子产品、互动以及挑战等元素，视频风格要求色调热烈，以金色、红色等鲜明的色彩为佳。

印度市场：内容偏好酷炫魔术、丰满美女、舞蹈模仿、家庭、摩托等，视频风格接地气、本土化，要具有生活气息。

东南亚市场：内容偏好炫酷、校园风、本地美女、平台新功能等元素，视频展现要求更加倾向于炫酷、色彩明艳风格。

日韩市场：内容更偏向于带有 Cosplay、名人、校园女生、唱歌跳舞等元素，视频内容偏向于色调淡雅或软萌可爱的风格。

目前常见的视频创意的展现形式包括录屏、幻灯片轮播、场景剧、真人解说、KOL 合作、MG 动画、第一/第三视角，以及真人&AR 互动等。

就时长而言，前 10%的时间是注意力定格阶段，可以用声音、面孔等人物元素作为用户注意力定格的吸引点。前 30%的时间点题，视频应该有特有的主题，比如搞笑、感动等，让用户知道视频所要传达的主要信息。在视频进行到一半时，内容要进入高潮期，可通过声调、镜头切换等刺激用户好奇心。即将结束时，如播放到 80%时，要把品牌优势和价格、购买方式等传达给用户。

剪映（国外版）（CapCut Video Editor）是一款超火的短视频剪辑工具，通过工具剪切、反转和更改速度，先进的滤镜和无瑕的美容效果，配以音乐库和独家版权歌曲，加上热门趋势的贴纸和字体可加强表达，一系列神奇效果任用户自由发挥创意。

请通过剪映（国外版）软件，根据主题内容拍摄 6 个时长 30 秒左右的视频，并安排合适的时间上传，制定数据目标，并设计官网链接、查看详情、优惠活动、新品上线等功能（见表 8-10）。

表 8-10　短视频信息列表

	产品总体形象	视频主题	视频概要	出镜人	时长	上传北京与当地时间	主照片	7 天播放量	7 天点赞、留评	7 天订单量	是否置顶
1											
2											
3											
4											
5											
6											

除了短视频，直播也是店铺与用户见面、提高用户黏性与转化率的重要途径。海外版抖音（TikTok）直播功能并不是对全球开放的，只针对部分国家开放，因为每个国家的政治因素不同，所以只对部分开放。直播是与短视频相得益彰的工具，直播部分内容也可以剪辑成为短视频。每次直播不一定是卖货，而应该使其成为社交分享的一部分，将直播数据填入表 8-11 中。

表 8-11　直播数据统计表

直播北京时间	直播当地时间	主播副播技术等	直播语言	传达内容	潜在产品	转粉量	互动	成交数据

工作子任务三　发布并优化广告

业务背景

在 2020 年“双十一”期间，Nativex 主持了东南亚某头部电商对 TikTok 视频投放的案例。在此次投放中，该电商平台对其提出了两大诉求：一是需要在“双十一”期间增强其品牌影响力以及扩大东南亚地区用户对活动的认知；二是视频要对该电商的核心用户进行购买引导，达成转化目标。

操作分析

对该用户的需求进行分析后，Nativex 首先面临着四大问题挑战。

（1）首次尝试品牌+效果广告类型：这是该客户第一次尝试在 TikTok 同时投放效果和品牌两种广告类型，其投放经验不足。

（2）新流量拓展困难：该客户已是东南亚地区头部电商客户，获新客户相对困难。

（3）“双十一”竞争激烈：“双十一”为各电商平台流量争夺期，竞争更加激烈。

（4）推广环境复杂：东南亚地区国家较多，文化和买家消费偏好都有差距，本地化推广环境复杂。

操作示范

围绕着该电商客户的需求和当前的实际问题，Nativex 并没有直接“动刀”做视频，而是结合“双十一”的营销规律制定了创意营销策略方向：

（1）预热期（11 月 1—3 日）：该阶段的核心是打造氛围提升客户的参与热度，借势该客户的品牌代言人吸引粉丝注意，引发客户对品牌活动的关注，并进行活动参与玩法引导。

（2）爆发期（11 月 4—8 日）：对各地爆品进行展示，并引导客户收藏、领券、参与抽奖活动，提升客户黏度，实时提醒客户不要忘记产品、品牌和活动。

（3）Big Day（11 月 9—11 日）：以品牌广告+大幅折扣为主要内容，提升客户购买冲动，通过倒计时、1 元购、快抢补货等塑造全民抢购氛围。

在营销创意方向的“引领”下，Nativex 将整体视频素材创意策略分为三个部分。

（1）借势明星代言：将该客户的品牌代言人加入视频素材，借势名人效应扩大产品吸引力。

（2）分地域匹配：对东南亚每个地区的素材做本地化适配。

越南地区：使用本土模特真人快速换装+爆款商品配合动感音乐。

泰国地区：偏向产品价格优惠信息，分人群需求展示+高频次强调价格，增加客户购买欲望。

印尼地区：更关注当地爆款产品等，采用当地爆款产品+促销文字的形式增加印尼客户的喜爱度。

马来西亚地区：采用代言人+促销活动广告，同时对品牌名称反复提及，增加客户对品牌的印象。

（3）折扣优惠吸引：放大“双十一”特殊折扣及优惠信息，吸引客户关注，提升转化，如反复口播低价购物，强调金额信息。

通过对整个视频投放的创意营销，该东南亚电商的品牌广告 CTR（广告点击率）高于当地行业 15%～20%，整体效果广告 CVR（广告转化率）提升了 20%。

TikTok 广告资源仅有一个 TikTok 效果广告，也就是 TikTok 推荐页信息流广告。

TikTok 两种广告售卖方式介绍如下。

1. CPC

CPC，即按照点击计费。选择按照 CPC 来计费时，广告主只需要为广告链接被点击的次数计费。在广告被用户点击的过程中，广告的展现不会收取任何费用。

2. CPM

CPM，即按照千次曝光来计费，用户看到一次广告即算作一次曝光。选择 CPM 作为广告计费模式时，广告主不用为广告被点击数计费，只需要为广告视频曝光量计费。

如果广告主是要做品牌曝光、要做品牌宣传类广告就可以选择 CPM 作为广告计费模式。选择 CPM 作为计费模式，可以方便广告主做产品曝光、品牌建设，能够扩大品牌知名度。如果广告主想要收集目标客户的资料，想要让自己的产品销量上升就可以选择 CPC 作为广告计费模式，CPC 更能让我们看到直观的广告效果。

TikTok 广告的唯一广告资源就是推荐页的信息流广告。

（1）原生覆盖，引爆传播，并且 TikTok 广告隐匿在平台本身的视频信息流中，用户会更愿意接受广告的存在，不会影响用户的平台体验。

（2）广告视频是手机全屏幕 100%曝光，全屏可以呈现影音故事。

（3）支持 5～15s 竖屏视频自动播放，投放 TikTok 广告后，可以通过精彩的视频内容引导用户点击我们的广告链接，引导用户完成广告互动。

（4）可以做到精准定向投放，并且 TikTok 还有 AI 推荐引擎，可以帮助广告主使广告投放更加精准、广告投放转化效果更佳。

与前面选择的产品相一致，请根据 3 个目标国家不同的客户群、特定的节日设计至少 6 款广告投放视频，然后设计广告投放并填入表 8-12。

表 8-12　视频广告投放统计表

节日	期间	场景	语言	内容	辅助促销手段	打动客户卖点	广告投放	业绩目标
目标国家 1	预热期							
	爆发期							
	Big Day							
目标国家 2	预热期							
	爆发期							
	Big Day							
目标国家 3	预热期							
	爆发期							
	Big Day							

工作任务三　海外视频推广

【任务目标】

1. 能够根据产品和行业特点，确定对标的竞争对手。
2. 能够调研竞争对手 YouTube 频道的运营情况。

【思维导图】

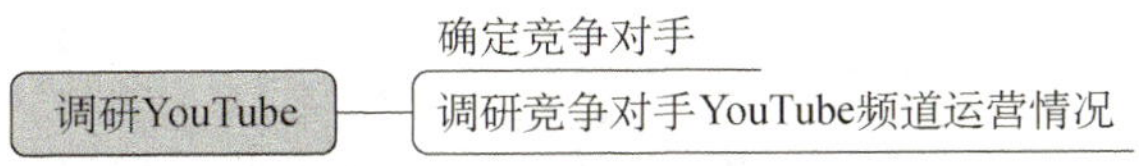

【知识回顾（回答问题）】

1. 短视频营销有什么优点？
2. 什么叫 Vlog？

工作子任务一　调研 YouTube 频道

工作子项目一　确定竞争对手

业务背景

小王是一家跨境电子商务有限公司的运营专员，该公司主要经营泳装服饰，公司已经在国内占据了一部分市场，现公司为了拓展海外业务，打算开展 YouTube 营销，但 YouTube 是一个公司未涉足的平台，公司没有资料能够提供给小王参考。作为运营专员，小王在搭建 YouTube 频道之前需要先对 YouTube 频道做哪些调研？

操作分析

在搭建 YouTube 频道之前，第一件事并不是注册 YouTube 账号，而是进行初步调研。我们需要先确定目标 YouTube 频道，分析这些频道的定位以及运营情况，再结合自己企业的营销目标以及未来发展规划，找到我们 YouTube 频道的定位。

操作示范

步骤 1：要确定竞争对手，需要明确竞争对手的概念。

同行业中竞争的参与者并不都是竞争对手，只有那些有能力与我们相抗衡的竞争者才是竞争对手。首先，我们可以尽可能多地选择出与自己经营同种类目的企业，B2B 企业的竞争对手可能就在国内，但是 B2C 企业的竞争对手往往是海外的品牌商。接下来通过浏览行业网站、咨询公司的行业报告、与客户进行交流等方式，搜集所选企业的相关数据，如目标群体、销售渠道、促销手段、产品均价等，并根据其与我们企业的相似度来打分，即指标越相似，分数越高。最后对综合量化的结果进行排序，选择出我们的核心竞争对手。

步骤2：进行竞争对手分析。

根据任务背景，通过调研报告、网络资讯等搜集经营泳装行业的竞争对手的相关信息，并对目标群体、现有销售渠道、促销手段、产品均价几个数据打分（满分10分，与企业的相似度越高，分数越高），并填写在表8-13中。

表 8-13　竞争对手分析

公司名称	主打市场	目标群体	现有销售渠道	广告方式/促销手段	产品均价	总分

步骤3：汇总表8-13中的分数并对每个公司进行排名后，可以筛选出我们的核心竞争对手，并查看它们的YouTube频道。

操作思考

1. 除了竞争对手的YouTube频道，还有哪些YouTube频道值得调研？
2. 为什么竞争对手调研和分析，对一个企业来说如此重要？

工作子项目二　调研竞争对手YouTube频道

业务背景

小孙是一家跨境电子商务有限公司的运营专员，该公司主要经营男士牛仔裤。公司为了拓展海外业务，打算开展YouTube营销，但YouTube是一个公司未涉足的平台，公司没有资料能够提供给小孙。作为运营专员，小孙已经确定了需要调研哪些YouTube频道，现在需要完成一份YouTube频道运营情况计划表。

操作分析

根据任务背景介绍，我们需要先确定目标YouTube频道，分析这些频道的定位及特点，以及频道的内容主要形式和拍摄手法、频道运营情况等，再结合自己企业的特点以及未来发展规划，找到我们YouTube频道的定位。

操作示范

步骤1：在确定好竞争对手后，我们需要深入研究这些YouTube频道的运营情况，作为我们搭建YouTube频道的参考。打开YouTube平台，搜索牛仔裤相关产品的关键字、竞争对手的YouTube频道（如有）以及牛仔裤行业知名品牌，如Levi's、Lee等。如图8-1所示，在YouTube频道页面能够获得频道的各种数据，这些数据展现出了该频道基本的运营情况。

调研相关YouTube频道的运营情况，如订阅数、视频形式（如评测类、教程类、Vlog、游戏类、搞笑类、盘点类、开箱类）、视频数量、视频发布间隔、最热门视频观看次数等，并将调研得到的数据填写到表8-14中。

图 8-1　找到竞争对手的 YouTube 频道

表 8-14　YouTube 频道运营情况表

频道名称	视频形式	订阅数	视频数量	视频发布间隔	最热门视频观看次数

步骤 2：了解以上频道在 YouTube 平台上的基本运营情况后，需要进一步调研这些频道除了在 YouTube 上进行营销以外，是否有其他的营销渠道。例如，一些频道会在基本介绍中加入品牌的官方社交账号、官网链接等，将观看者引流到品牌网站。如图 8-2 所示，进入 Levi's 的 YouTube 频道后，点击“简介”板块，能够看到下方出现了其社交网站链接和官网链接。

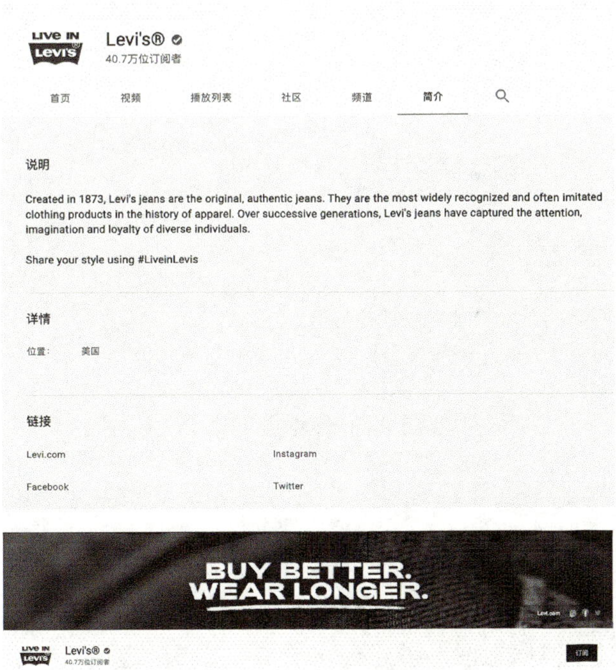

图 8-2　调研 Levi's 其他营销渠道

在Levi’s的YouTube频道页面的Banner（封面图）上，我们看到其还放置了社交网站和官网的链接标志。

请调研步骤1中YouTube频道的社交网站营销情况，将调研结果填写到表8-15中。

表 8-15　YouTube频道社交网站营销情况表

频道名称	Instagram链接	Facebook链接	Twitter链接	官网链接	其他外部链接

步骤3：根据以上调研结果，我们就可以对自己的频道做出一个基本的定位并制作搭建的方案和计划表了。

操作思考

1. 在调研竞争对手YouTube频道的运营情况时，你认为哪一方面最值得关注？
2. 你认为还有哪些方面可以获取到竞争对手海外视频营销的更多情况？

工作子任务二　搭建和装修YouTube频道

【任务目标】

1. 能够根据产品特点和频道定位，搭建YouTube频道。
2. 能够准备好YouTube频道所需文字、图片、视频等素材，装修YouTube频道。

【思维导图】

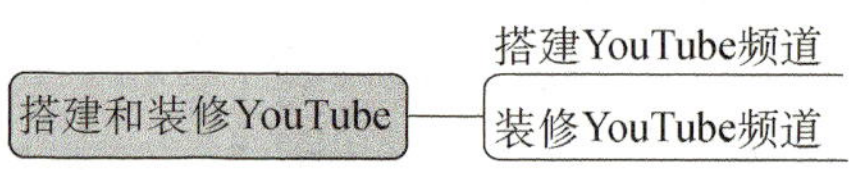

【知识回顾（回答问题）】

1. 如何确定公司的竞争对手？
2. 如何调研竞争对手的YouTube频道？

工作子项目一　搭建YouTube频道

业务背景

Lisa是一家跨境电子商务有限公司的社媒运营专员，该公司主要经营户外用品。现公司为了拓展海外业务，打算开展海外视频营销。Lisa已经对YouTube平台上竞争对手的频道做好了前期调研，现在需要根据定位，搭建公司的YouTube频道。

操作分析

首先，我们要根据定位，为YouTube频道取个合适的名称。其次，我们要注册YouTube账号，了解YouTube频道申请流程。

操作示范

步骤1：确定频道名称。

YouTube频道名称是品牌建设的主要部分，需要注意的是YouTube频道名称和用户名是不同的，频道名称是人们看到并与频道关联的内容，YouTube用户名是人们在访问我们的频道时看到的内容。在为频道取名时，可以考虑以下几点：较短的名字通常更容易留在人们的脑海中，所以应尽量保持简短；频道名称要可读，这样在宣传频道时人们才能快速记忆我们的频道名称，并能够说出来；最重要的是，名称要对海外目标客户有吸引力。

步骤2：确定名称以后，我们要注册YouTube账号。

登录后，点击右上角的个人账户，选择“您的频道”板块，如图8-3所示。根据定位来命名频道，设置完成后点击“创建频道”按钮，这样一个YouTube频道就创建好了。

图8-3　创建YouTube频道

操作思考

你认为一个能引起目标客户关注的频道名称应该具有哪些特征？

工作子项目二　装修YouTube频道

业务背景

Helen是一家跨境电子商务有限公司的运营专员，该公司主要经营户外用品。现公司为了拓展海外业务，打算开展YouTube营销。Helen已经对YouTube平台上竞争对手的频道做好了前期调研，并且完成了YouTube频道创建。现在需要根据品牌的定位和风格，装修公司的YouTube频道。

操作分析

创建好YouTube频道以后，我们就需要根据品牌的定位和产品的特点，着手准备频道装修需要的素材了。然后将所有的素材按照要求上传，陆续上传相应的视频，就可以完成YouTube频道的基本装修工作了。

操作示范

步骤1：上传频道图标。

YouTube建议使用一张不低于98像素×98像素而且大小不超过4MB的照片作为频道图标。一般而言，商家会选择品牌商标或是公司Logo作为频道的图标。如图8-4所示，进入频道后，点击左上角的修改图片按钮，就可以上传准备好的频道图标了。

图 8-4　上传频道图标

步骤2：当我们进入一个频道时，会看到占据大部分版面的频道的Banner（频道封面图），所以频道的Banner就是门面，一般会展示主打产品、品牌理念、主打促销活动等，类似官网的首屏Banner，建议定期更换。在YouTube频道上需要上传最小尺寸为2048像素×1152像素的图片作为Banner。比如，我们可以选择Canva网站为公司的设计频道横幅。进入Canva网站后选择“电商Banner”功能，如图8-5所示。

图 8-5　Canva 首页

在“电商Banner”页中可以看到很多的模板，也可以自己创建空白的Banner，在这里我们点击“创建空白女装电商Banner”，如图8-6所示。

图 8-6　创建空白 Banner

在创建页面中，Canva 提供了非常多的相关模板，我们可以根据需求选择合适的模板并进行一定的修改和设计，如把模板中的“感恩回馈”改成“Special offer”，或者添加一些店铺特有的元素等，如图 8-7 所示。

图 8-7　修改模板

点击“下载”按钮就可以将横幅以图片形式下载并使用到 YouTube 频道中了，下载时按照 YouTube 频道需要设置最小尺寸 2048 像素×1152 像素，注意横幅用作商业用途时要对使用的字体支付版权费用，或者选择免费的字体，避免纠纷，如图 8-8 所示。

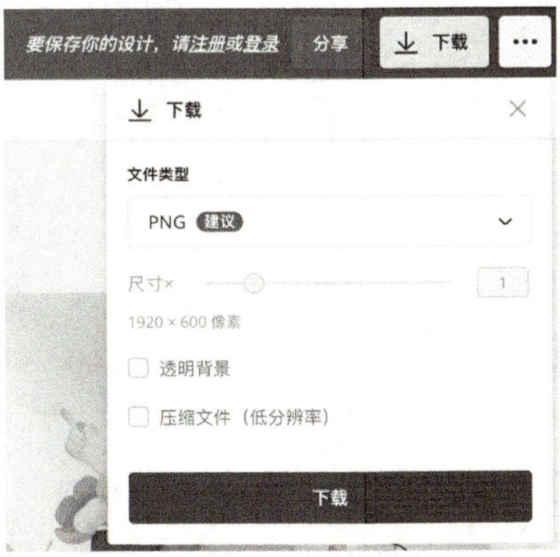

图 8-8　下载自定义 Banner

步骤 3：给频道添加一个简短介绍，让访问者对我们频道有一个初步的了解。点击“自定义频道”后，进入“基本信息”板块，就能看到编辑频道说明的界面，如图 8-9 所示。

8

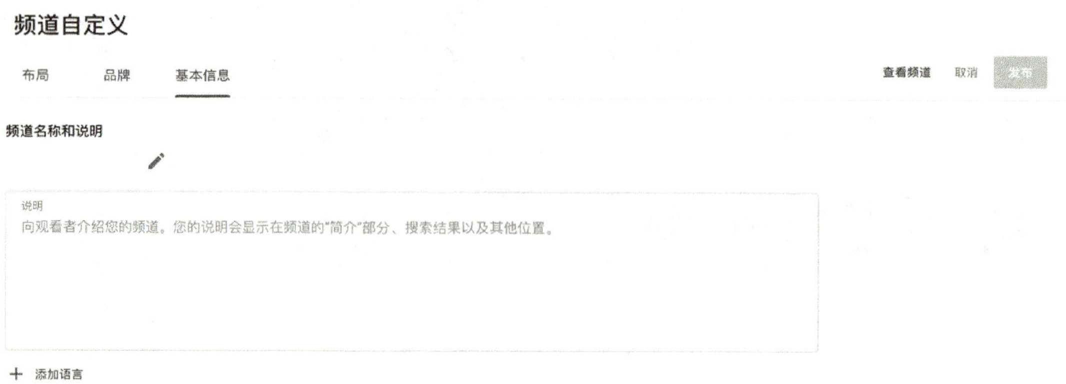

图 8-9　添加频道介绍

请调研户外用品其他跨境品牌 YouTube 频道的简介说明部分，重点分析其添加的联系方式，并填入表 8-16 中。

表 8-16　YouTube 频道说明

频道名称	频道说明	联系方式

操作思考

你认为一家跨境 B2C 企业的 YouTube 频道的频道简介说明必须要突出哪些要点？

工作子任务三　YouTube 频道日常运营

【任务目标】

1. 学会开展 YouTube 频道日常维护和更新。
2. 能够在 YouTube 频道上定期策划活动。

【思维导图】

【知识回顾（回答问题）】

1. 如何创建 YouTube 频道？
2. YouTube 频道装修过程中，需要准备哪些素材？

工作子项目一　YouTube频道日常维护和更新

业务背景

小张是一家跨境电子商务有限公司的运营专员，该公司主要经营玩具品类中的毛绒玩具产品。现公司为了拓展海外业务，打算开展YouTube营销。公司已经搭建好了YouTube频道，并对YouTube频道做了基础的装修，现在频道有了一定数量的订阅者，小张需要对频道进行日常维护和更新，及时回复粉丝的留言。

操作分析

搭建YouTube频道只是视频营销的前期准备，要达到视频营销的目的需要长期地运营和维护。一方面，我们需要开发新的访问者和客户；另一方面，我们还要维护频道的订阅者和老客户。

除了内容更新以外，我们还要定期保持和粉丝互动，及时回复粉丝的留言，为粉丝源源不断推荐好的视频。

操作示范

步骤1：定期发布新内容。

如果我们只是发布一次，就期待有大量粉丝关注和订阅，这并不现实。所以我们可以制订一个YouTube发布计划，定时定量地去做，并尽量做到每一个视频都有关联性和可持续性，循序渐进。同时，注意视频标题、描述、标签、缩略图的设置，突出关键字，方便目标客户更轻松地找到。

比如如何撰写视频标题呢？一般建议将主关键字放在标题的开头，因为标题越靠前的文字在YouTube上的权重就越大，这里有个小技巧：标题中建议多次加入主关键字。比如，标题Tube mill line made by FOREVER，核心词是Tube mill，那我们建议标题可以这样写：Tube mill line|Tube mill manufacture|China Tube mill 2021，这样就加大了这个关键字在此视频中的权重，不仅如此，我们还加入了年份，提醒YouTube以及观众这是最新的视频。

请将调研玩具行业品牌YouTube频道的观看量排名前五位的视频的标题、描述、标签，填入表8-17中。

表8-17　YouTube频道视频发布情况表

频道名称	视频标题	视频描述	视频标签	观看量

步骤2：监测评论区并与粉丝互动。

在视频底下精心打造评论区是很有必要的。评论区的打造需要从几个方面展开。首先，我们需要定期去翻看已发布视频的评论区，主要目的是检查是否有不恰当的评论，如有，需要及时删除。如图8-10所示，当看到不恰当的评论，可以选择“Remove”选项。

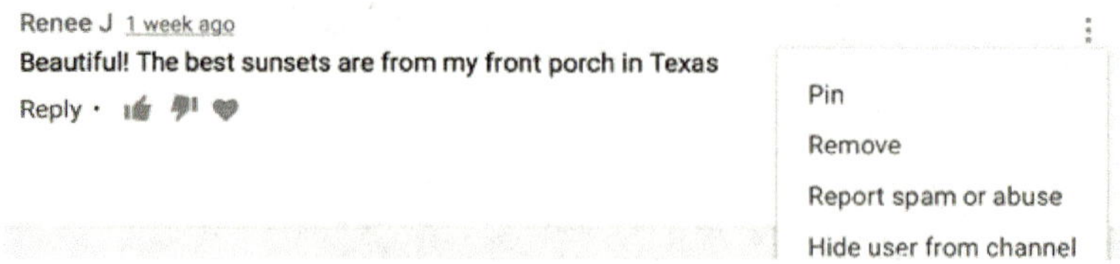

图 8-10　删除不恰当评论

当然，我们更要重视正面的评价。如果有人留言，要用心回复，尤其是那些认真看完视频后提出疑问或建议的观众。如果我们用心回复，观众感觉到被重视，会增加他们回访以及订阅的可能性。如果遇到好的留言，不要吝啬给这些评论点赞送心（指点击红心图标）。给人送心说明我们会认真看留言，很重视观众的留言。同回复留言一样，送心会有消息提醒对方，能增加回访的可能性。也有博主测试过，常给优质留言送心，会有很好的涨粉效果。

其次，我们可以自定义我们的评审设置和自动过滤器。评审设置中第一个功能是“批准用户”，即被批准的用户的评论将被自动批准。第二个功能是“查看你的隐藏用户”，即来自隐藏用户的评论将永远不会显示在我们的频道上，可以直接隐藏用户对视频的评论。第三个功能是“屏蔽单词”，即任何带有封锁字词的评论（包括实时聊天）都会自动进行审查，这是 YouTube 最好的自动过滤器之一。自定义评审设置（默认设置），如图 8-11 所示。

图 8-11　自定义评审设置（默认设置）

最后，我们可以在视频下面留一些和视频内容相关的问题的评论，如果是玩具品类的视频，可以在评论区抛出“你认为还有哪些有趣的玩具”来引起观看者的讨论，一定要尝试与粉丝反馈进行互动，突显自身产品优质服务。此外，我们要引导粉丝了解自身品牌或观看其他视频。例如，将某个带有品牌链接的评论置顶，引导粉丝进入相关网址，对跨境企业来说，这能大大增加点击转化率。

8

操作思考

如果在评论区中出现夸赞竞争对手品牌/产品的评论，你该如何回复？

工作子项目二　定期策划活动，活跃YouTube频道

业务背景

小强是一家跨境电子商务有限公司的运营专员，该公司主要经营礼品品类，近两年获得了第19届亚洲运动会相关衍生品的销售授权。现公司为了拓展海外业务，打算开展YouTube营销。公司已经搭建好了YouTube频道，并保持了三个月以上的日常维护。接下来，小强准备在第三季度策划一个与亚运会有关的活动，与粉丝们开展进一步的互动。

操作分析

在YouTube频道的日常运营过程中，除了常规的运营方式以外，策划活动也是运营专员必须掌握的能力。

为YouTube频道精心策划活动，一方面可以增加与老粉丝的互动，吸引新粉丝，甚至让粉丝产生一些视频内容。另一方面可以与品牌的促销活动相结合，为业绩增长做尝试。

操作示范

步骤1：进行全年YouTube频道的活动规划。

初步规划每个季度做一次大型活动（持续半个月左右），每个月举办1～2次中型活动（持续一周左右），每周举办1次小型活动（1～2天），内容与品牌在独立站上进行的促销活动相结合，争取销售转化。

步骤2：针对第三季度与亚运会有关的活动策划撰写策划方案。

时间：2021年7月1日—2021年9月30日。

主题：我和亚运会。

形式：在第19届亚洲运动会倒计时365天之际，发起与亚运会相关的活动，征集YouTube频道粉丝与亚运会的故事，并鼓励粉丝拍摄相关视频，可以分享自己观看亚运会的经历，或者自己拥有的亚运会纪念品等，投稿到指定邮箱。所有被采纳的视频，都可以获得品牌准备的第19届亚运会纪念品。

推广：为了提升这次活动的参与度，小强还申请了YouTube广告经费，对活动进行引流。同时会联合一些网红，共同参与本次活动。

请调研YouTube中与亚运会有关的活动，收集活动名称、活动形式、奖励方式等，填入表8-18中。

表8-18　YouTube频道亚运会有关活动统计

频道名称	活动名称	活动形式	奖励方式

8

操作思考

万圣节期间，跨境 B2C 企业在 YouTube 频道策划什么样的活动，可以吸引新粉丝来订阅呢？

工作子任务四　YouTube 免费推广

【任务目标】

1. 能够对 YouTube 视频内容及日常运营进行优化，增加自然流量。
2. 能够结合不同应用场景，从独立站、社交媒体等渠道增加自然流量。

【思维导图】

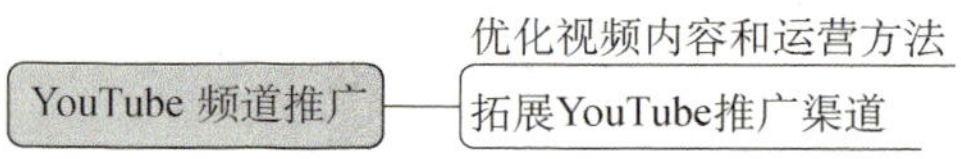

【知识回顾（回答问题）】

1. YouTube 频道对于跨境企业的重要性是什么？
2. 如何进行 YouTube 频道的搭建和维护？

工作子项目一　优化视频内容和运营方法

业务背景

小鲁是一家跨境电子商务有限公司的运营专员，该公司主要经营运动外套。现公司为了拓展海外业务，打算开展 YouTube 营销。公司已经搭建好 YouTube 频道，并对 YouTube 频道做了精心的装修，频道积累了一些订阅者，但是频道的粉丝增长非常缓慢，在预算有限的情况下，需要小鲁通过对频道的内容进行优化来吸引自然流量转化。

操作分析

一个视频频道的核心竞争力在于视频本身的质量，频道装修得再精致也只能给观看者留下第一眼的印象，如果视频本身的质量不高，那么最终是无法留住订阅者的。所以我们需要不断改进我们的视频，一方面要优化视频的内容；另一方面要优化视频的标题、标签、描述等。

操作示范

步骤 1：优化视频的标题。

很多 YouTube 用户要找他们想要看的视频首先都是通过搜索来实现的。视频标题将直接影响视频的点击率和排名，因此要确保我们的标题中，以一种简洁又吸引人的方式来放置关键字。我们可以根据视频的主题，参考同类视频的标题结构进行优化。有一些创建的小技巧供大家参考：添加一些数字，如 5 tips；添加夸张的描述词，如 Amazing、wow 等。请搜索关键字“运动外套”，找到最热门的视频，记录下这些视频的标题，并摘录标题中的关键字，填入表8-19中。

表8-19　视频标题优化调研表

频道名称	最热视频观看次数	视频标题	关键字

步骤2：优化视频描述。

YouTube只显示视频描述的前2～3行（约1200字符）。剩下的部分需用户点击才可展开，因此建议尽可能让前2～3行描述有吸引力，从而激励用户点击“展开”来了解更多视频信息以及公司信息。请搜索关键字“运动外套”，找到最热门的视频，查看这些视频的视频描述，并分析每一个视频描述的构成，填入表8-20中。

表8-20　视频描述调研表

频道名称	视频内容（用自己的话表达）	视频描述（由哪几部分构成）

步骤3：在视频的结尾引导观看者订阅频道。

热门的视频往往在视频结尾进行引流，不能过于频繁，否则很容易引起观看者的反感。引导订阅的话术要结合频道风格来说，最好是当作朋友一样自然表达，让观看者觉得订阅后还能看到更精彩的内容。而不要降低身价去“求关注”，也不能用带有强迫性的口吻去“命令”观众订阅，一定要把握好尺度。

请查看YouTube平台中关于运动外套的热门视频，并记录下其中关于引导观看者订阅的语句和订阅按钮的文字，填入表8-21中。

表8-21　引导订阅话术表

频道名称	推广品类	引导订阅的语句	订阅按钮文字

操作思考

1. 你认为视频内容还有哪些方面可以改进以吸引更多自然流量？
2. 请尝试编辑一条女式运动外套圣诞节买一送一活动的视频标题。

工作子项目二　拓展YouTube推广渠道

业务背景

Alex是一家跨境电子商务有限公司的运营专员，该公司主要经营潮流服装。现公司为了拓展海外业务，打算开展YouTube营销。公司已经搭建好YouTube频道，并对YouTube频道做了基础的装修，现在频道有了一定数量的订阅者，但是经过一段时间的运营发现频道的订阅者及流量都很低，现在需要Alex通过各种免费推广渠道，提升频道的流量。

操作分析

首先，我们要明确并不是发布了视频后就可以坐等涨粉的，如果我们想用最低的成本达到运营效果，那么就要精心运营及推广我们的频道，就需要我们利用好免费的流量。对于一个公司来说，有几个渠道可以获得免费的流量，比如通过我们的独立站宣传、引导我们的客户以及通过社交平台等。

YouTube频道的运营和公司各个部门都有关系，应该发动公司全员的力量，将频道推送给更多潜在客户。

操作示范

步骤1：独立站是企业的门面，也是视频营销最好的转化通道之一，所以首先我们要把视频放到独立站上，提供给客户观看。但一般建议独立站上只放视频的缩略图加YouTube链接，或是放YouTube频道某板块的链接，这样能吸引客户查看我们的YouTube频道。

请调研3～5个潮流服饰的独立站，并查看其是否有链接到YouTube频道及视频的内容，并总结其视频营销的方式，是在独立站摆放链接还是缩略图的形式，填入表8-22中。

表8-22　独立站视频营销情况表

品牌名称	独立站网址	视频内容	视频营销内容

步骤2：在日常沟通中，客户会找跨境企业要一些产品图册、公司介绍等，尤其是疫情期间，很多实地考察活动没法进行，这个时候企业的实景视频就显得尤为重要了。我们可以在沟通过程中，将YouTube频道的链接定期直接发给客户，或者直接印在名片上，或者加在邮件的签名档里面，及时提醒客户订阅频道，以便及时查看最新的视频，提升沟通效率。

步骤3：将视频营销和社交网站推广相结合。

我们在Facebook、LinkedIn、Twitter等社交媒体发布动态的时候，除了文字、图片内容外，会在评论区加入YouTube频道链接或是具体视频的链接。

比如Facebook Tab允许主页管理者将社交媒体集成到主页上，其中之一就是YouTube。集成的好处是不仅可以提高主页的吸引力和互动率，同时可以通过Facebook商务主页大幅提高我们YouTube视频的观看量（进而提高该视频的排名）。Facebook粉丝可以直接通过商务主页查看到YouTube视频，同时可以直接在商务主页的YouTube视频上留言。

请调研潮流服饰类目的品牌，浏览其社交账号，查看是否有在社交账号中进行视频推广，并摘录下来，填写在表8-23中。

表 8-23　社交媒体视频推广

品牌名	所在社交平台	视频推广具体内容	视频连接地址

操作思考

1. 你认为还有哪些应用场景，可以免费推广YouTube频道？
2. 免费推广方式相对于付费广告推广方式而言，有哪些不足之处？

工作子任务五　YouTube广告推广

【任务目标】

1. 能够了解YouTube有哪些付费的广告。
2. 能够根据频道定位及产品特点，选择最合适的广告形式进行推广。

【思维导图】

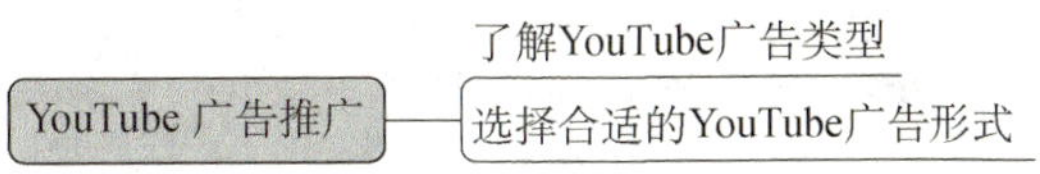

【知识回顾（回答问题）】

1. 如何对YouTube频道进行优化装修？
2. 如何优化YouTube视频运营工作，吸引自然流量？

工作子项目一　了解YouTube广告类型

业务背景

小李是一家跨境电子商务有限公司的运营专员，该公司主要经营童装产品。公司前期为了拓展海外业务，已经搭建好YouTube频道，并对YouTube频道做了精心的装修，频道增长了一些订阅者，但是近3个月来，订阅数和观看数达到了瓶颈期，基本没有变化，公司决定拿出一部分资金进行推广，现在需要小李确定如何在YouTube上面投放视频广告，小李需要全面了解YouTube有哪些广告形式。

操作分析

YouTube是全球最大的视频网站，也是全球第二大的搜索引擎，因此在上面不仅有视频广告，也有搜索广告、展示广告、购物广告等多种广告形式，小李需要了解每种广告形式的优缺点，进行对比。

操作示范

步骤 1：小李查看了谷歌广告简介，了解了搜索广告、展示广告、视频广告、购物广告等多种广告形式，他认为视频广告是最合适的推广方式。

步骤 2：小李需要进一步了解视频广告的类型，通过谷歌广告后台，他查看到视频广告有 Bumper 广告、TrueView 广告等多种广告形式。

请收集 YouTube 上 5 种视频广告的名称、广告位置以及它们的优点和不足，填入表 8-24 中。

表 8-24　视频广告调研表

视频广告名称	广告位置	优点	不足

操作思考

和谷歌其他广告形式相比，视频广告有什么特点？

工作子项目二　选择合适的 YouTube 广告形式

业务背景

Lin 是一家跨境电子商务有限公司的运营专员，该公司主要经营针织女袜产品。Lin 负责的品牌 YouTube 频道已经有 500 多个粉丝了，接下来为了配合圣诞节活动，Lin 准备在 YouTube 上面投放视频广告，并选择了两种广告形式。

操作分析

经过比较，结合自身情况，Lin 最终决定选择两种视频广告形式，作为本次投放的重点开始尝试。

操作示范

步骤 1：选择覆盖式广告。

这类广告显示在视频下面，很显眼，用户可以点击右上角的“关闭”按钮关闭该广告，不影响视频观看。建议 Lin 在广告图片里显示有用的价值信息，以便降低用户的消极反应，使其愿意点击广告元素，如图 8-12 所示。

图 8-12　覆盖式贴片广告

请在YouTube上面找到3个覆盖式广告的案例，并统计覆盖式广告出现的时长、广告语、行动按钮，用于广告素材准备参考，填入表8-25。

表8-25　覆盖式广告调研表

产品名称	广告时长	广告语	行动按钮

步骤2：选择可跳过的插播式广告。

这类广告通常5秒之后可以被用户跳过，因此需要企业非常用心地设计广告的前5秒，巧妙地吸引住观众眼球。相比电视广告，这类广告对企业比较友好，如果5秒后广告被跳过，YouTube是不会向企业收取费用的，如图8-13所示。

图8-13　插播式贴片广告

操作思考

1. 你认为应该如何在5秒时间内，吸引住视频观看者的注意力？
2. 你在YouTube平台上还见过哪些类型的视频广告？

工作子任务六　YouTube网红营销

【任务目标】

1. 能够了解YouTube网红营销热门的视频类型。
2. 能够了解寻找网络红人的渠道和方法。

【思维导图】

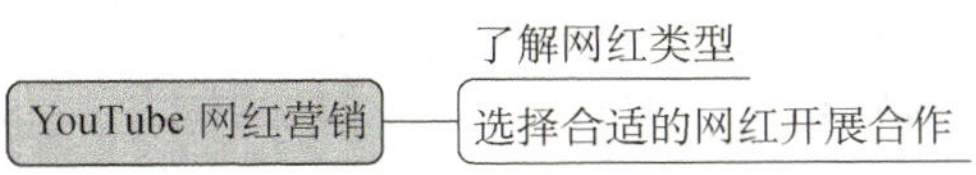

【知识回顾（回答问题）】

1. 视频广告有哪些类型？
2. 插播式广告有哪些特点？

工作子项目一 了解网红类型

业务背景

小许是一家跨境电子商务有限公司的运营专员，该公司主要经营运动鞋。了解到同行有的在做网红营销且效果不错，公司决定拿出一部分资金尝试当下很流行的网红营销，现在需要小许来制订推广计划。

操作分析

在互联网上寻找合适的网红，精准度很低。因此小许从运动鞋品类的热门视频开始寻找，先总结出热门视频的不同类型，分析不同类型的营销效果，然后从中找出网络红人。

操作示范

步骤1：我们在 YouTube 上搜索运动鞋，发现最热门的第一种类型是开箱视频，也就是由 YouTube 网红拆箱并介绍产品的视频。这类视频在 YouTube 上非常流行，谷歌研究发现五分之一的用户在 YouTube 观看过开箱视频。开箱的人通常会客观、诚实地描述产品体验。开箱视频可以推动品牌与用户的互动，推动用户采取相应的行动，达到营销的目的。

请在 YouTube 平台中搜索关键词“运动鞋”，在相关视频中找到开箱视频，并记录下相关信息，填入表 8-26 中。

表 8-26 开箱视频调研表

视频博主	涉及产品	视频内容	观看量	博主粉丝数	博主联系方式

步骤2：第二种热门的视频类型是指南/指导视频。指南指导视频是 YouTube 重要的视频组成部分。最受欢迎的指南/指导视频包括化妆、健身、软件升级等。

请在 YouTube 平台中搜索关键词“运动鞋”，在相关视频中找到指南/指导视频，并记录下相关信息，填入表 8-27 中。

表 8-27 指南/指导视频调研表

视频博主	涉及产品	视频内容	观看量	博主粉丝数	博主联系方式

步骤3：第三种热门的视频类型是搞笑视频。喜剧元素很容易吸引观众的兴趣。这类视频最受关注，往往可以引发病毒式传播。

请在YouTube平台中搜索关键词“运动鞋”，在相关视频中找到搞笑视频，并记录下相关信息，填入表8-28中。

表8-28 搞笑视频调研表

视频博主	涉及产品	视频内容	观看量	博主粉丝数	博主联系方式

操作思考

网红营销对于跨境企业来说，有哪些作用？

工作子项目二 寻找合适的网红开展合作

业务背景

Allen是一家跨境电子商务有限公司的运营专员，该公司主要经营以年轻女性为目标群体的连衣裙。公司前期为了拓展海外业务，已经搭建好YouTube频道，并对YouTube频道做了精心的装修，频道增长了一些订阅者，但是近3个月来，订阅数和观看数达到了瓶颈期，基本没有变化，公司决定拿出一部分资金进行网红推广，现在需要Allen来制订推广计划，并精准地联系上几位网络红人，确定合作意向。

操作分析

在YouTube平台上有各式各样的网红，首先我们要通过一些指标来衡量网红的质量，如他们的粉丝数、发帖频率、参与度等。其次要看这个网红的价值观与我们的品牌价值观是否一致。最后我们要知道，有哪些途径可以寻找到网红，并与他们取得联系，最终达成合作。

操作示范

步骤1：寻找网红的第一种方式是通过Google搜索。

在寻找网红方面，通过搜索引擎可以很容易找到想要的网红类型，比如美妆博主、运动博主等。直接在Google中搜索相关类目的influencer，请寻找5位连衣裙类目的网红，填入表8-29。

表8-29 网红调研表

网红名称	主要平台	粉丝数量

步骤2：通过社交媒体途径寻找网红。

为产品或者品牌找到合适的网红最简单的方法之一就是找到正在社交媒体上谈论类似产品的人。通常通过社交媒体自带的搜索功能、“#”标签功能，都可以顺利地找到需要的网红。在

YouTube平台中搜索相关类目的influencer，请寻找5位连衣裙类目的网红，填入表8-30中。

表 8-30　网红调研表

网红名称	YouTube 频道名称	粉丝数量

步骤3：通过网红平台对接网红，更有针对性。

目前线上有很多的工具和专门的网红平台，如Traackr、Buzzoole、NeoReach、Upfluence和Wotokol等，有的收费，有的免费，都可以帮助我们找到想要的网红。相对于谷歌搜索和社交媒体找网红，通过工具和网红平台找网红可以更加直观地看到网红们的社交媒体状况，方便卖家查找和筛选。请调研比较热门的网红平台，并总结其特点，填入表8-31中。

表 8-31　网红平台调研表

网红平台名称	网红平台特点

步骤4：完善网红信息。

通过以上几种方式筛选出来的网络红人会有很多，在资金有限的情况下，我们如何选择最适合自己的网络红人呢？我们可以综合考虑以下几个指标：一是相关性，即网红类型与我们产品是否相关，价值观与我们的品牌价值观是否一致；二是真实度，即网红的粉丝质量，会有部分网红为了提升自己的热度而买粉，我们需要筛选掉这些网红；三是发帖频率；四是其粉丝参与度，即网红所发的视频中，有多少粉丝参与其中。请继续收集前面步骤中挑选出来的网红，完善他们的信息，完成表8-32。

表 8-32　网红详细信息调研表

网红名称	网红类型	YouTube 粉丝数量	发帖频率	粉丝参与度

操作思考

对于跨境企业来说，一位高质量的网红应该有哪些特征？

工作子任务七　视频营销效果分析

【任务目标】

1. 能够了解有哪些指标能衡量海外视频营销效果。
2. 能够通过分析视频营销效果指标，制订视频营销优化方案。

【思维导图】

- 视频营销效果分析
  - 搜集视频营销效果数据
  - 优化视频营销方案

【知识回顾（回答问题）】

1. YouTube上热门的视频有哪些类型？
2. 哪些渠道可以帮助跨境企业寻找网红？

工作子项目一　搜集视频营销效果数据

业务背景

小刘是一家跨境电子商务有限公司的运营专员，该公司主要经营以年轻男性为目标群体的运动背包。公司前期为了拓展海外业务，已经搭建好YouTube频道，对YouTube频道做了精心的装修，并投入资金进行了广告投放和网红营销。现在到年中，小刘需要对上半年海外视频营销的数据进行搜集和分析，用于公司高层评估视频营销的效果。

操作分析

不管对营销者还是创作者来说，了解YouTube算法，跟踪提升视频效果的关键指标，都是营销路上的一门必修课。

操作示范

步骤1：首先搜集视频观看次数。

观看次数应该是判定YouTube视频营销成功与否的一个重要指标。但单纯地分析观看次数，并不能提供有效的信息，因为“标题党”骗点击的现象会造成观看次数虚高。因此YouTube提供了更有参考意义的“观看时长”指标，观看时长=观看次数×平均观看时长。

步骤2：在分析视频受众时，准确地找出粉丝来源。

在YouTube频道的后台中，点击“覆盖面”板块中的“流量来源”，会显示各种流量来源渠道的图表，可以了解用户是如何找到我们的视频的。

步骤3：出具YouTube受众特征报告。

YouTube受众特征报告可以让我们了解YouTube观看者年龄、观看者性别和观看者的地理位置等（如图8-14所示），可直接评判是否与我们的目标匹配。这些指标可以在YouTube频道的后台中的“观众”板块找到。

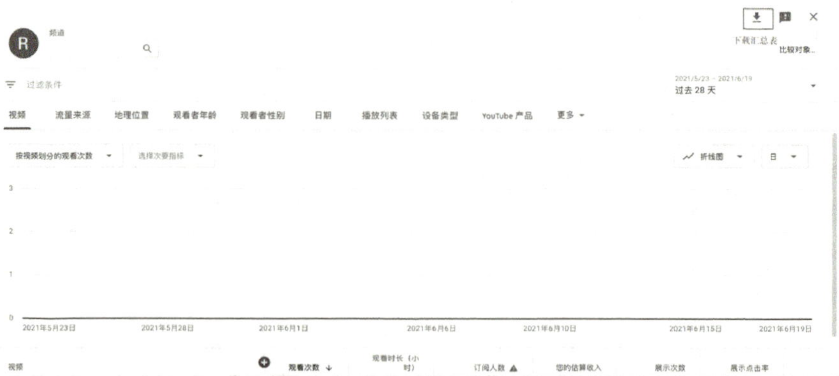

图 8-14　YouTube 受众特征报告

步骤4：查看营销效果。

在 YouTube 频道的后台中的“互动”板块，我们可以看到“热门视频”“片尾画面点击次数最多的视频”等数据，能够反映出我们所有视频中表现最好的一支或一类视频。

步骤5：汇总 YouTube 频道后台的相关数据。

点击“我的频道”，选择“数据分析”，选择“高级模式”，并下载汇总表，然后进行数据对比和分析。

操作思考

你认为所有的视频数据中，最重要的是哪些数据指标，为什么？

工作子项目二　制订优化视频营销方案

业务背景

小刘是一家跨境电子商务有限公司的运营专员，该公司主要经营以年轻男性为目标群体的运动背包。公司前期为了拓展海外业务，已经搭建好 YouTube 频道，对 YouTube 频道做了精心的装修，并投入资金进行了广告投放和网红营销，现在公司已经详细了解了视频营销的效果，并请小刘提供下半年视频营销优化方案。

操作分析

在了解了频道的各项数据后，我们需要研究哪几个指标对我们来说比较重要且还没有达到我们的目标，然后再根据每个数据的具体含义来思考如何进行优化，制订相应的优化方案。

操作示范

步骤1：如果小刘想要提高视频效果，就必须先优化观看时长，因为观看时长=观看次数×平均观看时长，所以我们需要优化观看时长的两个关键指标：观看次数和平均观看时长。对 YouTube 创作者和营销者来说，一定要牢记内容为王，能够吸引用户点开并且看下去才是提升视频效果的根本。

步骤2：如果我们通过“流量来源”数据发现视频通过 YouTube 某些关键字搜索带来了高质量流量，那么就可以进一步优化视频关键字。这样，用户在 YouTube 上搜索相关关键字的时候，就能搜到我们的视频，以达到更高的观看量。如果我们从某个渠道获得了巨大流量，便可增加此渠道推广投入，也可以寻找类似渠道进行推广尝试效果。

步骤3：如果我们通过“观众”数据了解了频道的受众情况，就能够更精准地将定向广告内容触达潜在的目标用户，在接下来的视频营销中，加大目标用户喜欢的视频内容的制作，针对目标客户投放YouTube广告。

步骤4：请分析上一个任务中的视频数据汇总表，写出YouTube频道的视频营销优化方案，完成表8-33。

表 8-33　YouTube 频道的视频营销优化表

优化指标	优化前数值	目标优化数值	如何优化

操作思考

制作视频营销优化方案时可以从哪几个角度来考虑？

工作子任务八　搭建和运营 TikTok 频道

【任务目标】

1. 能够了解TikTok频道定位和素材准备。
2. 能够做好TikTok频道了解与账号注册。
3. 能够完成TikTok视频上传与数据跟踪。

【思维导图】

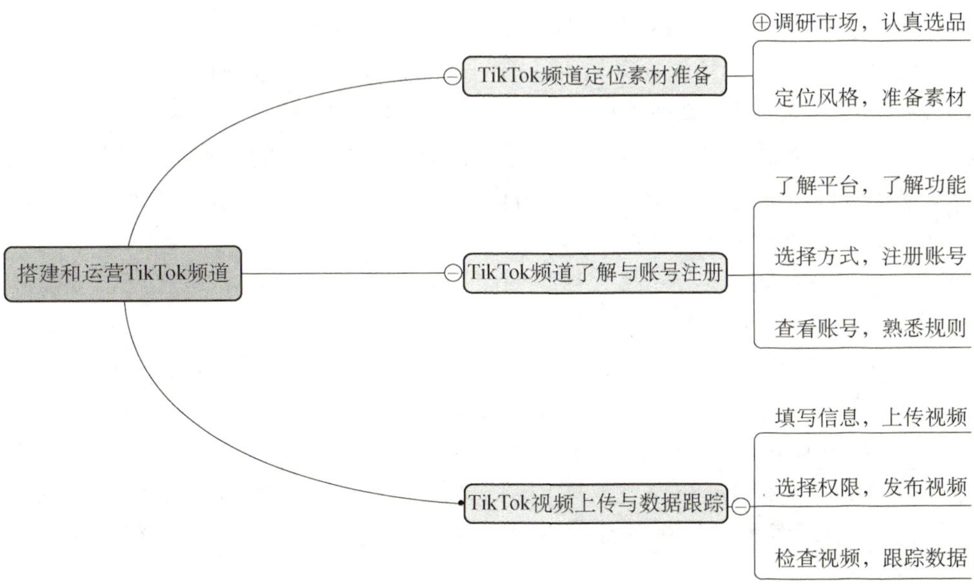

工作子项目一　TikTok频道定位和素材准备

业务背景

领先服装有限公司想要拓展美国市场，打算开通一个公司 TikTok 账号和频道，公司让小张负责宣传和推广工作。小张准备从 TikTok 频道定位和素材准备、TikTok 频道了解与账号注册、TikTok 视频上传与数据跟踪三个方面开展行动。

操作分析

小张面临着为公司拓展海外业务的重任，势必要在频道的顶层设计上下一番苦功。他不仅需要事先调研，了解 TikTok 上领先服装竞争对手频道的情况，还要准备搭建频道的一系列素材，比如频道名称、频道 Logo 和频道简介。

操作示范

步骤 1：调研 TikTok 上领先服装竞争对手频道的情况。小张所在公司主营男士短袜，他需要了解 TikTok 上领先服装竞争对手频道的情况。和在 YouTube 上面搜集竞争对手频道的情况，方法是相似的。

步骤 2：准备 TikTok 频道相关素材，包括频道名称、频道 Logo 和频道简介。

频道名称是最好的记忆符号，一个好的名称能使观看者对一个新频道有最基本了解。小张想要把 TikTok 频道做好，需要认识到频道名称对品牌和产品的重要性，提前做好功课，创建的频道名称要便于记忆、容易理解、便于传播，从好更好地吸引潜在消费者。

要注意，频道的名字不可以太大众化，这样会没什么记忆点，也不可过于冗长，会增加用户的记忆难度，更不能含有贬义词，使用户产生负面联想，这就要求小张具有一定的英语水平，并对目标国家的文化风俗有一定的了解。

要取一个有记忆点的频道名称，可以参考以下三个方面：

（1）使用真实姓名或品牌名称。如果是有一定粉丝基础的品牌或者有知名度的明星，可以选择使用真实姓名，吸引已有粉丝，比如 adidas（阿迪达斯）。

（2）行业关键字。新进的创作者如果从事的是垂直行业，可以选择本行业的关键字作为频道名称，吸引想找这类产品的潜在消费者，比如提供手工制作印花运动鞋的sneaker mechanic。

（3）兴趣爱好。频道创业者可以通过展示与消费者对口的兴趣爱好，精准吸引粉丝。比如发布旅游视频的trusted travel girl，频道名称紧扣旅游主题，打造出一个喜爱旅游的值得信任的女生形象，便于吸引特定人员关注。

另外，Logo 和频道名称一样具有吸睛效果，建议选取正面、积极、有正能量的图片做标识头像。小张想要做一个能在观看者脑海中留下较为深刻印象的 Logo，让观看者能够将 Logo 图片和品牌特色联系起来，从而提高观看者黏性。Logo 可以选择公司标志，可以选择“公司标志+文字”组合，也可以请专人制作别出心裁的频道专属 Logo。同时创建者要根据频道的风格配置相衬的色彩文字，如宣传运动用品的频道在 Logo 上配以前卫的色彩和字体，化妆品频道的 Logo 以展现女性温柔美丽一面的色彩为主。切记不要插入硬性广告，不要涉及争议性话题或违反网站相关法律法规，以免影响曝光度，引起观看者反感，甚至被系统封号。

频道简介，顾名思义可以选择言简意赅的文字，充分展示品牌独具一格的一面，以打动广大粉丝的心，这要求创建者有较高的创意和语言组织能力。对于已有粉丝基础的明星或品牌，频道简介上可以展现最新动态，比如贾斯汀·比伯的TikTok账号简介主要写了自己最新专辑的发售情况，如图 8-15 所示。

图 8-15　贾斯汀·比伯 TikTok 账号简介

对于刚起步的新手或者名气较小的账号，如果在视频名称、视频Logo和视频简介上展现得平庸平淡，很容易被淹没在浩如繁星TikTok账号之中，达不到预想的宣传效果。小张作为一个新手，想要打造自己的风格，但又要结合所宣传销售产品的属性进行设计，以防与主题不符。他选择了几种风格作为参考：第一种是“cnliziqi”（李子柒）的正统风格，第二种是“disney”（迪士尼）的文艺风格，第三种是“adidas”（阿迪达斯）的一句话流行语风格，此外还有其他备选风格。接下来，小张需要自己拟出不同风格的简介，选择最合适的风格，确定为自己TikTok频道的简介，便于后续宣传，如图 8-16 至图 8-18 所示。

图 8-16　正统风格

图 8-17　文艺风格

图 8-18　一句话流行语风格

请分别借鉴以上三种风格的频道，为我们自己的频道撰写频道简介，填写在表8-34中。

表 8-34　不同风格频道简介撰写表

风格类型	参考频道	本频道简介
正统风格	cnliziqi（李子柒）	
文艺风格	disney（迪士尼）	
一句话流行语风格	adidas（阿迪达斯）	

工作子项目二　TikTok 频道了解与账号注册

业务背景

为了尽快完成频道建设，小张需要在了解 TikTok 网站基本功能的基础上，先选择较为方便的方式登录或者使用已有手机号或邮箱进行账号注册，再进一步查看账号信息，熟悉更多内部功能，并且认真查看平台上的辅助信息，包括隐私条款、投放广告方式、相关法律法规等。

操作分析

要运营好一个平台，对平台功能的了解是必不可少的，这不仅可以使自己尽快上手，也方便灵活运用从而达成目标。小张要创建的是 TikTok 频道，所以要根据步骤注册，选择对自己有利的登录方式。在成功登录之后，不要急着上传视频，而应继续熟悉个人账号的界面，找到呈现有效的互动数据的位置，并了解更多网站规则。

操作示范

步骤 1：输入 TikTok 网址进入首页，了解平台基础功能。

小张在打开 TikTok 首页后，发现网页左上角图片为 TikTok 网站 Logo，中间有放大镜图片的方框代表搜索内容，右上角的“Upload”代表上传视频，“Log in”代表用户登录，如图 8-19 所示。

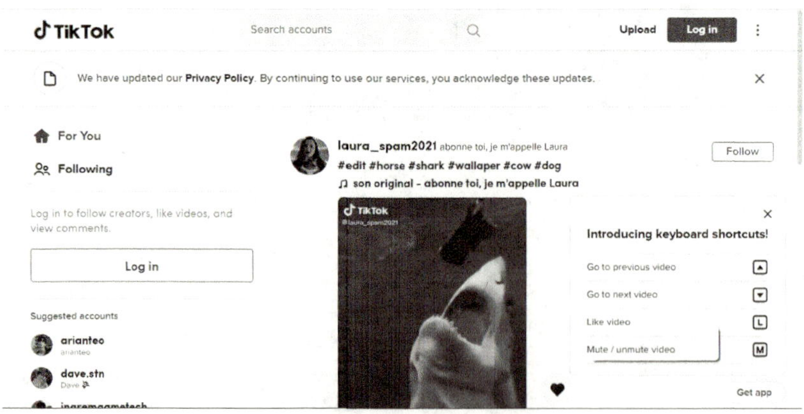

图 8-19　TikTok 网站首页

步骤 2：找到登录渠道，注册新的账号。

在选择“Log in”之后，小张需要选择登录方式。目前，TikTok 网页版提供了如表 8-35

所示的9种登录方式，TikTok手机版则提供了其中部分登录方式。

表 8-35　TiTok 提供的登录方式

序号	登录方式
1	用TikTok手机版扫描QR码登录（TikTok手机版没有此登录方式）
2	使用手机号/邮箱/登录名登录
3	使用Facebook（脸书）账号登录
4	使用Google（谷歌）账号登录
5	使用LINE（连我）账号登录（TikTok手机版没有此登录方式）
6	使用推特（Twitter）账号登录
7	使用卡考（Kakaotalk）账号登录（TikTok手机版没有此登录方式）
8	使用苹果（Apple）账号登录
9	使用照片墙（Instagram）账号登录（TikTok手机版没有此登录方式）

如果小张曾经注册过TikTok账号，则可以选择采用第一种或者第二种方式进行登录；如果小张是新用户，以前没有注册过TikTok账号，可以选择第三种至第九种登录方式，根据网站提示输入相应的软件账号进行关联登录；如果小张既没有TikTok账号，也没有第三种至第九种登录方式中提到的相应网站账号，则可以点击所展示的九种登录方式下方的“Sign up”（注册）图标，用自己或者公司的手机号或者邮箱注册新的账号。

步骤3：查看个人账号信息，熟悉平台常用说明。

在注册成功后，小张登录TikTok网站，可以看到如图 8-20 所示页面。

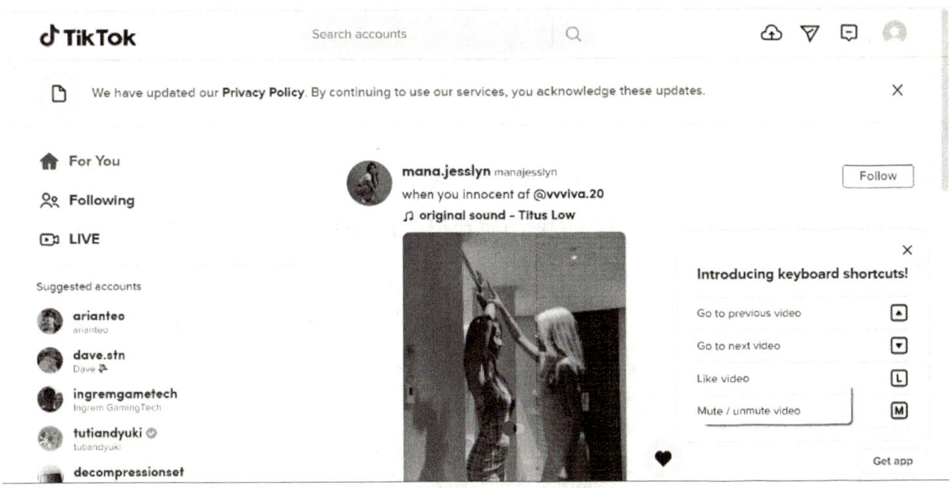

图 8-20　TikTok 登录页面

小张发现，在登录的状态下，首页右上角图标有所变化，如图 8-21 所示。

图 8-21　登录状态

第一个图标“upload video”代表上传视频，小张可以点击此图标开始视频上传；第二个图标“messages”代表信息，小张可以在这里给其他用户发送信息，以及查看其他用户或者系统给自己发送的信息；第三个图标“inbox”代表通知，在这里系统会提示新增粉丝、新增评论、新增喜欢等互动信息；第四个图标代表个人账号，用户可以选择在这里进行修改信息、设置隐私、注销账号等个人账号操作。

在TikTok网页的最下方，还有一些重要的常用说明，小张把它们记录下来，准备一一了解和研究，请填写在表8-36中。

表 8-36　TikTok常用说明表

名称（英文）	名称（中文）	主要内容
About		
Newsroom		
Contact		
Careers		
Bytedance		
TikTok for Good		
Advertise		
Developers		
Transparency		
Help		
Safety		
Terms		
Privacy		
Creator Portal		
Community Guidelines		

工作子项目三　TikTok视频上传与数据跟踪

业务背景

在做好前期准备之后，小张可以创建自己的内容，他需要了解上传视频的步骤和规则，合理运用TikTok平台自有的宣传功能，成功发布自己的第一个视频。不仅如此，小张还肩负着监控流量数据、后续分析改进的任务，需要不断提升技能、完善频道，最终目的是提高流量，实现流量变现。

操作分析

上传视频是在TikTok平台上推广业务的成本低且较为简单的方法之一，而数据的跟踪监控是实现宣传目标即流量表现的最重要的环节之一。小张需要在上传视频后跟踪相关数据，从“Following”（我关注了谁，即我是谁的粉丝），到“Followers”（谁关注了我，即我的粉丝），最后到“Likes”（谁喜欢我，即点赞数量），通过这个漏斗，得出TikTok账号的转化率，方便后续评估账号视频的宣传情况。

操作示范

8

步骤1：填写相关信息，上传视频。

点击“Upload video”（上传视频）图标，这时会跳出一个上传页面，要求填写“Caption”（视频标题），然后进行“Select video to upload”（选择想要上传的视频），根据已经上传的视频选择“Cover”（视频封面），并且设置有关权限（观看视频的受众定位和允许进行的互动方式），最后点击右下角的“Discard”（丢弃视频）或者“Post”（发布视频），如图 8-22 所示。

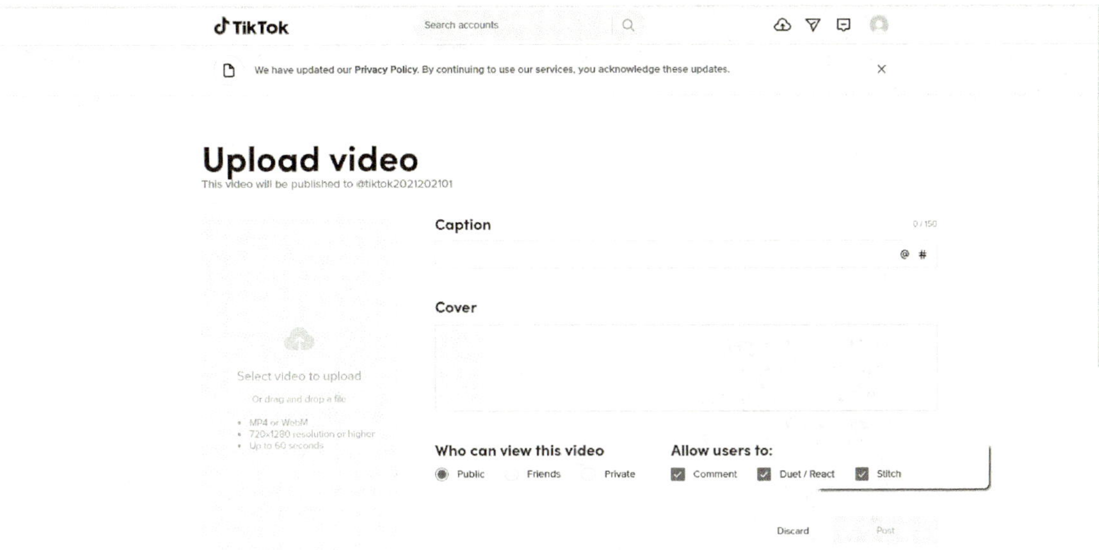

图 8-22　上传视频

这一部分是视频营销的重中之重，是吸引潜在客户的关键一步，小张必须仔细准备、认真打磨、精益求精，在弄清楚 TikTok 网站的规则、算法、互动机制等的基础上，选择自己的营销策略，上传相关视频，以提高曝光率，进一步提升销售额。

“Caption”（视频标题）和“Cover”（视频封面）可以有效吸引潜在客户的注意力，是一个视频的门面。首先，小张观察视频标题的长度在 150 个字符以内，而且在标题输入框的末端有“@”和“#”两种功能。小张在“Caption”里填入“Men’s Athletic Crew Socks”（男士运动短袜）作为视频标题，体现产品的基本属性，并把两种功能记录下来，打算过后再做研究，请填写在表 8-37 中。

表 8-37　标题功能分析表

序号	标题功能	具体作用
1	@	
2	#	

之后，小张上传了一个 30 秒的宣传视频。系统根据小张上传的视频自动截取视频画面，生成多个“Cover”（视频封面），小张可以在其中选择一幅最能表现产品特色的图片作为封面。要注意，封面给用户以直接的视觉冲击，是很好的宣传方式，可以巧妙地运用，达到出其不意、引人入胜的效果，值得频道主重视。

步骤 2：对相关权限进行选择，成功发布视频。

接着，在“Who can view this video”（谁可以观看此视频）的权限选择中，小张可以在“Public”（所有公众可以观看）、“Friends”（仅朋友可以观看）、“Private”（仅个人可以观看）中选择一项。因为这是一个面向公众的宣传性质的视频，所以小张选择了“Public”（所有公众可以观看），以增加视频的点击量和曝光率。在“Allow users to”（允许观看者进行哪些互动操作）中，小张可以选择多项互动方式。为了提高互动率，小张选择了允许观看者进行“Comment”（评论）、“Duet/React”（二重奏/抢镜，即在点击“分享”功能后可以录制合拍视频）和“Stitch”（采集合拍，即允许其他用户从你的视频剪辑最长不超过 5 秒的视频集成到自己的作品中，并且对该视频的内容进行评论和讲解）三种互动方式。

在检查视频上传成功和相关细节准备无误后，小张点击“Post”（发布视频），成功将视频发布在 TikTok 平台上，如图 8-23 所示。

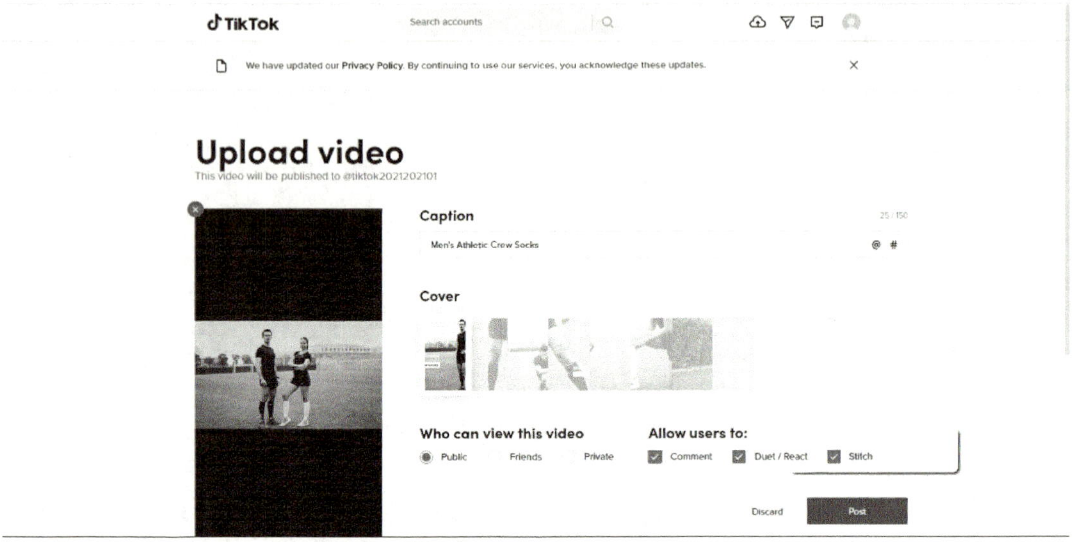

图 8-23　发布视频

步骤 3：检查所发布的视频，跟踪视频数据。

最后，小张可以在个人账号里看到自己发布的所有视频。个人账号里显示“Following”（我关注了谁，即我是谁的粉丝）、“Followers”（谁关注了我，即我的粉丝）和“Likes”（谁喜欢我，即点赞数量），如图 8-24 所示。请注意这是一个 TikTok 账号的数据，是你发布的所有视频得到的互动数据的总和，而不是某一个视频的流量数据。

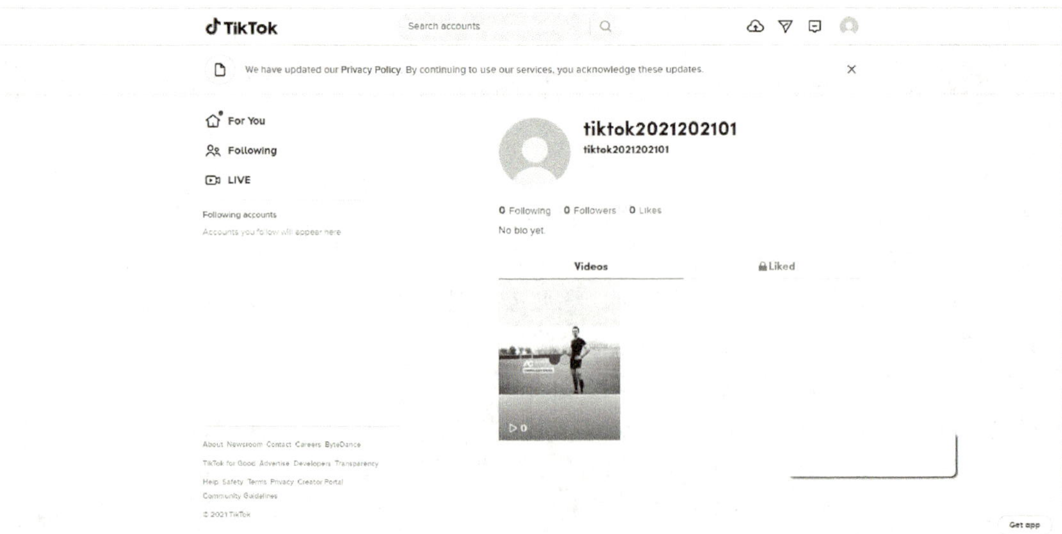

图 8-24　跟踪视频数据

8

如果小张想要知道自己发布的某个视频的数据，则可以点击相应视频，找到相应的评论数和点赞数等，以便根据数据的变化及时调整营销战略，实现利益最大化。同时，小张可以将视频通过分享功能发给别人，以扩大宣传范围，网页中可供选择的有 WhatsApp、Facebook、Twitter，以及复制链接选项，如图 8-25 所示。

图 8-25　分享视频

为了完成视频推广任务，进行有效的宣传、促成订单，小张需要时刻关注频道流量的走向，学习更多功能，学习其他优秀 TikTok 账号的优秀经验，也可以从其他用户的互动信息里汲取灵感和接受意见，认真地把品牌的 TikTok 账号经营下去。

操作思考

1. 小张填写的视频标题，你觉得吸引人吗？如果你觉得不够吸引人，请问应该如何改进呢？

2. 若干小时之后，小张发现 TikTok 频道的“Inbox”里有消息，点开之后发现有 3 位观看者点赞了自己发布的视频，有 2 位观看者关注了自己的 TikTok 频道账号。小张又查看了个人账号页面，显示已有 192 观看了视频，但是还没有人给自己发来咨询产品的消息，如图 8-26 所示。

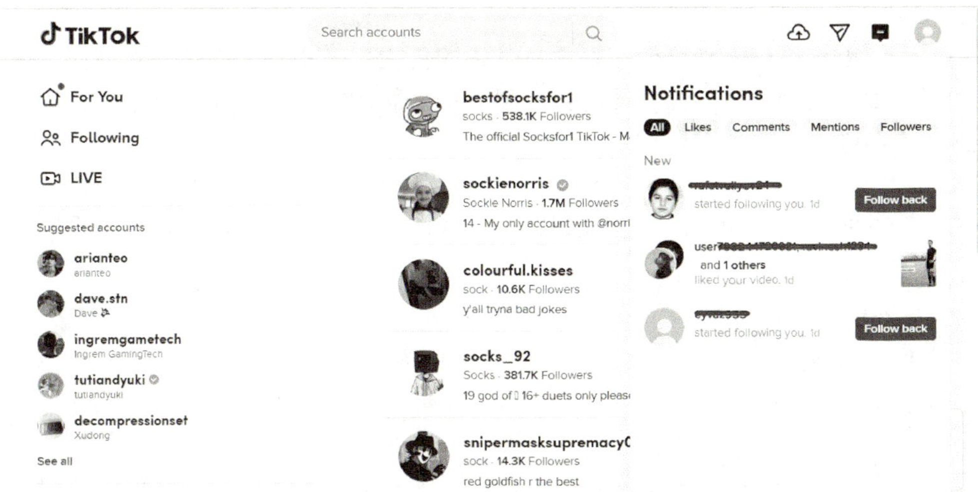

图 8-26　查看“Inbox”消息

小张该采取哪些方法进一步引起观看者的兴趣，提高曝光率，将流量转化为购买量呢？

工作子任务九　制作视频内容

【任务目标】

1. 能够根据 YouTube 和 TikTok 频道的特色，对视频脚本进行策划。
2. 能够根据策划的内容，撰写视频脚本。

【思维导图】

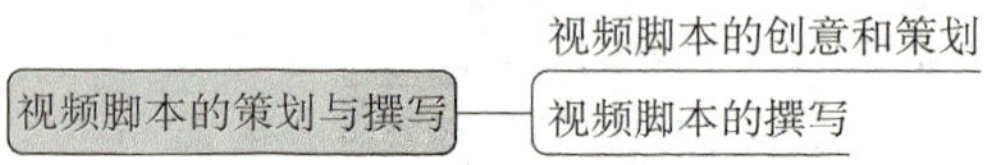

【知识回顾（回答问题）】

1. 如何取一个吸引人的 TikTok 频道名称？
2. 如何进行 TikTok 的视频上传？

工作子项目一　视频脚本的创意和策划

业务背景

小李是一家跨境电商企业的社媒运营专员，他们公司主要经营的产品是瑜伽服，目前主要通过亚马逊北美站和独立站进行海外销售。

为了提升公司瑜伽服品牌在海外的知名度，通过海外视频营销为独立站获取更多流量和精准客户，他们开始着手 YouTube 和 TikTok 频道的运营，目前已经完成两个频道搭建，并上传了公司简介相关视频。目前急需拍摄一系列产品的说明视频，上传到 YouTube 和 TikTok 频道，充实频道内容，让更多的客户了解公司的产品。

操作分析

首先，我们来分析一下小李做海外视频营销的目的：一是提升品牌知名度；二是为独立站引流，因此我们在制作视频内容的时候，要突出品牌的特色，给观众留下深刻的印象，同时对目标客户形成一定的吸引力。

其次，我们要策划的是产品的说明视频，可以从产品的实用性、差异化的核心卖点和表现手法的创新方面来思考创意。需要说明的是，创意不是天马行空，而是为了更好地实现营销目标。

最后，我们需要将多个创意形成一个方案，从创意实现的可能性、成本等角度进行评估，最终确定视频脚本的创意方案。

操作示范

步骤 1：通过查看谷歌数据报告，表明 70%的 B2B 采购人员会在调研过程中观看相关行业的视频内容，进而辅助他们采取决策。其中 51%的采购人员会关注描述产品或者服务特点的视频，46%的会观看专业的评论，32%的会关注用户的分享和评论，64%的会观看用户的购买倾向影响。从中可以看出，描述产品特点的视频，以及分享用户试用感受的产品视频，会更加受到观众的青睐。

然后打开YouTube和TikTok平台，搜索瑜伽服相关产品关键字，以及瑜伽服品类知名品牌，如Lululemon，查看相关热门视频。通过查看和分析播放量排名靠前的视频的内容，更清晰地把握海外目标客户的视频偏好，并将查看结果填写到表8-38中。

表8-38　视频调研表

品牌名	产品名	产品卖点	时长	观看量	互动量

步骤2：根据步骤1其他同类品牌产品视频中关于产品卖点的描述，结合我们自己的产品，以及海外目标客户的使用需求，确定产品视频突出的差异化的核心卖点。衡量的标准是：首先这些卖点能解决海外目标客户的问题，其次并不是竞争对手非常擅长的，这样的卖点适合在产品视频中重点突出。请搜集信息，并填写在表8-39中，进行对比。

表8-39　核心卖点调研表

海外目标客户遇到的问题	竞争对手核心卖点（用于解决客户问题）	我们品牌核心卖点（用于解决客户问题）

步骤3：根据海外目标客户的喜好，结合产品核心卖点，撰写视频创意方案。视频创意方案的PPT中需要图文结合，突出创意的亮点，说明创意的实现形式。可以展示多个创意，供部门同事一起讨论选择。

操作思考

1. 视频脚本的创意和策划过程中，你觉得哪个环节最重要？
2. 除了研究竞争对手，还可以从哪些地方获取视频脚本的创意灵感？

工作子项目二　视频脚本的撰写

业务背景

小王是一家跨境电商企业的社媒运营专员，他们公司主要经营的产品是女士连衣裙，目前正值平台销售大促，为了提升销量，小王计划通过拍摄一系列产品的说明视频，上传到YouTube和TikTok频道。目前急需制作连衣裙单品折扣的活动视频，进行活动产品的推广，以促进销量提升，制造爆款。

操作分析

首先，我们要明确策划的是连衣裙单品折扣的活动视频。我们需要在画面和解说、字幕中突出活动的营销力度，从产品的实用性、差异化的核心卖点中突出产品优势，切记短视频内容与你的活动产品或者店铺要相关。

其次，查看视频平台上其他品牌连衣裙的折扣活动视频，具体参考画面、解说、字幕和音乐的运用。

最后，完成视频脚本的撰写，务必要考虑镜头和画面的实现性。

操作示范

步骤 1：分别打开 YouTube 和 TikTok 平台，搜索连衣裙折扣相关产品关键字，按照视频观看次数排序，查看排名前三位的连衣裙折扣活动视频，将视频的主要画面、解说词、字幕记录在表 8-40 中，一个视频填写一张表格。

表 8-40　相似视频调研表

视频名称：			
序号	画面内容	解说词	字幕

步骤 2：撰写视频脚本，常见的视频脚本一般借助 Excel 表格，包括撰写镜头序号、景别、画面内容、解说词、字幕、音乐、音效、时间等内容，填入表 8-41 中。

表 8-41　视频脚本撰写格式

序号	景别	画面内容	解说词	字幕	音乐	音效	时间

操作思考

1. 视频脚本撰写中，你认为画面内容和解说词该如何有机结合呢？
2. 如何在结合当下热点的前提下保证视频的原创性？

工作子项目三　视频的拍摄

业务背景

Jack 是一家影视机构的摄像师，近期接到为国内 3C 公司拍摄运动手环短视频的工作任务，需要将视频拍摄出趣味性及功能性，将作为公司的引流产品进行推广。Jack 决定撰写一个产品视频脚本，并根据脚本对运动手环进行前期拍摄，用于制作可以在 YouTube 上投放的广告片。

8

操作分析

首先，我们根据视频脚本，分析脚本中的人物安排，使用的音效、光源等，做好前期准备，以便拍摄能够顺利进行，节约时间。

其次，需要按照脚本要求对场景、光源等进行搭设及调整，再利用拍摄设备对产品进行摄影，突出产品特色，视频情节可以具有反转性制造爆点，幽默风趣的风格也会更适合大众风格。

最后，我们需要对多个原始镜头进行筛选，提交给后期制作部门。

操作示范

步骤1：根据脚本中用到的人物、音效、光源等，做好前期场景搭设和角色安排。

步骤2：选择拍摄所用的摄影设备，拍摄可以使用摄影机、单反相机、手机等设备。请大家搜索不同摄影设备之间的优缺点，并填入表8-42中。

表 8-42　视频拍摄设备优缺点分析表

摄影设备	优点	缺点
摄像机		
单反相机		
手机		

步骤3：根据脚本，运用“推拉摇移”等基本拍摄手法，拍摄近景、中景、远景、特写等镜头，收录现场同期声。

操作思考

1. 视频拍摄中，我们所说的黄金光源是指哪几个时间点？
2. 在拍摄视频时，横屏与竖屏的优缺点分别是什么？

工作子项目四　视频的剪辑

业务背景

Tom从Jack那里拿到了国内3C产品运动手环的拍摄成果，需要从产品的卖点功能及视频的趣味性，以及如何引起客户兴趣等角度对视频进行后期剪辑，确保视频按时完成、提交给YouTube频道运营小组进行广告投放。

操作分析

首先，我们需要确定本次拍摄的最终目标，并在后期剪辑过程中有所突出。

其次，对于产品的说明视频，我们可以从产品的实用性、差异化的核心卖点和视频拍摄的表现手法确定剪辑的整体基调。

最后，我们需要运用剪辑软件将多个分镜剪辑为一个完整的视频，注意使用YouTube平台允许的版权音乐。

操作示范

步骤1：整理素材，编号列序——把前期拍摄的所有素材整理好，并编号归类成原始视频资料。为了给广告主更好的视频推广体验，谷歌推出了多种实用、简单的视频编辑和推广工具，让视频制作的门槛不再高不可攀。我们可以使用 YouTube 广告样板工具、YouTube Video Builder、Creative Canvas 等视频制作工具对视频进行剪辑。请大家搜集不同剪辑软件的名称、功能和产品特色，并填写到表 8-43 中。

表 8-43 视频剪辑软件调研表

剪辑软件名称	提供的功能	产品特色

步骤2：选取我们所需的视频剪辑软件，查看全部视频素材，从中挑选内容合适、画质优良的镜头画面，按照脚本顺序拼接在一起，完成视频片的粗剪。如果是需要解说词的视频，则先完成解说词的配音，再进行剪辑。建议邀请目标国家人士进行母语配音，这样海外客户听起来会感觉比较亲切。

步骤3：在初稿的基础上，征求相关人员的观看反馈，对视频进行精剪，主要是调整画面、添加字幕、音乐、音效等，为了提升视频普及度，字幕可以选择相应的语种，也可以统一使用英语。最终完成视频成片。

操作思考

1. 要想成为一名优秀的剪辑从业人员，必须具备哪些技能？
2. 后期剪辑过程中，出现镜头缺失怎么办？

职业技能训练

技能训练任务 1：

小周是一家跨境电商企业的社媒运营专员，该企业主要经营的产品是潜水服，为了提升产品的海外知名度，拟通过 Facebook 进行推广，请帮助小周完成 5 个同类竞品信息调研，将相关信息汇总到表 8-44 中。

表 8-44 5 个同类竞品信息汇总

主页名称	品牌关键词	主要产品	公司 Logo	受众人群	限制人群	加好友	加小组

技能训练任务 2：

小李是一家跨境电商企业的社媒运营专员，该企业主要经营的产品是户外用帐篷，目前主要通过亚马逊北美站和独立站进行海外销售。为了提升产品在海外的知名度，通过海外视频营销为独立站获取更多流量和精准客户，他们开始着手 YouTube 和 TikTok 频道的运营，目前已经完成两个频道的搭建，并上传了公司简介等相关视频。目前需要做的是拍摄一系列产品的说明视频，并上传到 YouTube 和 TikTok 频道，充实频道的内容，让更多的客户了解产品。请帮助小李完成以下任务：

（1）搜索同类竞品相关产品关键字，查看相关热门视频。通过播放量排名靠前的视频内容的查看和分析，更清晰把握海外目标客户的视频偏好，请将结果填写到表 8-45 中。

表 8-45　同类竞品热门视频信息

品牌名	产品名	产品卖点	时长	观看量	互动量

（2）完成同类竞品核心卖点调研，请将结果填写到表 8-46 中。

表 8-46　同类竞品核心卖点

海外目标客户遇到的问题	竞争对手核心卖点（用于解决客户问题）	我们品牌核心卖点（用于解决客户问题）

（3）完成该产品视频拍摄文案制作，请将内容填写到表 8-47 中。

表 8-47　产品视频拍摄文案

序号	景别	画面内容	解说词	字幕	音乐	音效	时间

8

参 考 文 献

1. 速卖通大学. 跨境电商视觉呈现[M]. 北京：电子工业出版社，2018.
2. 速卖通大学. 跨境电商数据化管理[M]. 北京：电子工业出版社，2016.
3. 速卖通大学. 跨境电商运营与管理[M]. 北京：电子工业出版社，2017.
4. 速卖通大学. 跨境电商：阿里巴巴速卖通宝典[M]. 北京：电子工业出版社，2014.
5. 肖旭. 跨境电商实务[M]. 北京：中国人民大学出版社，2020.
6. 郑辉英，周淑华，代丽华. 跨境电子商务[M]. 长沙：湖南教育出版社，2020.
7. 叶杨翔，施星君. 跨境电子商务 B2C 实务[M]. 北京：高等教育出版社，2019.
8. 叶鹏飞. 亚马逊跨境电商数据化运营指南[M]. 北京：中国铁道出版社，2020.
9. 速卖通大学：http://daxue.aliexpress.com/.
10. 雨果网：http://www.cifnews.com/.

反侵权盗版声明

电子工业出版社依法对本作品享有专有出版权。任何未经权利人书面许可，复制、销售或通过信息网络传播本作品的行为，歪曲、篡改、剽窃本作品的行为，均违反《中华人民共和国著作权法》，其行为人应承担相应的民事责任和行政责任，构成犯罪的，将被依法追究刑事责任。

为了维护市场秩序，保护权利人的合法权益，我社将依法查处和打击侵权盗版的单位和个人。欢迎社会各界人士积极举报侵权盗版行为，本社将奖励举报有功人员，并保证举报人的信息不被泄露。

举报电话：（010）88254396；（010）88258888

传　　真：（010）88254397

E-mail：　dbqq@phei.com.cn

通信地址：北京市海淀区万寿路 173 信箱

　　　　　电子工业出版社总编办公室

邮　　编：100036